認知日本語学講座　第7巻

編　山梨正明
　　吉村公宏
　　堀江　薫
　　籾山洋介

認知歴史言語学

金杉高雄
岡　智之
米倉よう子

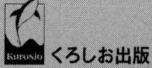
くろしお出版

認知日本語学講座

編者　山梨正明
　　　吉村公宏
　　　堀江　薫
　　　籾山洋介

第1巻『認知言語学の基礎』(碓井智子・田村幸誠・安原和也)

第2巻『認知音韻・形態論』(李在鎬・村尾治彦・淺尾仁彦・奥垣内健)

第3巻『認知統語論』(町田 章・木原恵美子・小熊 猛・井筒勝信)

第4巻『認知意味論』(大月 実・進藤三佳・有光奈美)

第5巻『認知語用論』(小山哲春・甲田直美・山本雅子)

第6巻『認知類型論』(中村 渉・佐々木 冠・野瀬昌彦)

第7巻『認知歴史言語学』(金杉高雄・岡 智之・米倉よう子)

認知日本語学講座・刊行にあたって

　認知言語学は，言葉の形式・意味・運用の諸相を体系的に考察し，言語学の領域だけでなく，認知科学の関連分野の知見を組み込みながら学際的な研究パラダイムとして進展している。特に近年の認知言語学の研究は，文法論，意味論の研究だけでなく，音韻・形態論，語用論(談話・テクスト分析を含む)，歴史言語学，言語類型論，等，着実にその研究のスコープを拡げており，より学際的で包括的な言語研究のアプローチとして，また経験科学としてより説明力をもつ言語学のアプローチとして注目されている。

　認知言語学の進展に伴い，これまでもいくつかの入門書，研究書，翻訳書が出版されている。しかし，その大半は主に文法と意味の考察が中心となっており，音韻・形態論，語用論，歴史言語学，類型論，等の言語学の研究領域を視野に入れた体系的な認知言語学の研究書は，国内外においても多くは出版されていない現状にある。また，これまでの認知言語学の入門書や研究書は，英語を中心とする欧米の言語の研究が中心となっており，認知言語学の方法論，分析法を日本語の研究に適用した入門書や研究書は殆ど出版されていない。

　本国における日本語研究を見た場合，言語現象に関する記述・分析を試みる研究は広範になされているが，言葉の形式・意味・運用の諸相を体系的に研究する理論的な枠組みに基づく日本語研究は，現在までのところ実現しているとは言い難い。従来の理論言語学のアプローチとしては，構造言語学，生成文法のアプローチが考えられる。しかし，これらのアプローチは，主に言語の形式的なレベル(音韻・形態レベル，文法レベル)に関わる言語現象の分析が中心となり，言葉の意味と運用に関わる言語現象までを包括的に研究するアプローチとしては，限界が認められる。これまでの日本語研究において，言葉の意味・運用の諸相をも含めて言語現象を包括的に，かつ体系的に研究していく本格的なアプローチがなされていないのは，形式的な言語学のアプローチの限界に起因する。

　認知言語学は，形式的な言語学の研究パラダイムに対する批判から出発し，経験科学としての言語学を根源的に問い直す新しいパラダイムとして注目される。従来の理論言語学の研究では，言語分析に際し，形式と意味の関

係からなる自律的な記号系を前提とするアプローチがとられ，実際の伝達の場における言語主体(話し手・聞き手)の運用能力を反映する記号系としての文法研究はなされていない．この現状を考慮した場合，言語の形式・構造のみならず，意味・運用までを視野に入れた認知言語学の研究，さらに言えば，日常言語の生きた文脈との関連からみた言語現象の体系的な分析を目ざす認知言語学の研究のアプローチは重要な意味をもつと言える．

　理論言語学の日本語教育や外国語教育への応用の可能性の観点から見た場合はどうだろうか．この点から見た場合，従来の形式・構造を中心とする理論言語学の研究が，日本語教育，外国語教育の実践の場から遊離している現状は否定できない．これに対し，認知言語学のパラダイムに基づく言語研究は，日本語教育や外国語教育の関連分野にも重要な知見を提供する新たな言語学のパラダイムとして注目される．認知言語学は，言葉の形式・構造の側面だけでなく，言葉の意味的な側面，運用的な側面，修辞的な側面の研究も精力的に進めている．日本語教育や外国語教育の場においては，言葉の形式・構造に関する知見だけでなく，意味的，運用的，修辞的な研究から得られた知見の応用が重要な役割を担う．この点で，認知言語学の研究から得られる知見は，日本語教育や外国語教育の場において，教育メソッド，教材研究，シラバス・カリキュラム作成，等の新たな開発に貢献することが期待される．

　これまでの認知言語学の入門書や研究書は，英語を中心とする欧米の言語の研究が中心となっており，日本語の分析を中心とする認知言語学の本格的な入門書や研究書は出版されていないのが現状と言える．本講座はこの点を考慮し，認知言語学の方法論と研究法を，主に日本語の具体的な分析に適用した研究書のシリーズとして企画されているが，日本語以外の言語現象も考察の対象としている．

　本講座の読者層としては，主に言葉と関連分野の研究に関わる専門課程の学部学生，大学院生，研究者を対象としている．本講座が，日本語学，言語教育の分野の研究だけでなく，広い意味での言葉の研究に興味を抱く読者に認知言語学の視点から新たな知見を提供し，言葉の研究・教育がさらに進展していくことを切に願ってやまない．

編　者

まえがき

　言葉の歴史的変化のプロセスは自律的ではなく，認知主体を取り巻く多種多様な環境が複雑に影響を及ぼしあいながら，織り重なり合い一本の糸が出来上がるようにして生じている。現代日本語も，そのありのままの姿を我々に見せているだけではない。現代日本語について意味と形式を考察する時，関係する周縁的な部分も含めた様々な現象をさらに掘り下げて分析する必要性に迫られる。諺，「温故知新」はそういう意味でも構成要素の総和以上に奥深い意味を我々に伝える成句として捉えることができる。言葉の動的な歴史的変化のプロセスは長い歴史に渡る認知主体と環境との間の絶え間のない相互作用の産物である。人類のみが「言語」を用いて対人コミュニケーションを可能にしているのは「対象」と「対象」との相互関係を理解できる能力にあるとされている。意図，信念，欲求が自分以外の他人にも存在することを理解でき，そのような基本的認知能力の一部分を活性化させながら「言語」を創発し，歴史的に「変化」させてきたのが人類である。また，認知心理学者の Tomasello は文化を学びとることで人類は言語を変化させてきたことを主張し，言語変化と言語運用が互いに密接な関係にあることを説いている。本書で詳しく取り扱われている構文ネットワーク，文法化，（間）主観性，フレーム理論に代表される語用論の中心的な概念は，言語変化と表裏一体の関係にある言語運用の分野でも同じように重要な役割を担っている。

　認知言語学は，1980年代から現在にかけて着実に進展を続けている。認知言語学では，人間の基本的認知能力に基づく多種多様な言語学の原理が提案され，様々な研究の領域を拡大させている。しかし，認知言語学の枠組みで提案された原理は共時的な研究領域と比べると，通時的な研究領域ではそれほど活動の領域を拡大させているとは言えない。もっとも，これは通時的な研究領域が認知言語学の射程から外れていたことを意味するわけではない。認知言語学の視点から歴史言語学で扱われてきた現象を捉え直すための中心課題は，「文法化」並びに「主観化」にある。従来，歴史言語学で取り扱われてきた諸々の現象を認知言語学の枠組みから捉え直すことをテーマにした本格的なワークショップが初めて行われたのは2007年7月，ポーランドのクラクフ(Krakow)で開催された10周年を記念する国際認知言語学会(International

Cognitive Linguistics Conference）に於いてである。このワークショップでの第一目標は，認知言語学と歴史言語学がより良く，より活発に学術交流を行うことを奨励することであった（Winters et al.(eds.) 2010）。

　本書は歴史言語学で伝統的に問われ続けてきた中心的なトピックを認知言語学の視点からもう一度，捉え直すことを目的としている。「文法化」，「(間)主観性」及び新たに提案された仮説から認知言語学と歴史言語学との発展的・有機的融和を目指し，日本語の歴史との「対話」を通じて，言語変化の動機づけを考察することを試みている。

　本書は全7章から構成されている。

　第1章では，日本語の存在表現が文法化する過程を歴史的に考察し，その認知プロセスを認知言語学の枠組みから明らかにしていく。前半では，日本語存在動詞の歴史的な変遷を分析し，存在動詞が文法化した形式として，アスペクト形式と言われる「ている」「てある」を中心に考察する。ここでは，歴史的に「ている」「てある」が，存在文から存在様態文を経て文法化していった事実が示されるが，後半では，その認知プロセスを認知言語学の枠組みから考察し，存在構文に基づくネットワークとして規定していく。ここで重要な観点は，「ている」「てある」を一次的にアスペクト形式とするのではなく，存在文の文法化と捉えていく点にある。そして，そのことにより，アスペクト的意味では説明しにくい単純状態の用法も含め，テイル構文の統一的な説明ができることを主張する。また，主体化や，痕跡的認知，視線の移動といった認知過程に注目することにより，テイル構文が，人間の主観的な解釈が反映された構文であることを示す。これらの考察は，伝統的な日本語研究や歴史的な研究成果を土台にしながら，文法化とその動機づけを説明する認知言語学の枠組みの妥当性を例証するものである。

　第2章では，伝統的な日本語研究と認知言語学的な観点との融合を通して，テンス・アスペクト・モダリティ論の統合的把握を試みる。本章では，主に日本を取り巻く東アジアの諸言語（琉球語・アイヌ語・朝鮮語・中国語）を中心にして，存在表現からテンス・アスペクトへの文法化のプロセスを包括的に論じる。従来のアスペクト論が，事態を「完了」（「完結」）したかどうかという観点から捉えるのに対し，東アジア言語の事例は，むしろ，事態が存在する仕方としての観点からアスペクトを論じることの可能性を示すものである。これらの考察から，アスペクトの類型として「完了型」「存在型」を設定し，存在論を基盤とした新たな文法論の可能性を論じる。

第3章では，日本語の自発形式を起源とする可能表現と英語の助動詞canについて，言語相対論上の相違及び単方向仮説における普遍性という両観点から，それぞれの文法化の経路を考察している。日本語の可能表現では意味内容が豊富になる傾向にあるのに対して，英語canの文法化では，文法化の一般的傾向である意味の希薄化が見られる。このような言語相対論上の差異はあるが，いずれのケースでも，主観化ないしは間主観化がこれらのモダリティの意味拡張に深く関わっていることを，今後の文法化研究の重要な視点として提起する。

　第4章は，人間のコミュニケーション能力について様々な角度から具体例を通じて分析を試み，情報伝達の効率性と間主観性の問題が関連していることを主張する。接続助詞の発達では，その拡張のプロセスが情報伝達の効率性を低下させているように見えることがあるが，これは主観化・間主観化という現象と絡めて説明できる事例であることが分かる。加えて，認知主体間（話し手と聞き手）での解釈に関わるコミットメントの強弱が，接続助詞の「言いさし」用法の多様性に説明を与える点が指摘される。また，節と節との結合度が強化される方向性について，従来の文法化研究の結果とは相容れない例があることを確認している。その上で，「節間の結合度の緩みを補う形で主観化および間主観化が進行する」という仮説を提案する。

　第5章では，通言語的に見られる文法化の経路の一つである「直喩＞引用導入」を取り上げ，具体例として日本語「みたいな（＜みたいだ）」の発達を分析している。また比較対照のため，英語のlikeについても考察を行っている。これらの分析を通じて，直喩表現由来の引用導入句に見られる主観化や間主観化の問題は，「厳密な意味での同一性の欠落」に還元できることを論じている。さらに，コミュニケーション上の調整ツールであるヘッジ・ぼかし表現は，ポライトネス理論でどのように分析されるかを指摘した上で，間主観性の強化という観点からもヘッジ・ぼかし表現を考察できる可能性を提起している。

　第6章では，文法化として捉えられる複合動詞の歴史的拡張と創発に焦点を当てて分析を試みている。基本的認知能力がコミュニケーションの運用性に密接に関わる現象の一つである複合動詞の拡張は，認知主体が存在する「環境」と対象の捉え方に通じる主観性の強化が言葉の変化に大きな影響を与える一例である。この事実は，他の複合語形成のパターン，例えば，複合名詞の拡張にも同様に認められる。また，そのような複合動詞の中でも，新

しい視点としてポライトネス理論に基づいた創発と拡張のプロセスを考察できる可能性を提案している。この可能性は第1章と第5章でそれぞれ取り上げられている存在構文及び，ヘッジ・ぼかし表現にも共通する発話行為の機能論的な観点からの考察にも関係する。

第7章では，名詞句の意味解釈が主観性の強化により多岐に渡ることを，文化的背景，人類学，心理学，哲学，脳科学からの知見をも含めた観点から考察している。特に，複合名詞の創発と拡張を中心に認知(歴史)言語学の枠組みから考察を試み，複合名詞の構造と密接な関係にある多義構造を示す助詞「の」についても詳しく論じている。さらに，「重さ・軽さ」及び「大・小」そして「多い・少ない」を示す形容詞句について，それぞれ，(i)歴史的な拡張のプロセス，(ii)認知主体の主観性の強化，という新しい視点から考察を試みている。(ii)については，Langackerの「数」の概念モデルに言及し，基本的認知能力であるイメージ・スキーマ変換の認知プロセスが大きな役割を担っていることを論じている。

本書の執筆は第1章，第2章を岡，第3章，第4章，第5章を米倉，第6章，第7章を金杉が担当している。

本講座の責任編集者の山梨正明先生からは執筆の機会とご助言を，並びに編集者の吉村公宏先生，堀江薫先生，籾山洋介先生からもご助言をいただいたことに感謝致します。そして，くろしお出版編集部の池上達昭・荻原典子両氏には出版までの様々な面でご尽力を賜り厚くお礼申し上げます。

金杉高雄
岡　智之
米倉よう子

目　次

認知日本語学講座・刊行にあたって　　iii
まえがき　　v

第1章　日本語存在表現の文法化 3
　　　　　── 認知言語学と歴史言語学の接点を探る ──
　1.1　はじめに　3
　1.2　文法化理論から見た存在表現の文法化　3
　1.3　存在表現の歴史的変遷の概要　8
　　　1.3.1　存在動詞の歴史的変遷　8
　　　1.3.2　断定の助動詞ナリ，デアル，ダの文法化　10
　　　1.3.3　存在型アスペクト形式の歴史的変遷　12
　1.4　存在構文に基づくテイル・テアル構文　20
　　　1.4.1　本節の全体的見取り図　20
　　　1.4.2　中心的存在構文　23
　　　1.4.3　存在様態型構文　24
　　　1.4.4　過程存在型構文　26
　　　1.4.5　結果存在型構文　28
　　　1.4.6　出来事存在型構文　30
　　　1.4.7　単純状態のテイル構文　31
　1.5　おわりに　35

第2章　テンス・アスペクトの文法化と類型論 39
　　　　　── 存在と時間の言語範疇化 ──
　2.1　はじめに　39
　2.2　伝統的日本語研究における
　　　　テンス・アスペクト・モダリティ論　39
　　　2.2.1　テンス・アスペクト・モダリティと存在的意味の
　　　　　　関係　39
　　　2.2.2　伝統的日本語研究の文法論，時間論　41

- 2.3 認知文法から見たテンス・アスペクト・モダリティ　42
  - 2.3.1 認知文法におけるテンスとモダリティの統合的把握　42
  - 2.3.2 一般アスペクト論と認知文法におけるアスペクトの把握　44
- 2.4 文法化理論から見たテンス・アスペクトの発展　47
  - 2.4.1 「完了」,「パーフェクト」,「完結相」,「過去」など　47
  - 2.4.2 「進行相」,「不完結相」,「現在」など　50
  - 2.4.3 主観化と文法化　52
  - 2.4.4 パーフェクトの起源と歴史的変遷　54
- 2.5 東アジア諸言語における存在表現の文法化とテンス・アスペクト　56
  - 2.5.1 琉球語の存在表現とテンス・アスペクト　56
  - 2.5.2 アイヌ語の存在表現とアスペクト　62
  - 2.5.3 朝鮮語の存在表現とテンス・アスペクト　66
  - 2.5.4 中国語の存在表現とアスペクト　70
- 2.6 おわりに　73

第3章　言語相対的差異と単方向仮説　77
——可能表現の文法化・(間)主観化——

- 3.1 はじめに　77
- 3.2 主観化と主体化　77
- 3.3 言語相対論と文法化　78
- 3.4 可能表現の文法化経路　80
- 3.5 英語可能表現の文法化　81
  - 3.5.1 英語 can の発達 —— 知識能力から身体能力へ　81
  - 3.5.2 英語 can の発達 —— 根源的用法　83
  - 3.5.3 英語 can の発達 —— 認識的用法の芽生え　84
  - 3.5.4 英語 can の発達 —— 許可用法　86
  - 3.5.5 英語 can のさらなる発達　87
- 3.6 出来事指向的用法と話者指向的用法　92
- 3.7 日本語可能表現の文法化　95
  - 3.7.1 日本語の可能表現形式の種類　95
  - 3.7.2 期待不問型自発「できる」　96

3.7.3　期待成就型自発「なる」　98
　　　3.7.4　期待逸脱型自発「(ら)る」　100
　3.8　日本語における認識的可能用法と許可用法　103
　　　3.8.1　認識的可能用法　103
　　　3.8.2　許可用法　104
　3.9　日英語に見られる可能表現発達の差異　105
　　　3.9.1　発達経路の違い　106
　　　3.9.2　意味の希薄化・意味量の増加　107
　3.10　おわりに　110

第4章　節間の結合に関わる文法化・(間)主観化 113
　　　── 複文構造から言いさし構文へ ──
　4.1　はじめに　113
　4.2　節の融合度　113
　4.3　「ば」の発達 ── 共通参与者項の存在　114
　4.4　トピック性と条件　117
　4.5　節間の意味的依存関係　118
　4.6　対称読み「ば」の発生　121
　4.7　連続性の緩み　123
　4.8　後続節を持たない「ば」　126
　4.9　接続機能の希薄化と(間)主観性　130
　4.10　おわりに　134

第5章　類似性から派生する(間)主観的用法 137
　　　── 直喩から引用導入機能への文法化 ──
　5.1　はじめに　137
　5.2　直喩から引用導入機能へ ── 通言語的文法化経路の存在　137
　5.3　新ぼかし表現に対する意識
　　　── 陣内(2006)によるアンケート調査から　140
　5.4　直接性の回避とことばの変化　142
　5.5　直喩から引用導入機能へ ──「みたいな」と like の発達　144
　　　5.5.1　日本語「みたいな」の発達　144
　　　5.5.2　英語 like の発達　149

5.6　Like が伝達しうる話し手の心的態度　153
5.7　「みたいな」が表しうる話し手の心的態度　156
5.8　ヘッジと間主観化　161
5.9　おわりに　163

第6章　複合動詞の歴史的拡張　165
── ポライトネスから文法化へ ──

6.1　はじめに　165
6.2　複合動詞の構成度　167
　　6.2.1　「〜つける」の分析可能性　168
　　6.2.2　接辞への文法化　173
　　6.2.3　会話のストラテジー　174
6.3　主観性とポライトネス　175
　　6.3.1　心の理論 ── 認知神経科学　176
　　6.3.2　ポライトネスから創発性へ　177
　　6.3.3　文法化とフェイス概念　178
6.4　主観性の強化による創発　181
6.5　複合名詞への拡張　184
6.6　おわりに　185

第7章　名詞句の語用論的解釈　187
── 主観性の強化が織り成す複合名詞の諸相 ──

7.1　はじめに　187
7.2　複合名詞の創発と文法化　190
7.3　複合名詞のフレーム　193
　　7.3.1　メトニミーと主観性の強化　194
　　7.3.2　前項要素の多様性 ── 空間・時間・五感　195
7.4　助詞「の」の文法化　199
　　7.4.1　倒置指定文の意味と機能　205
　　7.4.2　指定文における助詞「は」の意味と機能　207
　　7.4.3　助詞「は」の参照点構造　210
7.5　体制化による構成要素の複合　213
　　7.5.1　スキーマの形成　215

  7.5.2 主観性の強化による音韻変化　217
7.6 創発性のダイナミズム　218
7.7 「計量」表現の認知歴史的変遷　223
7.8 おわりに　233

参考文献　235
索引　251

認知日本語学講座第7巻
認知歴史言語学

第1章
日本語存在表現の文法化
―― 認知言語学と歴史言語学の接点を探る ――

1.1 はじめに

　文法化は，一般に歴史言語学で扱われる現象であるが，変化の過程に比喩，推論，主観化などの認知メカニズムが作用することから，認知言語学において，文法化の研究が積極的に取り組まれるようになった。ここに文法化現象が，「認知歴史言語学」の中軸として位置づけられることになる。本章は，日本語の存在表現の文法化を取り上げることにより，これまで積み上げられてきた歴史言語学の成果を認知言語学の観点から再検討し，認知言語学の理論的正当性を例証する。

　以下，1.2では，まず文法化理論から存在表現の文法化の位置づけを与え，大きな理論的枠組みを示す。1.3では，具体的に存在動詞やデアル（ダ），タ，テイル，テアルなどの存在表現の歴史的変遷を追いながら，通時的な文法化の様子を探っていく。1.4では，認知言語学の枠組みから，テイル，テアル構文が存在構文から文法化していく認知プロセスを探り，放射状カテゴリーとしてネットワーク化を行う。

1.2 文法化理論から見た存在表現の文法化

　日本語には，存在表現が文法化した形式が多い。その典型として，テイル・テアル，デアル（＞ダ），タ（＜タリ＜テアリ），などがあり，これらの形式は，それぞれアスペクト（継続相），モダリティ（断定の助動詞），テンス（過去）の文法形式だと言われる。

　本節では，表題の存在表現の文法化を「文法化理論」から位置づけて考察する。文法化とは，内容語（動詞や名詞など語彙的内容を持つ要素）が機能語（語彙的内容が希薄な助動詞や前置詞・助詞など）に通時的に変化すること（辻編（2002: 231））と一般に定義されている。本節では，まず，認知言語学的

観点から，日本語の文法化研究について，概観と課題をのべている大堀(2005)を参照しながら，存在表現の文法化について考察していく[1]。

大堀(2005)は，まず一般に文法化理論でいわれる五つの基準をあげ，この基準が高いほど文法化の度合いが高いとしている。

　　基準１：意味の抽象性。
　　基準２：範列の成立。
　　基準３：標示の義務性。
　　基準４：形態素の拘束性。
　　基準５：文法内での相互作用。

基準１の例として，日本語の「ます」は，具体物を献上する(「まいらす」)という意味から，受益的な意味へ広がり，さらに話し手のへりくだりを表すようになった。基準２の「範列(パラダイム)」とは，代名詞や格助詞のように，一定の文法機能を表し相互に対立する少数のセットである。例えば，「ます」は「敬語」という閉じたセットに組み込まれている。基準３は，特定の形態素による標示が，ある機能を表すために義務的に要求されることで，例として，フランス語のpasは，もともと強調を表す意味だったが，現代では否定を表すには不可欠になっている。基準４は，「自立語から付属語へ」という変化そのものを表している。基準５の例として，否定の呼応現象をあげる。例えば「決して」はもともと強調表現であって，否定との呼応すなわち相互作用はなかったが，現在では否定との呼応は文法規則の一部となっている。

存在表現の文法化という観点から言うと，タは「過去」というテンス的意味としては，以上の五つの基準をすべて満たしており，かなり文法化の程度が高い。基準１．具体的な場所における人，モノの存在という意味が薄れ，過去という抽象的文法的な機能を獲得している。基準２．過去タと非過去ルで対立する。基準３．過去として表示が義務的。基準４．完全に付属語になって

---

[1] 日本語の文法化研究の概観を知るには，日本語学会が特集した「日本語における文法化・機能語化」(2005)の諸論文が非常に役に立つ。認知言語学的観点からの論文集としては，Ohori(1998)がある。ここでは，「動詞から後置詞(複合格助詞)」(「について」「をめぐって」など)，「名詞から文末助詞」(「わけ」)，「接続助詞」(「から」)，「条件の助詞」(「ば」)，「連体助詞」(「の」)などの文法化現象が取り上げられている。また，先駆的な研究として，日野(2001)があげられる。

いる。基準5.「昨日，さっき」などの過去の時間副詞と共起する。しかし，「ここにあった！」や「腹が減った。」など，過去ではなく，現在の状態を表す用法などがあり，完全にはテンス形式として文法化しているわけではない。また，「完了」というアスペクト的意味も考えられる。

デアル(ダ)も，「断定」というモダリティ的意味ではかなり文法化の程度は高い。基準1.断定という抽象的な意味，基準2.3.断定ダと推量ダロウと対立し，義務的。基準4.完全な付属語。基準5.「たぶん明日は雨だ」のように蓋然性を表す副詞と呼応する場合もあり，相互作用は，さだかではない。

テイルは一般にアスペクト形式と言われるが，その文法化の程度は，共時的に見ても，用法において様々である。基準1.「あそこに鳥が飛んでいる」のような存在様態文は，具体的な場所における人や物の存在という意味を残し，文法化の度合いは低い。そこから，場所表現が共起しなくなり，進行形や結果の状態という抽象的な意味に焦点が移っていくと，アスペクト形式として文法化すると言える。パーフェクト的意味では，効力の存在というさらに抽象的な意味で文法化していく。基準2.シテイル形式はスル形式とアスペクト的に対立する(工藤 1995)というが，この点は若干疑問があり，例えば「存在する」と「存在している」，「驚く」と「驚いている」の対立などアスペクト的意味を表さないテイル形式があるという点で，完全には文法化していないと考える。基準3では，アスペクト的意味を表さないシテイルとスルや，パーフェクト的意味のシテイルとシタは競合するものであり，シテイルが義務的ではない。基準4.存在様態文では，イル，アルの実質的意味が反映しており，完全に付属語になっているわけではない。基準5.否定において，「まだ～していない」というような呼応関係が見られる以外は，相互作用はさだかではない。テアル文の文法化の程度は，テイル文よりもさらに低いとみられる。テイル，テアルの文法化の詳細は，**1.3**の通時的考察においても行っていく。

次に，Hopper(1991)があげる文法化に伴って見られる一般傾向として，1.層状化(layering)，2.分岐(divergence)，3.特化(specialization)，4.保存(persistence)，5.脱カテゴリー化(decategorialization)の五つがあげられる。

1.層状化とは，ある機能を表すための形態が，古い層に加えて新たに発生することをいう。日本語では，受動文による動作主を標示するための助詞「に」と動詞句を起源とする「によって」がその例とされる。存在表現では，

過去形式に文法化したタ形式の完了的意味を補完する形で，パーフェクトのテイルが発展したことに現れているだろう。

　2．分岐とは，文法化が起きた時に元の自立性を持った語彙的用法がなくならず，ある形態が語彙的用法と文法的用法の両方を持つ現象をいう。日本語では，「しまう」などが語彙的用法と「てしまう（＞ちゃう）」のような文法化した用法をともに持っていることを例とする。存在表現では言うまでもなく，「いる」「ある」という存在動詞の語彙的用法とテイル，テアルという文法化した用法が共存している。

　3．特化とは，文法化によって文法的機能の表す形式が特定化されることをいう。例としてフランス語の否定文には否定を強調するための不変化詞が八つ使われていたが，現代ではほぼ pas に特化されている。

　4．保存とは，語の最初の意味が文法化においても残り，使用範囲に制約を加える現象で，文法化の初期に見られる。例として，中国語の「把」（つかむ）という動詞は，前置詞的に用いられ，目的語の標識となるが，この用法は文の述語が操作を表す動詞であるときに限られるという制約がある。これは，「把」という動詞の，能動的な操作という関係性が前置詞的用法にも保存されているということである。存在表現では，江戸時代に「いる」「ある」の有情，非情の区別に対応する形で，テイル，テアルが意味分化したということに該当するだろう。

　5．脱カテゴリー化とは，本来つくべき文法標識が消失したり，統語的なふるまいが不完全・不規則になったりする場合をいう。この例として，Matsumoto(1998)の複合辞「について」の統語的特性の例が挙げられる。「いる」「ある」の文法化では，「場所＋ニ格」との共起が，アスペクト形式として文法化した用法では，見られなくなるということが挙げられるだろう。

　さらに，大堀(2005)では，文法化について視野を拡大し，①多機能性の発達，②構文の発達，③語用論的標識の発達という三つの観点から，文法化の拡大した例を紹介する。

　①多機能性の発達とは，元々自立形式でなくても，使用範囲が広がり，機能の多様化が起こり，その言語に新たな文法的手段が芽生えることで，これは脱語彙化によらない文法化である。例としては，日本語における「が」「を」「に」の「格助詞から接続助詞へ」といった変化がその一例である。

　②構文の発達のケースとしては，日本語の「〜のは〜だ」型焦点化構文をその例としてあげる。

③語用論的標識の発達では、「けど」に見られる接続形式から話題導入の機能への多機能化や、「わけ」に見られる客観的に判断できる推論の用法から強制された推論などへの機能の拡大などをあげる。

こうして文法化を考える際に、形態論だけではなく、構文や語用論的機能まで考える視点が重要だとする。存在表現で言えば、名詞述語文に限定された～ダ文が、ノダ文となって動詞や形容詞にも接続するようになり、機能を拡大するようになることがあげられるだろう。

最後に理論的課題として、文法化の動機づけと一般的制約について大堀(2005)は提起している。動機づけとは、ある言語現象について、なぜそれが見られるのかという原因ひいては説明のための原則を言う。文法化については、メタファー、メトニミー、語用論的推論などの意味拡張一般の認知的メカニズムと結び付けて考えることができる。

メタファーとは認知意味論では異なる概念領域間の写像と定義され、ある概念を別の概念との類似をもとに関係づけ、その枠内で理解しようとする操作である。例えば、「今はたっぷり休んでおけ」では、「おく」はもともと物体の配置を表す動詞だが、「休む」という行為が対象となっており、意味上のシフトが起きている。ここで働いているのは、＜出来事は物体である＞というメタファーである。「いる」「ある」という、人、モノの空間的存在から、テイル、テアルやシタコトガアルなどの出来事の存在へと文法化するのは、一種のメタファーと考えられる。また、「彼には3人子供がいる」のような所有文は、存在文の「空間的場所」が「所有領域」へと拡張された場合であり、一種のメタファーと捉えることができるだろう。

次にメトニミーとは一つの概念領域内において、隣接性に基づいて、注目される部分がシフトすることと定義される。例えば、「このバンドはギターがうまい」というとき、「楽器の演奏」という概念領域内で「ギター」が「演奏(者)」を表すようなケースである。

また、文法化の一般的制約であるが、Heine et al.(1991)では、次のような方向性を提案しており、ここには単方向性が見られると言う。

　　身体＞物体＞過程＞空間＞時間＞性質

テイルの文法化では、最初人の存在を表していたのが、モノの存在をも表すようになったこと、過程の存在への文法化、次に結果存在からパーフェク

ト(過去に近い時間的意味)，単純状態(性質)への拡張，などがあげられる。詳細は1.4に譲りたい。

また，Traugott(1982, 1989)が提案する語用論的強化という概念がある。これは文脈内における聞き手の推論の慣習化とそれに伴う意味変化のことを言い，メトニミーの一種と考えられる。その傾向性を一般化すれば次のようになる。

　　　命題的＞対人的／談話構成的

テイルの意味において，直接的な「結果の存在」から間接的な「痕跡の存在」を経て，発話時への関連性(効力の存在)といったテクスト的意味をもつ「パーフェクト」の意味への発展は，この方向性を示しており，ここでは「主観化」という認知過程が見られる。

大堀(2005)は，最後に，千年以上にわたる歴史的な文献資料をもった言語は世界でも少ないことを思えば，伝統的研究と最近の理論的研究を調和させることで，今後は「日本語からの貢献」が結実することが期待される，と結んでいる。次節では，具体的に，存在表現の歴史的変遷を見ていき，通時的な文法化の過程を追っていきたい。

1.3　存在表現の歴史的変遷の概要
1.3.1　存在動詞の歴史的変遷

存在表現の歴史に関する最近の包括的な研究として金水(2006)がある。現代日本語の存在動詞には，「ある」，「いる」，「おる」の3種があるが，金水(2006)によれば，次のような歴史的変遷を経て，現代の形になっていったと考えられる。

まず，上代〜中世の「あり」は，もっとも基本的な存在動詞で，主語の有情・非情を区別していなかった。

次に，上代〜鎌倉の「ゐる」は，存在動詞というよりは，「立つ」に対立する「座る」等の意味を表す変化動詞であり，主に有情物主語である。単独では持続的な状態を表さなかった。「ゐたり」等の状態化形式になると，持続的な意味になり，存在表現に近づく。室町期には「いる」が現れているが，「ゐたり」から「いる」へ移行する過程に「いた」という形式があったと推定される。この「た」は「たり」の結果状態の意味を残した状態性の意

味を表す「た」であり，「いた」という形式によって現在の存在を表していた[2]。「たり」は周知のように「てあり→たり」のように派生されたが，室町期に「たり→たる」から「る」を落として「た」となった。こうして「た」は室町期に過去を表すようになったが，ここではまだ「たり」の時代に持っていた継続的な意味やパーフェクト用法を保っていたという。室町後期から，有情物主語には「いる」，非情物主語には「ある」という使い分けが見られ始め，近世後期にはほぼその使い分けが確立する。

一方，上代の「をり」は，「ゐる + り」に相当する唯一の状態化形式[3]で，平安時代に入って「をり」は徐々に「ゐたり」に置き換わっていく。950年以降の文献では，「をり」は激減し，卑語(主語下位待遇)的な意味を帯びるようになった。ただし，和歌や漢文訓読文では，卑語性のない「をり」が使い続けられている。室町期には「おる」が現れるが，卑語性があらわに見えるようになり，近世では武士の尊大なニュアンスを持って使われていた。明治時代には書き言葉および男性知識人の間で用いられたが，現代共通語では衰退している。ただ，西日本方言では，「おる」は卑語性のない有情物主語の存在動詞として依然勢力を持っている。

以上，存在動詞「ある」「いる」「おる」の歴史的変遷をまとめると次のようになる。

上代	平安	鎌倉	室町	江戸	明治大正	現代
あり（有情・非情の別無）			→ある（非情物主語のみ）→			
ゐる（変化動詞）			→（衰退）			
ゐたり（状態化形式）		→いた	→いる	→		
をり（状態化形式）→		おる（卑語性）	→	（尊大語，書き言葉）		
			→共通語では衰退			

図1　存在動詞の歴史的変遷

2　現在，東北方言では「イダ」が一時的現在を表す意味として残っている。「そごさ，ごみいだ」(そこにゴミがある)(工藤編 2004: 52-53)

3　「をり」の語源は，「ゐる」に完了存続の「り」がついた形式であるとされる。この「り」は，動詞連用形に「あり」がついたものとされる(例：咲く+あり→咲けり)。それゆえ，wi+ari → wori という成立が考えられるが，金水(2006)は wi に a が連接して wo になる母音融合の例は上代文献には見られないとしてこれをしりぞけ，wo+ari → wori という語構成を考えている。一方，柳田(2001)では，wu+ari → wori という語構成を考えている。「をり」の語源については，**2.5.1.2**でも触れる。

存在表現の文法化で，興味深い点は，「いる」や「おる」という存在動詞そのものの変遷にも動詞＋存在詞という構成が関わってくるという点である。また，「をり(おる)」の卑語化という点では，アスペクト形式からムード形式への転換が見られる。なお，存在動詞の語源的考察については，**2.5.1**で行なう。

1.3.2　断定の助動詞ナリ，デアル，ダの文法化

　日本語の断定の助動詞，あるいは指定表現と言われるナリ，デアルは，ニアリあるいは，ニテアリという存在表現から文法化したものだと言われている(春日 1968，佐伯 1954，山口 2003)。奈良時代から平安時代にかけて，ニアリがナリに融合，交替していく過程がある。それからニテがニテアリと共起していくのが院政期頃，また同じ頃ニテがデに交替し，デアルが室町期の口語において現れると言う。また，デアルはデアからヂャを経てダに至ると言うのが定説であるが，柳田(1993)では，室町中期の西部方言資料から「ヂャ」とともに「ダ」を多用した資料が見つかったことから，早くに「ダ」が生れ，遅れて「ヂャ」が発生したと推測している。その後，室町時代西部方言ではヂャが主に用いられ，ダも劣勢語として存在した。一方，東部方言では主にダを用いたが，ヂャも劣勢語として存在した。以降，東部方言ではダ，西部方言ではヂャが主に使われるようになる。

　ここで問題なのはデアルという文体である。「である」は，もとは「にてあり」から変化して，室町期に始まった語法であると述べたが，実際この頃には，ほとんど使われていなかったという。柳父(2004: 102-106)によれば，存在を意味する「ある」とは別の，コプラ(連辞)の翻訳である「である」は，江戸期のオランダ語の翻訳として始まり，室町期に発生した「である」とは異なっていたという。翻訳を離れた一般の日本語文に「である」が登場するのは，明治の初期になってから小学校の教科書においてである。小説やジャーナリズムで「である」が使われるのは，明治後期になってからで，観念的，抽象的な内容を，断定的に言い切るのによく使われるようになった。『吾輩は猫である』に代表される「〜は…である。」という文型は，こうして，西洋の古典論理学の基本命題の翻訳に用いられ，学問的命題の基本形とされてきた。

　「しかし，「である」はやはりコプラの機能とは違っている。それは依然として「で＋ある」の意味なのではないか。」と柳父(2004: 137)は言う。そし

て，時枝の入れ子構造に基づいて，次のように図式化する。

（１）　A is B は，A と B とを，それぞれ独立に考えた上で，is というコ^{ママ}プラで判断してまとめるのであるが，「A は B である。」の場合は，「A は」を B がくるみ，その「A は B」という全体を「入子」に入れてまとめて，これを全体として承認することになる。

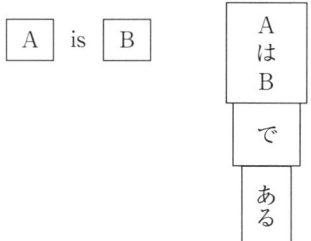

図2　「AはBである」の入れ子構造

ここで小さい箱の「である」は，大きい箱の「A は B」に対する引き出しのような役目で，大きい箱の全体をまとめる働きであるという。…この考えを借りて言えば，「である」は，「A は B」の全体をまとめて，「で・ある」，ということになる。とりわけ「〜ハ」で始まる新しい意味内容の事柄を，理論的に判断すると言うよりも，全体として無条件に断定する口調に適していただろう。それは，「A は B」ということが「ある」という意味になるだろう。

柳父は，「である」がコピュラというより，存在の意味を継承していることを言っているわけである。

小松（1979: 17-23）の助動詞意味論では，助動詞には事物の存在と表現主体の意識の二つの意味が共存するとし，デアルのみならず，助動詞「なり」や補助動詞「あり」にも，依然として，存在の意味が生きているとする。例えば，「花咲くなり」といった場合，この助動詞「なり」は，「花咲く」という状況（状態といいかえても一応差し支えない）において，表出主体が眺める山の空間的環境を捉え，その存在を表している。つまり，「アタリ（空間的環境）ハ，花ガ咲イテイルトイウ状況ニオカレテイルノダ。」であり，結果的には，「花ガ咲クトイウ事象ガアル」と言うように，「花咲く」という事象が存

在することを,「なり」が表現しているという。＜動詞連体形＋なり＞は,この＜事物の存在＞を表すと同時に,それを認定するという＜表出主体の意識＞を同時に表わしているとしている。「連体形＋なり」は,現代語では,「のだ」に置き換えられることが多い。「のだ」の機能については,全面的に述べる準備がないが,ノダ文も,事態をノで名詞化してそれをデアル(ダ)で受ける一種の存在表現と考えることもできるのではないか。デアルの存在論的位置づけについては**2.6.3**でも触れる。

1.3.3 存在型アスペクト形式の歴史的変遷

日本語は,タリ(テアリ),テイル,テアルのように動詞に存在動詞を付加することによって,アスペクト形式を作り出している。金水(2006: 265)は,これを「存在型アスペクト形式」と呼んでいる。本書でもこの名称を採用する。

工藤(2004: 42)では,日本語の有標のアスペクト形式のバリエーションは,＜文法化＞の観点からみて,次の二つの点から生み出されていることを指摘する。

(2)① 存在動詞「アル」「オル」「イル／イダ」のどれを,有標の中核的なアスペクト形式の語彙的資源とするか。中核的なアスペクト形式とは,最も動詞のタイプの制限のないものであるとすれば,＜人(有情物)の存在＞を表す本動詞との対応が見られる。
② 「シテ形式＋存在動詞」という構文的組立形式のみを採用するか,「連用形＋存在動詞」をもアスペクト形式化するか。(「連用形＋存在動詞」のみがアスペクト形式化されることはない。)

具体的なアスペクト形式としては,テ形接続のテアル,テイルと連用形接続のトル,ヨルなどがあげられるが,本書では,方言的バリエーションについては特に取り扱わず,テ形接続のアスペクト形式のみに限定しておく。

ここでのポイントは,金水(2006: 266)が言うように,「人の存在を表す存在動詞が中核的なアスペクト形式の資源として選ばれるということは,アスペクト形式が存在表現と比較的近いところにあることを示している。」「加えて,なぜ人の存在を表す存在動詞が中核的なアスペクト形式の語彙的資源に選ばれるのか,またどのような過程で本動詞の体系とアスペクト形式との体

系が関係を形成するのか」という点にある。本書の中心的な問題意識も，存在表現がなぜテンスやアスペクトといった時間を表す文法範疇へと文法化するのかということである。このことを考察しながら，タリやテイル，テアルなどの存在型アスペクト形式の歴史的変遷の概観を追っていきたい。

1.3.3.1　テアリからタリ→タへ

タリは周知のように，V-te+ari が V-tari のように発展したもので，存在動詞アリの文法化した形式である[4]。

金水(2006: 60-62)は，その意味を次のようにまとめている。

(3) a　動作・変化の結果の状態および動作・運動の過程
　　　(＝シテイル，シテアル)
　　　　例：三の口あきたり。　　　　　　　　　　　　(源氏・花宴)
　　b　過去の動作の経験(動作パーフェクト)(＝シタコトガアル等)
　　　　例：吹く風をなきてうらみよ鴬は我やは花に手だにふれたる
　　　　　　　　　　　　　　　　　　　　　　　　　(古今集・106)
　　c　動作の完成(＝シタ)
　　　　例：二人(手紙ヲ)見る程に，父ぬしふと寄り来たり。
　　　　　　　　　　　　　　　　　　　　　　　　　(源氏・乙女)

上代にはaの意味が多く，また名詞修飾用法が主であった。平安時代にb，cの用法が派生した。cは完成相過去を表しているが，「たり」は不完成相述語(存在動詞「あり」，形容詞，コピュラ動詞「なり」等)の過去を表すことができなかった。「たり＞たる」は室町時代までに語尾「る」を落し，「た」となり，不完成相述語にも付加されて過去を表すようになった。しかし，一方で「た」は「たり」の時代に持っていた継続的な意味やパーフェクト用法も保っていたという。

(4)　桅竿マッ直グニ立ツ処ガ人ノ立ツニ似タ(＝似ている)ホドニ，其声

---

[4] 「り」は動詞連用形に「あり」が付加された形式から派生したもので(例：咲き＋あり→咲けり)，「たり」とほとんど意味的対立がなく，四段活用とサ行変格活用の動詞からのみ作られた。これは「たり」の発達につれ平安時代には衰弱し，鎌倉時代までには京都の話し言葉からは消滅したという。

ヲ嘯クト云タコト也。　　　　　　　　（中華若木詩抄：176頁）
（5）　首をかかうと甲をとっておしのけて見れば，まだ十六七と見えた人のまことに清げなが薄化粧してかねつけられた(=つけている)。
　　　　　　　　　　　　　　　　　　　（天草版平家：267頁）

　「た」のこのような用法は，江戸時代以降「ている」や「てある」に置き換えられ失われていくが，「曲った釘」「ゆでた卵」のような名詞修飾節の中では保存され，現代語にも残っているとしている。
　ところで，文末が「た」で終わる文体は，（「である」と同じく）蘭学者の翻訳から始まったという（柳父 2004: 83）。それが英語訳にも引き継がれた。近代明治期の英語学習書では，英文の現在完了形に対しては「た」，過去形に対しては「し」があてられていたという。これが次第に，過去形に「た」を使う文体が使われていった。日本語の「た」は，「たり」から「た」に移ったように現代においても，現在完了的な意味が常に伴うのであるが，過去テンスに自然に発展したと言うよりは，翻訳文からの人為的な文体の創出によって過去テンスとしての「た」の文体を人為的に生み出していったのが現実のようだ。

1.3.3.2　テイル，テアルの文法化

　金水(2006: 271-274)によれば，中世文献の「てゐる(ゐたり)[5]」「てあり」では，「ゐる(ゐたり)」「ある」が存在を表す本動詞の用法をまだ保存していた。

（6）　漁師，奇異也ト見テ居タル間ニ　　　　　（今昔・巻10・38）
（7）　馬ニ乗テアル侍来テ云ク　　　　　　　　（今昔・巻16・28）

　15-16世紀の抄物資料では，「てある」の文法化が進むが，「いる」の存在動詞化が十分進んでいないので，「てある」の主語は有情・非情を問わない。「てある」の意味は，結果状態，運動の進行，パーフェクトないし過去の意味がある。

---

[5]　14世紀以前の「ゐる」は存在動詞ではなく変化動詞であるので「てゐる」がアスペクト的な形式として機能するのではなく，「てゐたり」がアスペクト形式だとみるべきであるとする(金水 2006: 272)。

＜結果状態＞
（8）　マツクロニ。草ヲヒシケリテアル墳ノアル。

(中華若木詩抄・下七オ)
＜進行＞
（9）　此間久ク雨フリテアルガ　　　（四河入海・一ノ二・二〇ウ)
＜過去＞
（10）　去病(中略)数カギリモナク凶奴ヲコロイテアル者ソ

(史記抄・八・三〇オ)

中世末期に，新しい存在動詞「いる」は「〜ている」という形を生み出し，有情物主語の結果状態，弱進行相[6]を表した。

（11）　(裃の)かみはそちにもき(着)ているほどにいるまいが，何とせうぞ

(虎明本狂言・ひつしき婿)

中世末期のテイル・テアル・タについては，福嶋(2002)が詳しいので，特に次節で取り上げることにする。
　近世・上方(京阪)語においては，主語の有情非情の別によって「〜ている」と「〜てある」が使い分けられていた。坪井(1976)では，有情の存在＝イル・非情の存在＝アルの使い分けと(既然体における)有情物の状態＝テイル・非情物の状態＝テアルの使い分けが，ほぼ元禄・享保期を境に，併行して成立したと指摘している。

＜ている――弱進行相＞
（12）　わしや一日泣いてゐた。　　（近松・ひぢりめん卯月の紅葉)
＜ている――結果相＞
（13）　ア、待たんせ＼／，あの障子のあちらに，今言うた，大事の男が来てゐさんす。　　　　　　　　　　　　　(近松・博多小女郎波枕)
＜てある――非情物主語結果相＞
（14）　おふりどうぢや，かうぢやと愛想らしい声付が，耳に残ってあるような。　　　　　　　　　　　　　　　　(近松・卯月の潤色)

6　金水(2006: 269)は非限界動詞(「(雨が)降る」など)に限られた進行相を，弱進行相と呼び，これを結果相の一部と見なしている。

＜てある——非情物主語他動詞の結果相＞
(15) 上から帯が下げてある，長持も出してある。
(近松・ひぢりめん卯月の紅葉)

現代語と比較すると，「残ってある」のように自動詞に「てある」のつくところが大きな違いである。
一方，江戸語では，非情物主語の「ている」が早くから発達していたという。

(16) 妙国寺の仁王に，てふちん(提灯)があがつていたつけ。
(通言総籬・1787年刊)

また，坪井(1976: 555-556)は，近世後期の江戸語に，テイルからイの脱落したテル形が盛んに用いられるようになると言う。

(17) ひつ裂き目に口紅のついてるのは，いつでも地者のふみではねへのさ。
(江戸生艶気樺焼138)

近世上方語に比べ江戸語では，「ている」の文法化がかなり進んでいたと言えるだろう。
近代になって，徐々に「ている」が分布を広げ，「てある」の領域が狭まっていった[7]。
以上，存在型アスペクト形式の歴史的変遷をまとめると，次のようになる。

a. 鎌倉時代ごろまで：「〜たり」
b. 室町時代：「〜てある」
c. 江戸時代：「〜ている」(有情)，「〜てある」(非情)
d. 近代以降：「〜ている」(有情・非情)，「〜てある」(主に他動詞)

次節では，「たり」や「ている」がアスペクト形式として文法化する過程を「存在様態」ということをキーワードに追っていく。

---

[7] テイル，テアルの文法化の全体像については，柳田(1990)も参照。明治以降のテアル，(ラ)レテアル，(ラ)レテイルについては，野村(1969)を参照されたい。

1.3.3.3 存在様態としてのタリ，テイル

野村(1994)は，「動詞＋テイル」を全体として一述語として把握する立場にたって，「存在様態」的テイルをテイルの広がりの核において，記述しようとした。また，野村(2003)は，テイル文を，存在様態を核とした存在文の一種という観点から考察している。文を，存在文，動詞文，形容詞文(名詞文を含む)の三種に分類し，そのトライアングルの内部に含まれるものとして捉えている。

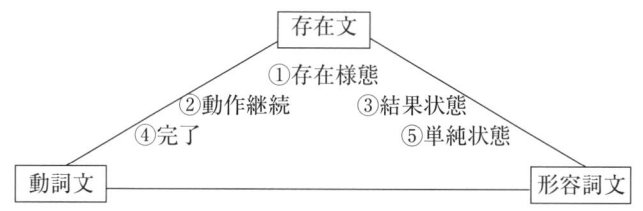

(野村 2003: 13 の図を一部改作したもの)

① 庭に木が三本立っている。
② 少年がグラウンドを走っている。
③ 水が白く濁っている。
④ 既にその家から引っ越している。
⑤ 山田さんは四角い顔をしている。

図3　存在文，動詞文，形容詞文のトライアングル

まず，①の存在様態は，「物がどのようにあるか」を述べる存在文の一種である。「庭に木が三本立っている」は，「庭に木が三本ある」という存在文と本質的に変わらないのであるが，「立っている」は「ある」とちがって「立って」という様態のもとに「存在する」ということが述べられているわけである。このような存在様態文の特徴として，a.アル・イルに置き換えて文意が通じること，b.ニ格で場所が表されること，c.動作・作用が現に行われた結果と言いにくいこと(「木が立っている」のは，「木が立った」結果とは言いにくい)をあげる。これら三つがすべて認められなければ，③の結果状態が際立つことになるが，「お腹がすいただろう。鍋にイモが煮えているよ。」のように，存在様態文は③結果状態に連続的である。②動作継続では，「橋の下に川が流れている」「外には激しい風が吹きまくっている」のような例文が存在様態性を示している。⑤の単純状態は，存在を認められたものが「在るとしたらどのように在るか」，すなわち存在措定抜きの存在様態性(属性的性格)を述べており，形容詞的述語に連続する。②③④のテイル文は，

動詞文的性格が強い。②③はいわゆる「アスペクト形式」として，②の動作継続は動きの開始的実現を表し，③の結果状態は運動の完結的実現を表す。これを野村(1994)は「動作様態」を表すとする。④の完了は，「彼は三年前に結婚している」のように，最もシタ形式に近づいたテイルであり，最も動詞文的な形式である。このように，テイル形式は，存在文「～に…がある」と直接的につながる存在様態①を中核としながら，属性的(形容詞的)⑤，及び動作様態的②〜④へと分化・変容しているのである。

　野村(1994)はこうしたテイルの分類に基づいて，上代の「動詞＋リ・タリ」の意味・分類を行っている。

①存在様態…存在文としての性格がはっきりしているもの。
　　(18)　大和の青香具山は日の径の大御門に春山としみさび立てり　（万52）

③結果状態…完了後の状態性がはっきりしていて，その状態性に重点があるもの。
　　(19)　勝鹿の真間の手児名が奥つきをここは聞けど真木の葉や茂りたるらむ　　　　　　　　　　　　　　　　　　　　　　　　　（万431）

④完了…完了したことに重点があり，そのこと自体が，あるいはそれが来歴として状態と考えられるもの。
　　(20)　大夫の高円山に迫めたれば里に下り来るむささびそこれ。（万1028）

⑤単なる状態
　　(21)　我が屋戸の梅咲きたりと告げやらば来と言ふに似たり散りぬともよし　　　　　　　　　　　　　　　　　　　　　　　　　（万1011）

このように，リ・タリは，現代語のテイルと基本的に一致するようだが，②の動作継続の用例は少ない。

② 動作の継続
　　(22)　雨晴れて清く照りたるこの月夜又更にして雲な棚引き　（万1569）
　　(23)　心には千重に百重に思へれど人目を多み妹に逢わぬかも　（万2910）

これらの用例は，自然現象・心理動詞が多く，「意志性・活動性」がある典型的な動作継続とは言いにくく，結果状態との差異が明確ではない。それでこれを「動作の成立とその結果状態・そのまま持続」という規定に置き換え，③結果状態と統合させる（これは金水2006の弱進行相に該当する）。

こうして，上代リ・タリは，①存在様態を中心に，②③動作の成立とその結果状態・そのままの持続，④完了，⑤単なる状態へ連続していく。

(24) 　　　　　　　　①存在様態
　　　　②③動作の成立とその結果状態・そのままの持続
　　　　④完了　　　　　　　　　　　⑤単なる状態

このように，リ・タリは現代語のテイルと比べて「完了」的色彩が濃厚であり，典型的な動作継続は，動詞の裸の形が表していた。ツ・ヌの完了と比べると，ツ・ヌは完了による変化の意識が優勢であるが，リ・タリは完了後の存在・状態の意識が優勢で，これをツ・ヌの原アスペクト性[8]と，リ・タリの存在様態性という両者の根本的異なりがもたらしたものだとしている。

福嶋(2002)では，野村(1994)の「存在様態」の規定を受け継ぎ，「主体の存在場所を表す［場所］ニ格と共起する」という基準から，中世末期日本語のテイル・テアルが存在様態を表す例が多いことを指摘する（全用例中の35%）。

(25) 　つれほしうて是にやすらふていまらした。　　　　（虎明本・餅酒）
(26) 　壁の根に菊一本咲いてあり　　　　　　　　　　　（醒睡笑・巻八）

テイルの場合，共起する動詞としては，「立つ」「寝る」のような主体の姿勢の変化を表す動詞や「来る」「出る」のような主体の位置変化を表す動詞が多い。一方，「走っている」「歩いている」のような典型的な動作継続を表す例がほとんどない。また，現代語に見られる「十年前にホノルルマラソン

---

[8] 野村(1989)は，客体的に見出された自存的完了及び未完了を「超越的アスペクト」と呼び，これに対し「今，ここで，私において」実現した動き・現在完了，未実現の動き・現在未完了をアスペクト把握の根本に置き，これを「原アスペクト」と呼んだ。アスペクトを，超越化された動きの様相とのみ捉えるのではなく，特にツやヌの場合は「今」に関わる動きの現れとして第一に考えるのである。

を走っている」のような過去の経験(動作パーフェクト)と見られる用法がない。このようなことから，中世末期日本語のテイル・テアルには，存在動詞(イル・アル)の意味が，比較的，強く影響しており，文法化の度合いが，現代日本語のテイルに比べて低いとしている。

このように中世末期日本語のテイル・テアルには，存在動詞「イル」「アル」の意味が比較的強いことによる制約などがあったので，存在様態から遠い状態をテイル・テアルで表しにくく，タが存在様態ではない結果状態を表すという分布の偏りを見せていたと説明している。

以上，テイル・テアル文は，存在文から存在様態文を経て，アスペクト構文，動詞文，形容詞文へと連続していくことが通時的な意味の文法化において示された。次は，そうした文法化の認知過程を追っていくことにする。

1.4 存在構文に基づくテイル・テアル構文

本節では，認知言語学的観点から，現代日本語においてテイル・テアル構文が，存在構文を中心に放射状カテゴリーをなすことを示す(岡 1999, 2001)。ここでは，従来アスペクト形式として捉えられてきたテイル形式を，事態の存在化形式として一次的に規定する。またアスペクトを状況の在り方＝存在様相を述定する仕方として，すなわち，実現した事態が「今，ここで，私において」表れたものとして把握する仕方であると捉える。以下，まずその全体的見取り図を示す。

1.4.1 本節の全体的見取り図

まず，中心的存在構文は，「空間的場所 Y に実体 X が存在する」ことを指し示す眼前描写文と規定される。

(27)　あそこに鳥がいる。
(28)　机の上に本がある。

存在様態型構文は，「空間的場所 Y に実体 X がある状態で(V テ)存在する」ことを表す，存在文の一種と考えられる。これは直接的に中心的存在構文とつながっている。

(29)　あそこに鳥が飛んでいる。(*あそこに鳥が飛ぶ)

(30) 机の上に本が置いてある。(*机の上に本が置く)

(29)(30)のような，テイル，テアル文は，「あそこに鳥が飛ぶ」や「机の上に本が置く」と言えず，場所のニ格は「飛ぶ」や「置く」などの本動詞が要求しているものではなく，存在動詞イル，アルが要求しているものである。この構文は，場所のニ格との共起，眼前描写文であること(主題化文ではなく実体がガ格で表わされている)が特徴的であり，中心的存在構文の継承である。このとき，動詞 V＋テの部分は，存在の在り方を修飾する「存在様態」である[9]。

存在様態型構文が場所のニ格と共起せず，V テという動作様態の意味に焦点がシフトしていくことによって，「結果存在型」や「過程存在型」といった従来「結果状態」や「動作継続」と言われるアスペクト構文へと発展する。この二つの型の中間に「結果維持型」が存在する。

(31) 窓が開いている。　　　（結果存在型テイル構文）
(32) 窓が開けてある。　　　（結果存在型テアル構文）
(33) 子供が遊んでいる。　　（過程存在型テイル構文）
(34) 犯人が銃を持っている。（結果維持型テイル構文）

これらの構文の認知過程については，次節で展開する。

変化の直接的結果が眼前に存在するのではなく，その痕跡が眼前に存在しているものを「痕跡存在型」と呼び，直接的結果や痕跡もなく出来事と現在の発話が関連付けられるものを「出来事存在型」と呼ぶ。(テアル構文の場合，「行為存在型」と呼ぶ。)これは，従来，パーフェクトと呼ばれているものである。

(35) （足跡を見て）「また，子供らが泥だらけの足で歩いている。」
（痕跡存在型テイル構文）

---

[9] この「存在様態」という規定は，前節の野村(1994)，安・福嶋(2001)を参考にとりいれたものである。なお，福嶋(2006)では，現代語のテイルにおいて，「池に鯉が泳いでいる」「庭に犬が死んでいる」のように，新たに場所ニ格句を出現させているテイルを「格体制を変更させているテイル」と呼び，小説のデータを中心にした多くの実例から，これらが「〜ニ〜ガ」という存在文の語順と一致することを明らかにし，当該のテイルが「存在様態」を表していると指摘している。

(36) あの女が犯人だ。被害者がそう証言している。
(出来事存在型テイル構文)
(37) 論文は完全に仕上げてある。これで試問は大丈夫だろう。
(行為存在型テアル構文)

　状態動詞や心理動詞にテイルがついたもの，いわゆる「単純状態」のテイル文は，アスペクト的意味では説明できないもので，存在構文の「眼前描写性」「報告性」「客観化」などの機能が継承されていると考えられる。また，実際の動きや変化がないが，そのように主体的に解釈する「痕跡的認知」や「心的移動」といった認知過程によって解釈されるテイル文がある。

(38) ここから見ると，谷間に人家が点在している。
(広義存在動詞＋テイル)
(39) 太郎は，次郎の大食いに驚いている。　(心理動詞＋テイル)
(40) 駅前に町の主だった建物が集まっている。　(痕跡的認知)
(41) ハイウエイが国境を越えて南に走っている。(心的移動)
(42) 彼女はお母さんによく似ている。
(第四種動詞＋テイル ── 痕跡的認知)

これら存在構文に基づくテイル・テアル構文のネットワークを図示しておく。

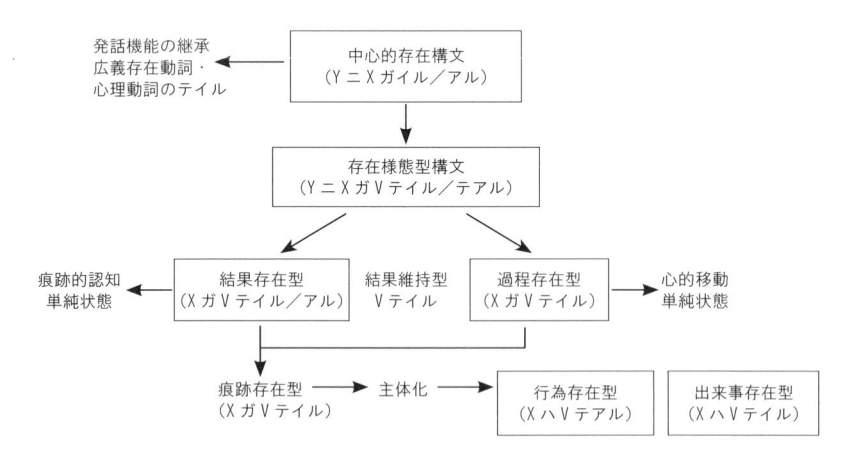

図4　存在構文に基づくテイル(テアル)構文のネットワーク

以上が，本節の全体像であるが，以下の流れについて明らかにしておく。まず，テイル(テアル)構文との連続性を根拠づける存在様態型構文「Y ニ X ガ V テイル(テアル)」の存在を強調し，「結果存在型」「過程存在型」への発展のシステムを明らかにする。次に，結果存在型からパーフェクトへの拡張を，参照点構造と主体化の観点から説明する。最後に，アスペクト的意味で説明できないいわゆる「単純状態のテイル」への拡張について論じる。

1.4.2 中心的存在構文

(43) 玄関に変な人がいる。

(44) 僕の机の上に誰かの本がある。

日本語の存在構文には様々なものがありえるが，(43)(44)のような「物理的空間にある実体が存在する」ことを描写する，眼前描写の存在文を「中心的存在構文」と規定する[10]。

中心的な存在構文は，統語的には「Y ニ X ガイル／アル」という形を取り，場所を表すYニが先頭にきて，実体Xはガ格でマークされると言うことが特徴的である。これは発話者が，場所をまず指し示し，参照点にして，聞き手に対し実体に注意を向けさせるという発話行為である。こうした「場所を参照点にして，実体の存在を指し示し，聞き手に知らせる」といった発話機能(これを「報告性」とする)が，XガVテイル構文にも継承されており，あとで説明する「広義存在構文」や「心理動詞」につくテイルの説明の際に有効になると考える[11]。

---

10 「いま，ここに(なにかが)ある」こと(を知覚すること)は，人間にとってもっとも具体的かつ直接的な経験だという点で「基本レベル」であると認められる。眼前描写や「指し示すこと」はLakoff(1987)のいう「経験のゲシュタルト」をなしている。

11 ここでは，無題文のみを取り扱っているが，実体や場所がハなどでマークされた「主題化構文」は，「個々の現前の場を離れた一般的な概念の世界における課題の場を設定する」(森重 1971)ものである。ここでいう「課題の場」とは，フォコニエの言う「メンタル・スペース」と一致する。主題化構文は，眼前描写的な機能は必ずしも持たないが，何らかの概念的実体を聞き手に気づかせるという機能は継承されているように思われる。

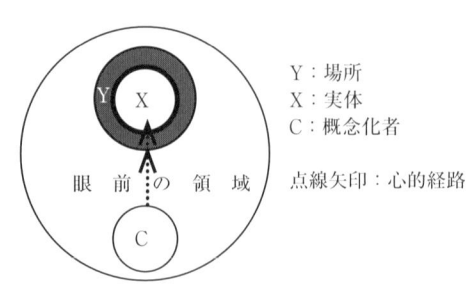

Y：場所
X：実体
C：概念化者
眼前の領域
点線矢印：心的経路

図5　中心的存在構文

　図5は，中心的存在構文の認知モデルである。ここでは，概念化者Cが，場所Yを参照点にして，実体Xをターゲットとして捉える参照点構造（Langacker 1993）をなしている。存在構文の参照点構造は，場所Yが参照点になるとともに，参照点の支配域と一致し，その中にある実体Xを指し示す事が特徴的である。
　さらに，存在構文を「空間的場所に実体が存在する」というプロトタイプ的意味において実体的に把握するにとどまらず，存在というものをよりスキーマ的に考えれば，「存在するとは位置づけられることである」，すなわち「YニXガ関係づけられる」という関係的把握に行き着く。このような存在構文の把握がこれから述べるテイル，テアル構文にも継承されていくわけである。

1.4.3　存在様態型構文

　中心的存在構文とテイル（テアル）構文が連続していることは，本来の存在の意味が強く現れている次のような構文が存在していることに表れている。

(45)　玄関に変な人が立っている。
(46)　机の上に本が置いてある。

　従来の研究では，上のような構文の存在を独自のものとしてあまり認めなかったが，場所のニ格をとる「YニXガVテイル／テアル」型構文は，中心的存在構文とテイル（テアル）構文をつなぐものとしてその構文的位置を認めてもいいのではないかと思われる[12]。

12　先駆的には益岡(1987)で，本来の存在の意味が強い(46)のようなテアル構文をA1型と

存在様態型構文は、テイルでは姿勢変化動詞（座る，立つなど），テアルでは配置動詞（置く，つけるなど）の場合に多く表れる。これらの動詞は，そもそも項として場所のニ格をとりうる動詞であるため，ニ格が現れていると解釈することもできるが，次のように「飛ぶ」「死ぬ」「焼く」などは，動詞自体はニ格を要求せず，ニ格は存在動詞が要求しているといえる[13]。このことは，存在様態型構文の存在を主張する一つの根拠になると思われる。

(47) あそこに鳥が飛んでいる。
 (⊃[14]あそこに鳥がいる／*あそこに鳥が飛ぶ)
(48) あそこに人が死んでいる。
 (⊃あそこに人がいる／*あそこに人が死ぬ)
(49) テーブルの上に魚が焼いてある。
 (⊃テーブルの上に魚がある／*テーブルの上に魚を焼く)

また，この構文では，本来のイル・アルの基本的な使い分けである有情，非情の別が反映している[15]。だから，(47)(48)(49)では，Vテを省略しても，発話として成り立つのである。このとき，Vテの部分は存在のあり方を修飾するいわば「付帯状態」と考えられ，構文全体としては，「物理的空間Yに実体XがVタ状態で存在する」という意味を表していると考えられる。

この「YニXガVテイル」のYニという場所のニ格が焦点化されなくなり，Vテという様相的な意味に焦点がシフトしていくことによって，「過程存在型」や「結果存在型」のアスペクト構文に発展していくと考えられる。(50)から(53)は，アスペクト的意味を表示する構文であり，場所のニ格とは共起しない。また，(51)(52)は，非情物主語のテイル構文であり，イルは有

呼んで区別している。
13 この指摘は，テアル構文に関しては益岡(1997)にある。
14 S1⊃S2は，ここでは文S1が文S2を含意することを意味する。
15 **1.3.3.2**でも述べたように，元禄・享保期上方においては，テイルが有情物主語，テアルが非情物主語とその棲み分けがはっきりしていた。明和〜化政・幕末期江戸語において，非情物主語のテイルが出現，テイルの性情の別が崩れる。また，自動詞にも下接したテアルが他動詞に集中するようになり，現代語に近づいていく(坪井 1976)。現代日本語においては，テアル構文は非情物主語に基本的に限られるが，テイル構文の性情の別は崩れており，非情物主語のテイルも圧倒的に使われている。テイル構文はアスペクト構文としてより文法化されているのに対し，テアル構文はアルの本来の語彙的意味を強く残しているという不均衡がみられることは注意すべきである。

情物主語という元の語彙的性質の一部を失ってアスペクト形式として文法化しているといえるだろう。

(50) (＊むこうに)子供が遊んでいる。 (子供がいる) ＜過程存在型＞
(51) (＊外に)雨が降っている。 (＊雨がいる) ＜過程存在型＞
(52) (＊あそこに)時計が壊れている。(＊時計がいる) ＜結果存在型＞
(53) (＊あそこに)窓が開けてある。 (窓がある) ＜結果存在型＞

　アスペクト的意味を表示する構文も「XガVタ状態で存在する」という存在的意味を残しているのだが，イル，アルの本来の語彙的意味の区別が失われたより一般的な存在的意味であると言えるだろう。またアスペクト構文は「XガV」という出来事が存在するという意味としても考えることができるかもしれない。いずれにしろ，ここで強調しておきたいのは，アスペクト的意味を表す構文は，中心的な存在構文が存在様態型を経て拡張されたものだという観点であり，アスペクト的意味も存在的な意味から説明しうるということである。

1.4.4　過程存在型構文

　過程存在型構文は，典型的には動いている動作主が眼前に存在することを描写するタイプである。ここで言う「過程」とは，人の動作だけではなく，機械や生物の動き，自然現象なども含めた広義の意味に解釈する。「過程存在型構文」はどのようにして進行相としての意味に発展したのだろうか。この理解のためには認知言語学の観点からのアスペクト・モデルが役に立つ。
　Langacker(1987: 254-267)では，動詞をプロセス(process)として捉え，時間的に限界づけられ，内部に変化を含む完了プロセス(Perfective process)であるか，時間的に限界づけられておらず，内部が均質である非完了プロセス(Imperfective process)に分けた。Langacker の Perfective vs. Imperfective は状況が時間的に有界的か(temporally bounded)，非有界的か(unbounded)という有界性(boundedness)の観点から状況を見たものである。従来の非状態動詞と状態動詞の区分に対応する[16]。

16　詳しくは，2.3.2でも説明する。

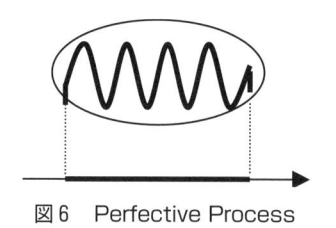

図6　Perfective Process 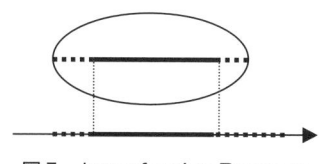　　図7　Imperfective Process

　図6，7の楕円は叙述のスコープであり，図6の内部のプロセスは変化を含むという点が曲線で示され，始まりと終わりがあり，時間的に限界づけられていることが下の時間軸の時間的プロファイル(太線)で示されている。図7の内部のプロセスは変化を含まないことが直線で示され，プロセスの一部のみが時間的にプロファイルされており，点線はそれが限界づけられず，持続していることを表わしている。
　Langacker(1991a: 207-211)では，英語の進行相 be V+ing の働きを次のように説明している。-ing 形がプロセスを直接スコープ(immediate scope: IS)に限定し，非時間的関係に変える働きをし，be がそれをさらに時間的にプロファイルする働きを担い，完了プロセスを未完了プロセスにする。

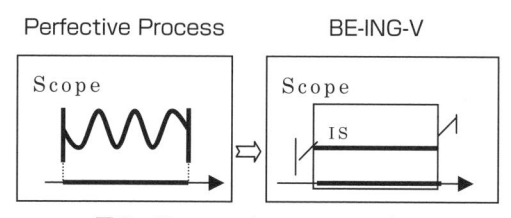

図8　Progressive construction

　Langacker のモデルでは，be の働きが時間的プロファイルと状態化の役割を担うという時間的側面からの説明だけで，存在的意味がいかに progressive に表れているかという説明はないが，これをテイル構文に適用して存在構文との関連を図示すると下のようになる。
　テイルは，完了プロセスの一部を切り取り(つまり，直接スコープ：IS に限定して)，未完了プロセスに転換する。そして，発話時を含む時間帯の中に位置づける。図9では発話のグラウンドGが時間的にプロファイルされていることで示されている。こうして，概念化者は発話時間帯に存在する動

作主を指し示すのである。

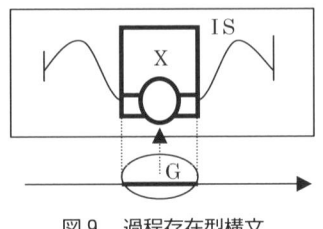

図9　過程存在型構文

　多くの言語で，進行相が locative preposition（場所の前置詞）をともなう動名詞の形式（'the subject is AT verbing'）で表現されることが Comrie (1976) でも指摘されている。Lakoff and Johnson (1999: 159) でも明らかにされているように「TIME is SPACE」（空間から時間へ）というメタファーによって，人間は時間を概念化していると言ってよいだろう。

(54)　われわれは場面の全体をあたかも空間であるがごとく見なして，過程の，ある事例に言及することができるのである。その時には，場面のある特定の時点をあたかもその場面の'なか'に存在するがごとく記述することは，きわめて自然なことになる。そのために必要な条件は，空間から時間へのうつしかえが可能であるということであって，諸言語は，実際，もともとはありか的である前置詞などを時間的なものとして使用することで，いともたやすく，すでにこのことをやってのけているのである。

（Comrie (1976)，山田訳 (1988: 162)）

　このように，「過程存在型構文」の認知図式は，「存在型アスペクト」を持つ諸言語に適用可能なものである。

1.4.5　結果存在型構文

　結果存在型構文は，実体が何らかの状態変化を起こして，その結果が視覚可能な形で存在していることを描写する。

(55)　人が死んでいる。

(56) 窓が開けてある。

　この構文のテイルは,「結果状態」と言われてきたが,まず「結果状態」とは何かについて改めて考えてみたい。寺村(1984: 127)は,シテイル形式の中心的意味は「既然の結果が現在存在していること」「つまり,あることが実現して,それが終わってしまわず,その結果が何らかの形で現在に存在している(残っている)」とした。これは本書の枠組みと基本的に一致するものである。さらに,寺村は,「結果状態」の解釈には「眼前の状態をある過去の事件の痕跡であると解釈する思考が介在している」と重要な指摘をしている。この指摘は,客観的な意味で「結果が存在している」のではなくそれは話者の解釈だということを意味している。例えば,「釘が曲がっている」という場合,話者が「釘が曲がった」という出来事があったと解釈していれば,「結果状態」になるだろうし,はじめから釘が曲がっていると考えるならば,「単純状態」と解釈しうる。あとでも述べるように,「結果状態」と「単純状態」の違いは,「過去にある出来事が客観的に存在したかどうか」という話者の解釈の違いだと言える。

　結果存在型構文の認知過程を示したのが図10である。概念化者Cは,眼前の実体(「死体(死んだ人)」)を知覚し,それを参照点(ReferencePoint: RP)として,過去の出来事(Event: E)(「人が死んだ」コト)を目標(Target: T)として想起する。点線の矢印は概念化者がたどる心的経路を表している。こうして,過去の出来事の結果状態が眼前の実体に残存していると解釈されるのである。

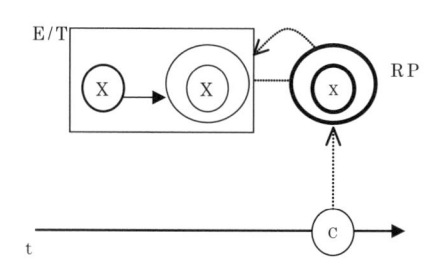

図10　結果存在型テイル構文[17]

---

17 この図は,Langacker(1991b: 340)を参考にしている。

1.4.6 出来事存在型構文

(57) 父は去年死んでいます。(だから, 奨学金が必要なんです。)

パーフェクトは, 「結果状態」からの派生である(直接的結果から間接的な結果へという意味で)ことが指摘されているが, このことを考える際に, 「結果存在型」と「パーフェクト」をつなぐ次のような中間型(「痕跡存在型」)があることが重要になる。

1.4.6.1 痕跡存在型

(58) (墓が並んでいるのをみて) 人がたくさん死んでるなあ。
(59) (金魚鉢の金魚がいない。猫の足跡がある。) 猫が金魚を食べてる!

この場合, 眼前に存在するのは, 死体(「人が死んだ状態でいる」こと)ではなく, 「人が死んだ」痕跡である墓のみである。ここでは, 結果存在型に見られた実体の存在という本来の存在的意味はない。ここにあるのは, 痕跡から想起された出来事の存在のみである。

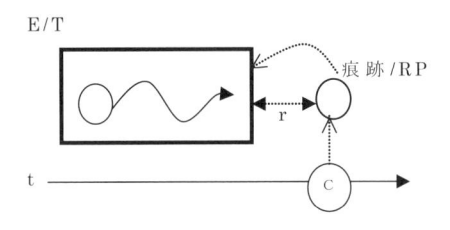

図11 痕跡存在型

痕跡をみて, 出来事を想起するためには, 痕跡と出来事の間に強い関連性が必要である(図11ではrで表されている)。墓には, 死んだ人が埋められているから, 当然「人が死んだ」という出来事があっただろうという言語外的知識や主体の推論が強く働いていると言える。痕跡存在型は, 出来事の実体(「死体」など)が眼前に存在していない点で, 結果存在型と異なっており, さらに主体の解釈(言語外的知識)が関与していると言える。

1.4.6.2 典型的パーフェクト

典型的パーフェクトでは, 眼前に痕跡はない。典型的パーフェクトの規定

として強調したいのは，先行する出来事を発話主体が積極的に関連づけるという点にある。この構文の特徴は，工藤(1995: 143)が指摘するように，話者の現在の判断の根拠付けとなる過去の出来事を差し出すことであり，典型的には，＜根拠―判断＞という論理構造が成り立っている。(57)で言えば，「去年父が死んだ」という出来事を差し出すことによって，「奨学金が必要だ」という話者の主張の根拠付けにしているのである。

典型的なパーフェクトの場合，出来事と関連づけられるものが客体的な痕跡ではなく，話者の態度，判断，主張といった主体的なものになっており，それは単文レベルではなく，ディスコース上の関係として現れている。

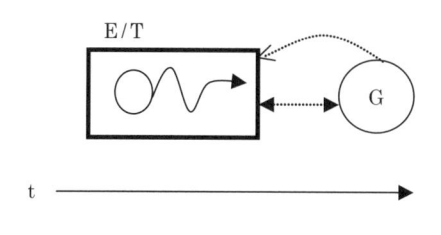

図12　典型的なパーフェクト

図12をさきの図10，図11と比較して見られたい。ここでは，客体的な参照点はなく，概念化者が参照点と一致し(G(グラウンド)と表記)，その立場から出来事を積極的に位置づけている。このような現象は，主観化(subjectification)[18]と言われる。つまり，発話主体自身が(言語表現そのものには表れないで)その言語表現に関与するということである。そして，過去の出来事と発話時との関連性(current relevance)は，存在構文の最も抽象的なスキーマである「YニXガ関係づけられる」という関係付けの意味が表れていると言えるだろう。

1.4.7　単純状態のテイル構文

最後に取り扱うのが，「単純状態」のテイルの解釈である。

(60)　幽霊は存在している。(存在動詞)

18　英語の perfect 構文の発展と主観化については**2.4.3**を参照。

(61) あそこに富士山が見えている。(知覚動詞)
(62) 太郎は花子を愛している。(心理動詞)
(63) 次郎は父親に似ている。(「第4種動詞」)

上記の(60)～(63)は，従来の研究では，「スルとシテイル」のアスペクト対立がない，もしくは，中和していると言われ，「継続性」などのアスペクト的意味で説明するのは困難であった。これらのテイル構文を存在構文からの拡張としていかに位置づけるのだろうか。結論から言うと，存在構文の発話機能的条件が継承されているのではないか，ということである。まずいわゆる広義存在動詞のテイル形で具体的に見てみたい。

1.4.7.1　広義存在動詞＋テイル

広義存在動詞(存在動詞，関係動詞，知覚動詞)の特徴は，イル，アルと同じく基本的にYニXガV(XハYニV)という構文になること，ル形とともにテイル形が存在することである。このときのテイルは，何を意味しているのだろうか。「神は存在する／神は存在している」のような対立ではスルとシテイルは，意味の違いがなかなか出にくいようである。が，ガ格が表れる次のような例では違いが出てくる場合がある。

(64) a. ここから見ると，谷間に人家が点在しています。
　　 b. ?ここから見ると，谷間に人家が点在します。
(65) a. 黄色いあんよが見えてるよ。　　(童謡『ひよこのかくれんぼ』)
　　 b. 黄色いあんよが見えるよ。
(66) a. 屋上に登ったら，富士山が見えるよ。
　　 b. ?屋上に登ったら，富士山が見えてるよ。

(64)～(66)から考察すると，スルは一般論や傾向を述べるときに使われるのに対し，シテイルは，眼前描写的な状況によく使われる。すなわち，「いま，ここに」といった現場性，一時性を強調するときに使われるようである[19]。このことは，(64b)の「点在する」が眼前描写的状況では不自然なことに示されている。また，発話機能としては，話者が聞き手に実体の存在を指

---
[19] 国広(1987)では，このようなテイルを「具体的時間との結びつけ」という観点から説明している。

し示し，注意を向けさせる(気づかせる，あるいは報告する[20])と言うような機能を持つと考えられる。(65a)では，そのことがよく表れている。話者は「あんよが見えている」ことを聞き手が気づいていないと思っていて，相手に教えているのである。このような状況では，「見える」は不自然であり，(65b)の「あんよが見えるよ」では，未来の出来事に対する注意になってしまう。また，(66b)のような条件文の後件には，眼前描写的なシテイルは来ないようだ。このように眼前描写的，報告的な機能をテイル形が担っていることは明らかであり，これは中心的存在構文の発話機能の継承だとするのが本書の解釈である。

1.4.7.2 心理動詞＋テイル

(67) a. 次郎の大食いには驚くなあ。
　　 b. 僕は，次郎の大食いに驚いています。
　　 c. *太郎は次郎の大食いに驚く。
　　 d. 太郎は次郎の大食いに驚いている。

主体の心的な状態を表す動詞は，一人称では，スル形で話者の即時的感情を表出することが可能であるが(67a)，三人称の主体の感情は直接知ることはできないため，スル形では表現できず(67c)，テイル形に制約される(67d)。(67b)のように，一人称にテイル形が使われた場合，感情の即時的表出ではなく，自分の感情を対象化していると思われる。このようにテイル形は，主体の感情を対象化し，客観的に報告する機能があるようである。それでは，なぜテイル形には，そのような機能があるのかという説明が必要である。これも存在構文の発話機能から説明することが可能である。つまり，あるものの存在を述べるとき，必ず存在物は話者とは独立した他者であり，対象化された存在だということである。

(68) a. あそこに，太郎がいる。
　　 b. あそこに，僕がいる。
　　 c. 僕はここにいる。

---

[20] シテイル形式を「報告性」という機能的観点から考察した論考として柳沢(1992)がある。

存在文は，三人称やモノを叙述するのが普通であり，(68b)のように自分の存在を言うのは，ビデオや写真に写った自分を指すような場合以外は奇妙である。(68c)のような発話が可能な状況は，自分を捜している相手に，自分の居場所を知らせる時か，あるいは哲学的に自分の存在を確認するような場合が考えられるが，いずれにしろ一人称の存在を述べるときには，自分の存在自身が対象化されているわけである。このように「存在」を語るときは「対象化された存在」であるという観点が得られるわけであり，こうした存在の意味が，心理動詞のテイル形にも表れていると考えるのが自然だと思われる。

スルで対象化できない他人の感情もテイル構文と融合することによって，その機能的条件を継承して，三人称の感情の対象化が可能になるのである。このように心理動詞の人称制限とテイルの機能については，この存在構文の対象化機能から説明できると思われる。

1.4.7.3 痕跡的認知と心的移動

最後に，本来「結果状態」や「動作の進行中」に解釈される動詞のテイル形が，単純状態に解釈されることについて説明したいと思う。

(69)　駅前に町の主だった建物が集まっている。
(70)　ハイウエイが国境を越えて南に走っている。

(69)では，(「建物が集まる」という)動きは客観的にはあり得ないのにあたかも動いたかのように捉えるといういわゆる「痕跡的認知」(国広 1985)によって，このような表現が可能になっていると考えられる。(70)は，主体の心的走査(mental scanning)によって，実体の物理的移動が心的移動(subjective motion)にメタフォリカルに拡張されていると考えられる(山梨 1995)。

(71)　釘が曲がっている。
(72)　道が曲がっている。

(71)のように，本来「変化動詞」であり，テイル形が結果状態と解釈される「曲がっている」も，(72)のように，「道が曲がった」という変化があったかのように捉える「痕跡的認知」によって「単純状態」に解釈される。結

局，単純状態か結果状態かは過去にある出来事があり得たか，あり得なかったかという話者の解釈の問題になるのである。「第4種動詞」といわれる動詞のテイル形（似ている，そびえているなど）も，本来変化動詞のテイル形の「結果状態の解釈」が失われ，「痕跡的認知」によって，単純状態に解釈されているとすると，結果存在型からの拡張として統一的に説明しうるのである。

図13では，認知主体がある状態を認知し，そこから，それが何らかの出来事の変化であったことを指し示すという構造になっている。変化は実際に起こったかどうかは話者の解釈であるので，点線で示されている。

図14は，「走る」などの完了プロセスを未完了プロセスに変える進行形の図式を使っているが，これが認知主体の心的走査であることを，認知主体からの矢印で示している。

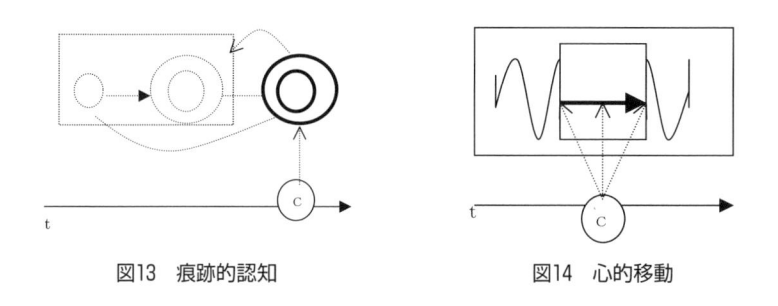

　　　図13　痕跡的認知　　　　　　　図14　心的移動

1.5　おわりに

本章では，1.3で，日本語の存在表現の文法化の歴史的変遷を追った。

日本語の上代の主要な存在動詞として「あり」は，「にあり」から「なり」という断定の助動詞，「てあり」から「たり」というアスペクト形式を文法化させた。一方，「座る」という意味の動詞「ゐる」は，「たり」と融合して，「ゐたり」という状態化形式を作り，中世において，「いた」から「いる」という存在動詞を生み出す。「ゐる」はまた「あり」と結合して「をり」という状態化形式を生み出し，「をり」は「おる」という存在動詞となるが，東国では卑語化し，衰退していく。「あり」は「ある」となり，室町後期において「ある」「いる」という現代につながる存在動詞がそろう。「たり」が「た」へと文法化するとともに，あらたなアスペクト形式である「てある」「ている」が出現していく。江戸期では，「てある」「ている」の分布は，「あ

る」「いる」の語彙的意味である有情，非情の別を反映していたが，次第に「ている」が「てある」の領域を侵食し，アスペクト形式としての地位を一般化していった。これが，日本語の存在動詞とアスペクト形式の文法化の概要であった。

上代	平安	鎌倉	室町	江戸	明治	現代
ari あり			→ある			
	にあり→なり		てある	（非情）→	（結果相）	
	てあり→たり（完了）		→た	→	（過去）	
wiru ゐる			→衰退			
	ゐ+たり→ゐたり		→いた→いる			
				ている（有情）→アスペクト形式		
wi+ari→wori をり			→おる	→卑語・方言		
				しとる／しよる(西日本方言)		

図15　日本語の存在動詞・アスペクト形式の歴史的変遷

　日本語共通語では，動詞テ形＋存在動詞イルという形式が，すべてのアスペクト的意味を包括するアスペクト形式として発展を遂げた。一方，日本語の西日本諸方言では，存在動詞のオルが文法化し，テ形接続の形式（シトル）と動詞連用形接続の形式（シヨル）が，結果相と進行相という代表的な二つのアスペクト形式を分化させており，これは類型論的にも最も標準的なタイプだといえる。第2章ではこのような類型論的問題について取り上げる。

　また，テイル・テアルは，存在文から存在様態文を経て，アスペクト構文，動詞文，形容詞文へと連続していくことが通時的な意味の文法化において示された。

　1.4は，通時的に示されたテイル，テアル文の文法化の認知過程を認知言語学の枠組みから示す試みである。その意義についてまとめておきたい。

　ここでは，まず，第一に，テイル（テアル）構文が中心的な存在構文に基づく「放射状カテゴリー」をなす事が明らかにされた。これは従来のシテイル＝アスペクト形式，継続性という図式では統一的に説明しきれなかった単純状態のテイル構文をも包括して，テイル構文を統一的に説明する試みである。これは「形式と意味の一致」という認知言語学のテーゼを実証する試みである。また，構文単位の意味を考えるという「構文的アプローチ」の有効

性を実証する試みとしてもあった。

　第二に，様々なテイル(テアル)構文を認知図式で図示することによって，テイル構文の統一性が視覚的にも明らかになった。

　第三に，発話行為分析をはじめとする機能的分析の重要性である．特に単純状態のテイル構文に関して，存在構文から継承されているものとして，「指し示すこと」の機能的条件に着目したことは従来なかった視点である．「対象化」機能，「報告性」といった発話機能を考慮に入れることによって，様々なテイル構文が統一的に説明されることになった．また，主要なテイル構文から「痕跡的認知」や「視線の移動」といった認知プロセスによって，「単純状態」のテイル構文が拡張されるシステムについても具体的に明らかにした．

　最後に，結果存在型，過程存在型，単純状態のテイルなどテイル構文の多くは，人間の認知のあり方を反映した表現であることを強調した．従来の研究で「アプリオリなカテゴリー」とされていた「継続性」や「結果」といった概念も実は客観的なものではなく，主体の解釈によって作り出されているのであった．また，「結果状態」と「単純状態」の境界が非常に曖昧であることも指摘した．パーフェクトにおいては，主体化の関与が重要であることを指摘した．こうして，人間の主体的解釈がテイル構文の様々な側面に現れていることが指摘された．

　第1章では，テイル／テアル構文を，存在構文に基づいてネットワークとして記述したが，第2章では，アスペクトという観点から見た場合，テイル／テアルがどのように捉えられるのか，日本語の伝統的研究と認知言語学の観点を生かし，アスペクトの一般理論へと迫っていく．また，言語類型論的観点から，様々な言語のアスペクト構文を対照していく．様々な言語との比較対照を通して，テンス・アスペクトという文法範疇がいかなるものかを明らかにしていく．

第2章
テンス・アスペクトの文法化と類型論
—— 存在と時間の言語範疇化 ——

2.1 はじめに

　本章では，第1章に続き，存在表現からテンス・アスペクトへの文法化の問題を考察する。ここでは，伝統的な日本語研究と認知言語学的な観点との融合を通して，テンス・アスペクト・モダリティ論の統合的把握を目指す。さらに，主に日本を取り巻く東アジアの諸言語のテンス・アスペクトを考察することを通して，存在型アスペクトという類型論的提起を行う。そして，より普遍的な意味での存在と時間の言語表現の意味について考察していく。

　以下，**2.2**では，伝統的な日本語研究からのテンス・アスペクト・モダリティ論として，尾上，川端らの論を紹介する。**2.3**では，認知文法のテンス・アスペクト・モダリティの把握を取り上げる。**2.4**では，テンス・アスペクトの文法化理論を取り上げ，とりわけパーフェクトの発展を主観化という点から考察する。**2.5**では，東アジア諸語（琉球語・アイヌ語・朝鮮語・中国語）の存在表現の語源学的考察などの問題も取り上げながら，テンス・アスペクトと存在表現の結びつきを具体的に見ていき，類型論的位置づけを与えていく。**2.6**では，まとめとして，存在表現の文法化とテンス・アスペクトの根源的意味について考察する。

2.2　伝統的日本語研究におけるテンス・アスペクト・モダリティ論
2.2.1　テンス・アスペクト・モダリティと存在的意味の関係

　なぜ，存在動詞が，テンス・アスペクトの形式へと文法化するのか。これについては，尾上の一連の研究がその考察の助けとなる。

　尾上(2001: 208-210)では，述体文において述語が，テンス・アスペクトなどと呼ばれる時間的意味を帯びる理由について，それは動詞概念の「現在の存在」へのもちこみの結果だと説明している。

（1）確定的な意味の平叙文（推量や疑問ではなく）を述べるということは，過去や未来との対比における現在でなく，話者の立つ絶対的な現在（発話時）において，こ̇と̇の存在を承認することである。「こ̇と̇がまちがいなく確かにそうで̇あ̇る̇」と述定することは，「こ̇と̇がそのように在̇る̇」ということを話者の絶対的な現在において主張することにほかならない。述べ方として確̇言̇するということは，この意味で，絶̇対̇的̇な̇現̇在̇におけることの存̇在̇の主̇張̇であらざるをえない。

　動詞述語において，「話者の絶対的現在におけるこ̇と̇の存̇在̇」を主張するためには，（動詞自体は存在という意味を内に含んでいないから，）何らかの方法によって，動作や変化という継時的な動詞自身の意味を存在の表現に持ち込まなくてはならない。その文法手段がタやテイルというわけである。

　尾上（2001: 414-415）では，シタ形，シテイル形を，基準点から見てその事態がどのように位置づけられているかということを塗りこめて一つの事態を描き上げる形式であるとして，グラウンディング形式と位置づけている。（スル形は，一つの事態をただそれとして言語化するだけの述定形式であって，非グラウンディング形式である。）すなわち，その事態が（基準点——典型的には発話時から見て）既に現実世界に存在してしまっているという把握を塗りこめて事態を描き上げる述定（確定，已然，完了）である。一方，その事態が（基準点から見て）未実現である，すなわち「非現実事態」であるという把握を塗りこめて描き上げる方向の述定がある。これが，モダリティ形式であり，現代語の未然形＋ウ・ヨウがこれにあたる。

　尾上（2001）では，日本語の述定形式の叙法論的性格を「現実事態／非現実事態」「事態承認／事態構成」の積としての四つの象限に位置づけた。叙法としては，現実事態を語るか非現実事態を語るかの違いが最も基本的なものであって，モダリティ形式とは「非現実の領域に位置する事態を語るときに用いられる専用の述定形式」であり，モダリティとは，「話者の「これは現実世界に存在することではない」という捉え方を事態の中に塗りこめて語るときにその事態の一角に生ずる意味」であると見るのである。このようなモダリティの把握は，認知文法における Langacker のモダリティ把握と軌を一にするものである。

2.2 伝統的日本語研究におけるテンス・アスペクト・モダリティ論

表1 日本語の述定形式の全体像

		古代語	現代語
現実事態	事態承認	ツ・ヌ・タリ・キ・ケリ	タ・テイル，存在詞・形容詞終止形
	事態構成	動詞終止形	動詞終止形
非現実事態	事態承認	ベシ・ラシ（終止形接続）	ウ・ヨウの終止形，ダロウなど
	事態構成	ム・ズ・マシ（未然形接続）	ウ・ヨウの非終止法，動詞終止形

　こうした尾上のテンス・アスペクト・モダリティ論は，山田孝雄から川端善明に流れる文法論を継承したものであるので，次にこれに触れる。

2.2.2 伝統的日本語研究の文法論，時間論

　文法論としての時間の問題を扱った国語学における論考としては，山田孝雄(1908)の「文法上の時の論」がある。山田は，過去，現在，未来三者の区別は実在界に存在する区別ではなく，どこまでも我々の主観と時間経過との関係によって生じたものであるとする。現在は，思想の直接表象であり，過去とは回想であり，未来は予期推測である。過去・現在は知覚的或いは事実的，未来は想像的である。

　細江逸記(1932)『動詞時制の研究』においても，「動詞の Tense なるものは本来思想様式の区別を表すものであって，時の区別とは何の関係もないものである」(p. 178)とし，Present tense は『直感直叙』，Present Perfect は『確認確述』，Past tense は『回想叙述』，Future tense は『想像(推測)叙述』とする。テンスはすべてムードと一体のものとして論じられるのである。

　川端善明(1973)では，より根底的なテンス・アスペクト論が展開される。奥田靖雄(1976)から工藤真由美(1995)に至るテンス・アスペクト論では，スルとシタという形態は非過去(現在未来)対過去というテンスの対立を表し，スルとシテイルという形態は完成相と継続相というアスペクトの対立を表しているとする。また，スルとシタは未然と既然というアスペクトの対立としてみる寺村(1984)の論もある。これらに対し，川端は，時制的に未分化な終止形述語と時制的積極的意味をもつ連用形述語という観点から論を展開していく。終止形述語は，存在詞文の変容した在り方であり，そこでは叙法的な

意味と時制的な意味が未分化である。それに対し「時制の意味を持つことを，その述語における最も基本的な在り方とする連用形を考える」(p. 278)。ここから「過去」や「完了」といったテンス・アスペクトの概念規定が展開される。川端は，過去と回想といったペアは対立的に捉えるのではなく，「相即的な二面である」と捉えなければならないとする。すなわち，テンスにおいて「過去」という対象的意味は「回想」という作用的意味に対応する。アスペクトにおいて，対象的意味である「広義完了」(或る過去に起源をもつものの持続)は，作用的には「確認」である。「広義完了」は，「或る過去に終結したものの結果的な存続(例えば何かを見て，見たという結果がいまに把持される「狭義完了」——ツの世界)と，或る過去に開始したものの状態的な持続(例えば花が咲いて，事態として咲き続けているという「狭義未完了」——ヌの世界)とに分けられる」(p. 279)。そして，現に在るものの持続的現在(タリの世界)は，対象的には「現在」，作用的には「直認」である。同様に，「未来」という対象的意味に対して「予想・予期」という作用的意味が考えられる。川端は，テンスとアスペクトの関係について，過去，現在といったテンスの対象的意味は，アスペクトの対象的意味である完了・未完了によって与えられるとする。アスペクトはテンスを規定しているのである。未来はアスペクトよりはムードから規定される。テンス・アスペクトを位置づけるとき，まず原点となるのは，「今，ここ」における発話者の存在である。そして発話者の事態の捉え方——「確認」「直認」「回想」「予期」など——がアスペクト，テンスを規定していくのである。こうした把握は，認知言語学の観点と通底するものがある。次に認知言語学におけるテンス・アスペクト論を紹介し，時間把握の基本的認知モデルを提示していきたい。

2.3 認知文法から見たテンス・アスペクト・モダリティ
2.3.1 認知文法におけるテンスとモダリティの統合的把握

認知文法においては，テンスとモダリティをグラウンディング形式 (grounding predications) として同次元の立場から論じている。Langacker (1991a: Ch6) が提示している基本的認識モデル (basic epistemic model) では，概念化者(発話者)が現実(reality)として承認している領域と，そうでない領域＝非現実(irreality)を分ける。現実の領域は，概念化者のいる領域に向かって発展する。概念化者を直接取り巻く，概念化者が直接知覚する領域が直接現実(immediate reality)である。基本的認識モデルは，直接は「過

去・現在・未来」といった時間とは関係していない。次に提示する時間線モデル(time line model)において，「過去・現在・未来」が導入される。現在は直接現実の領域とそのなかにあるグラウンド(発話の今・ここ)を包摂している一定の幅のある領域である。その左側に来るのが，過去の領域，右側に来るのが未来の領域である。本書では，Langacker の基本的認識モデルと時間線モデルを応用し，時間把握の基本的認知モデルとして図示してみる。

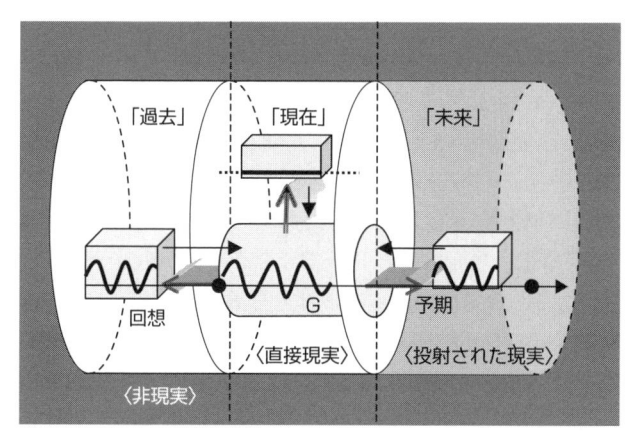

図1　時間把握の基本的認知モデル

　まず，この図の原点となるのは発話行為の現場(今，ここ，発話行為者，発話状況)を表すグラウンド(G)である(グラウンドそのものは時間的・空間的幅を持つ)。グラウンドから発話者が直接的に事態を捉えた領域が「直接現実」の領域である。左から伸びている円筒状の部分は，発話者が「現実」と捉えた領域であり，現実領域は右へ向かって発展していく。これが左から右に向かって伸びる矢印の方向で表される。直接現実の領域からさらに右へ点線で拡張された領域が「投射された現実[1]」の領域となり，この円筒状の領域の外側にあるのが「非現実」の領域である。直接現実の領域は，知覚可能な領域であり，ここでモノや事態を「現認」する。これがテンス的には「現在」，アスペクト的には「継続」(未完了)となり，現代日本語ではテイル形で

1　Langacker(1991a)の projected reality を邦訳したものであるが，厳密にいえばこれは現実ではなく，まだ実現していない非現実事態であるが，これから現実になるという意味で「投射された現実」と呼んでもいいであろう。その他ラネカーが「潜在的な現実」と呼ぶ「——かも知れない」という領域についてはここでは省略している。

表される。現実領域にある事態は「回想」の作用によってテンス的に「過去」の事態と把握される。言語的にはタ形で表現される。投射された現実にある領域は「意志」や「予測」といった作用で産み出されるもので，テンス的には未来の事態であり，言語的にはウ形(意志・予測)によって表現される。非現実の領域は非存在，否定，仮想世界などである。次節では，認知文法によるアスペクトの把握について概観する。

2.3.2　一般アスペクト論と認知文法におけるアスペクトの把握

　スラブ語アスペクト論[2]を基盤にした一般アスペクト論において，Perfective vs. Imperfective(完結相 vs 不完結相)の一般的規定として，最もよく取り上げられるのが Comrie(1976)の規定である。

　Comrie は「アスペクトは場面の内的な時間構成を捉える様々な仕方である」とし，「完結相は場面の終わりの部分をそのほかの部分よりも特に強調することなく，むしろ場面のあらゆる部分を単一の全体としてさしだす」とする。一言で言って Comrie はひとまとまり性(totality)の観点から完結相を捉えていると言っていいだろう。また，「不完結相はある場面を内部から眺めて，その内的な時間構造をはっきりと述べることである」とする。これは「状況の内部からの視点」という意味で不完結相を捉えていると言える。Smith(1997)など多くの研究者が類似のあるいはそれに一致する概念で完結相と不完結相を捉えている。メンタルスペース理論の Cutrer(1994)でも不完結相は focus space と viewpoint との一致，完結相は focus space と viewpoint の不一致から見ており，つまり焦点となる状況を内部に視点を置いてみるか，外部に視点を置いてみるかで捉えている。また，状況を閉じられたものと見るか，開かれたものとして見るかというのも同じような見方である

2　形態論的にスラブ諸語の perfective/imperfective(完了体／不完了体)は接頭辞や接尾語の付加による派生的(derivational)なもので，この点で，古代ギリシャ語の aorist/imperfect やフランス語の単純過去／半過去などの屈折的(inflectional)なアスペクト対立とも違うし，英語の進行形や日本語のテイル形などの組立形式とも違い，類型論的に区別される。基本的には完了体は動作の完了したことをはっきり述べ，不完了体はそれをはっきり述べないと言う有標・無標の対立という説明の仕方が一般的である。本書では，スラブ語アスペクトそのものは詳しく取り上げないが，認知言語学の枠組みからスラブ諸語を統合的に比較対照した研究として，Dickey(2000)が注目に値する。Dickey(2000)は，スラブ諸語のアスペクトの用法の七つのパラメーターを基に，スラブ諸語を大きく東部と西部に分け，西部の完了体は totality を中心に範疇化されており，東部の完了体は temporal definiteness を中心に範疇化されていると結論づけている。

し，不完結相が部分詞の付加によって文法化される言語もあることから，totality に対して partiality を対置する考え方もある。これは Lakoff などが主張する全体／部分のイメージ・スキーマとも合致するものだろう。このように，totality の概念は人間の基本的認知から言ってもかなり普遍的な概念ではないかと考えられる。

(Totality View)　　　　　　(Internal View)

　　　Process

　　　○　　　　　　　　　　　○
　　観察者　　　　　　　　　観察者　　(Smith 1997)

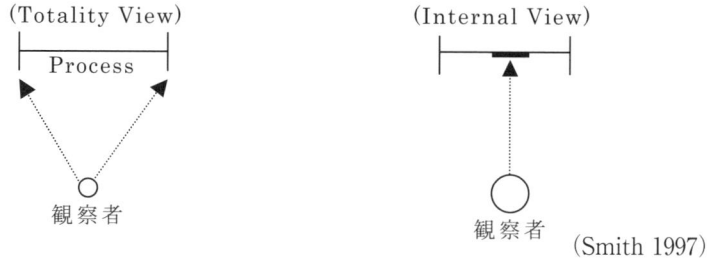

図2　Perfective Viewpoint　　図3　Imperfective Viewpoint

Langacker の認知文法では，プロセスを，変化を含む完了プロセス (perfective process) と，変化が認識できない未完了プロセス (imperfective process) とに分けて考える。

（2）　Perfective process portrays a situation as changing through time
　　　Imperfective process describes the extention through time of a stable situation.　　（Langacker 1991a: 86）（**1.4.4** 図6，7参照）

これはプロセスを時間的に限界付けられているかという有界性 (temporal boundedness) の観点から捉えている。完了／未完了プロセスは有界性の観点から言って，可算／不可算名詞と並行的な概念であると Langacker は言っており，池上 (2000) でも有界性と無界性という概念が様々な言語現象に表れていると論じている。基本的認知作用として有界性は普遍的な概念だと考えられる。

　注意したいのは，一般アスペクト論で言われる Perfective (完結相) と Imperfective (不完結相) の対立と，Langacker の Perfective process (完了プロセス) と Imperfective process (未完了プロセス) の規定は異なることである。一般アスペクト論で言う完結相とは，状況を始まりから終わりまで一括

したものとして捉える（= totality（ひとまとまり性））ものであり，不完結相とは状況を内部から見るもの（internal-view）である。完結相／不完結相の対立は発話者の観点（viewpoint）に基づいている（Comrie 1976）。一方，Langacker の完了／未完了プロセスは，プロセスに内在する時間的な有界性（temporal boundedness）による対立である。完結相／不完結相は文法形式（基本形と進行形など）として担われており，完了／未完了プロセスは状況のタイプ（動詞（句）で表わされる）で担われている。この両者は，対立するものではなく，Smith（1997）がいうように，観点アスペクトと状況アスペクトとして，二重性をなすものと考えたほうがよいと思われる。

　再び，ラネカーの完了／未完了プロセスに戻るが，これは Vendler（1967）の dynamic（運動動詞）と states（状態動詞）のカテゴリーと対応するものであるとしながら，それが動詞のクラスを定義的に分割するものではない，と言っている点に注意したい。例えば英語で未完了プロセスと考えられる状態動詞は進行形をとれないとされているが，（3）-（5）の例文では，未完了プロセスが完了プロセスに再解釈され，進行形になっている。つまり，完了プロセスか未完了プロセスかは概念化者の解釈に依存した概念だということである。

　（3）　J.P. is resembling his father more and more everyday.
　　　　（J.P. は日々父親に似てきつつある。）
　（4）　The Smith are having a lovely argument.
　　　　（スミスは，今素敵な議論をしている。）
　（5）　This road is winding through the mountains.
　　　　（この道は山の周りを曲がりくねっている。）
　　　　　　　　　　　　　　　　　　　　　　　　　　（Langacker 1987: 256）

　さらに Langacker（1991a）では，英語の進行相 be V+ing は，-ing 形がプロセスを非時間的関係に変える働きをし，be がそれをさらに時間的にプロファイルする働きを担い，完了プロセスを未完了プロセス化する形式であるとした。（**1.4.4**，図8参照）[3]

3　ラネカーのアスペクト把握に関しては，樋口（2004）に詳しい解説がある。

2.4 文法化理論から見たテンス・アスペクトの発展

この節では，Bybee et al.(1994)の文法化研究を取り上げ，テンス・アスペクトの発展の道筋について考察していきたい。

2.4.1 「完了」，「パーフェクト」，「完結相」，「過去」など

Bybee et al.(1994)は，＜過去＞や＜完了＞などに関連する概念として，次の五つを挙げている[4]。

(6) 1. Completive(完了)：
完全に行為を終えること。
2. Anteriors(perfects)(パーフェクト)：
ある状況が参照時(典型的には発話時)に先行し，参照時における状況と何らかの関連を持っていること。
3. Resultatives(結果相)：
ある状態が過去の行為の結果として存在すること。
4. Perfectives(完結相)：
ある状況が時間的に限界付けられたものと見なされていること。
5. Past(過去)：
発話時以前に起こった出来事をさす。

そして，これらの五つの意味が，通時的にどのように発展するかを考察している。

---

[4] この五つの概念に関する日本語訳は深田・仲本(2008: 203)とは，若干異なっている。Completive を深田・仲本は＜終了＞と訳しているが，本章では「完了」と訳した。これは単なる行為の終了というより完全に行為が終わることを強調するためである。そして，anteriors の方を深田・仲本は＜完了＞と翻訳しているが，これは英語の「完了相」と一致するもので，日本語学(工藤 1995)でも「パーフェクト」という用語が定着しているのでそれを使う。Resultatives は単なる＜結果＞というよりアスペクトの文法形式として「結果相」と呼ぶ。Perfectives は単なる＜完結＞ではなく，アスペクト的意味として，「完結相」と訳す。アスペクトに関する用語の翻訳は，論者により様々で，混乱を生みやすいので，注意を要する。

<語彙的源泉>

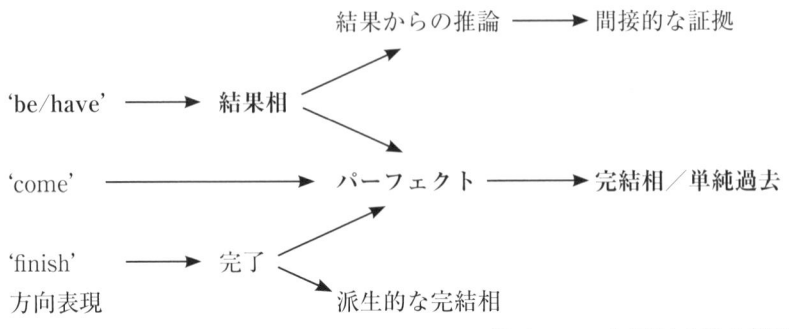

```
                          結果からの推論 ─────→ 間接的な証拠
                         ↗
'be/have' ─────→ 結果相
                         ↘
'come'    ──────────────→ パーフェクト ─────→ 完結相／単純過去
                         ↗
'finish'  ─────→ 完了
方向表現               ↘ 派生的な完結相
```

(Bybee et al. 1994: 105の邦訳)

図4　＜完結相／単純過去＞の文法形式にいたる発展の経路

　まず，＜結果相＞を表す形式は，'be/have'（ある，いる，もっている）を意味する状態動詞から成立する。これは，日本語共通語のテイルの結果状態の用法や，英語の be+ 過去分詞がその典型例である。

（7）　The door is closed. （ドアが閉まっている）

　一方，＜完了＞を表す形式は，'finish'（終る）や方向（up, away）を意味する運動動詞あるいは前置詞から成立する。中国語の「了」や英語の eat up などがその典型である。日本語の「食ベテシマウ」や，「やりキル」，「やりヌク」の「しまう」「きる」「ぬく」などもこの完了の例としてあげてもいいだろう。朝鮮語では，「捨てる」を意味する beolida がそれにあたる。これらは「収納」（しまう，put away）や「捨てる」（throw away）と物体が見えなくなることから，行為が完了したことを意味するようになったのであろう。

　＜パーフェクト＞は，come を意味する動詞[5]や「結果相」あるいは「完了」を表す形式から発展する。これは，英語の完了相（have+ 過去分詞）に典型的だが，日本語訳では，下記の例に見られるように，テイルでパーフェクトを表している。また，たった今起こったことであれば，タ形で訳せることから，タも現在パーフェクトを表すことが分かる。

5　Comrie(1976)では，フランス語の近接パーフェクトを表す形式として，venir de(come from)をあげている。*Je viens d'ecrire la letter.*（I have just written the letter.）直訳的には，「私は手紙を書くことからぬけだしつつある」となる。

（8） Carol has taken statistics. [So she can help us.]
（キャロルは統計学の授業を取っている。[だから手伝ってくれるだろう。]）

（9） I've just eaten dinner. [So I don't want any more food.]
（たった今夕食を食べたところだ。[だからもうこれ以上食べられない。]）
(Bybee et al. 1994: 61翻訳稿者)

「結果相」から「パーフェクト」が発展したことは，ロマンス語系やゲルマン語系の言語で多く見られることである。

例えば，古英語では，二つの結果相があり，自動詞には，助動詞のbe動詞が形容分詞とともに用いられ，他動詞には，助動詞のhaveが形容分詞とともに用いられた。この形容分詞が形容詞的性質を失い，語順として助動詞の次に用いられるようになって，現代パーフェクトが発展してくる。こうして，次第にhaveパーフェクトがbeパーフェクトに置き換わり，beパーフェクトはgoなどのいくつかの動詞だけに限られるようになった(*He is gone.*)(Traugott 1972)。

「結果相」と「パーフェクト」の違いは，「結果相」が先行の行為の結果として現在の状態が存在するのに対し，「パーフェクト」は過去の行為が現在の状況に一般的に関連しているという違いである。この際，「結果相」に使われる動詞は，変化動詞に限られるのに対し，「パーフェクト」ではその制約がなくなり，すべての動詞で使われるようになる。

一方，「完了」から「パーフェクト」への発展は，「結果相」から「パーフェクト」への発展に比べるとあまり見られないという。代表的なものとしては，中国語の「了」(liao: 終わる)という動詞から，文末助詞の「了」(le)に至って，より一般的な「パーフェクト」に発展した例があげられる。ただ文末助詞「了」は英語のパーフェクトに比べると，**2.5.4**でも述べるように，変化が読み込めない文脈での使用が制限されることから，文法化の度合いは若干低いと思われる。

「パーフェクト」から「単純過去」あるいは「完結相」への発展は，印欧諸語のみならず，アフリカ諸語，東アジア諸語まで汎言語的な経路だと言える。代表的なものとして，フランス語の複合過去があげられるだろう。東アジア言語では，中国語の文末助詞の「了」がさらに文法化して「完結相」に

なったものが，動詞接辞の「了」だとされる[6]。
　一方，方向を表す接頭辞を付加することによって，「完了」から「完結相」に発展した派生的な(derivational)タイプとして，スラブ諸語のアスペクト(「完了体／不完了体」)があげられる。この場合，「完結相」が有標で「不完結相」が無標のカテゴリーになる。
　それとは反対に，英語の進行形に対する動詞の基本形(ゼロ形式)のように，「不完結相」が有標として生まれることによって，それに対する無標の形式として「完結相」ができる場合がある。日本語の進行相としてのシテイル形式(歩いている)に対するスル形式(歩く)もこの意味での「完結相」といえるだろう。
　最後に「結果相」から「証拠性」(Evidentiality)への発展がある。

(10)　(廊下の足跡を見て)「また子供たちが歩いてる！」

(10)のように，「廊下の足跡」という間接的な証拠を見て，「子供たちが歩いた」という過去の出来事があったことを推論する形であり，日本語の場合シテイル形式が使われているが，これは「結果相」から「パーフェクト」に至る中間段階であることを1.4.6で指摘した。トルコ語やブルガリア語，チベット語など広範囲の言語で，この証拠性を表す形式が文法化されている。東アジア言語では，琉球語，朝鮮語でこの証拠性を表す形式が文法化されている。

2.4.2　「進行相」，「不完結相」，「現在」など
　次に，前節の「完了」，「完結」とは対照的に，事象が現在行われ繰り返される，「進行相」や「不完結相」，「現在」などを表す文法形式の発展について考える。
　まず，Bybee et al.(1994)に従ってこれらの意味の定義をしておく。

---

[6] 文末助詞の「了」を「パーフェクト」とし，動詞接辞の「了」を「完結相」とするのは，Li, Thompson and Thompson(1982)の説であるが，これに対しては様々な異論がある。木村(2006)は，文末助詞の「了」を「変化の既実現」，動詞接辞の「了」を「限界性のある動詞(句)の既実現」と位置づけ，劉(2008)では，「限界達成のアスペクト操作」という点で統一的に説明しているが，本書ではこれ以上立ち入らない。

2.4 文法化理論から見たテンス・アスペクトの発展　51

(11) 1. Imperfective（不完結相）：Perfective（完結相）と対照的に，事態を限界づけられた全体としてではなく，事態の内部からその内部構造に言及するものである。
　　 2. Progressive（進行相）：参照時に進行しているものとして動作を捉える。英語の進行相（be+V-ing）が代表的。

　他にも，Continuous（継続相），Habitual（習慣相），Iterative（反復相），Continuative（持続相）などがあるがここでは省略する。
　まず，文法化の経路としては，進行相からより一般的な不完結相，そして現在への発展が考えられるので，まず進行相を取り上げる。
　進行相の語彙的源泉としては，汎言語的に場所的な表現がとられている。場所を表す接辞「at, in, on」など，また助動詞の源泉としては，特定の姿勢を表す動詞「sit, stand, lie」など，あるいはより一般的に存在や滞在を表す「be at, stay, live, reside」などがあげられる。スペイン語の存在動詞 *estar* はもともと「立つ」（ラテン語 stare）の意味であるし，日本語のテイルのイルはもともと「座る」の意を表していたものである（**1.3.1**参照）。このような進行相に発展する場所的表現の意味は，「be in the place of verbing」あるいは「be at verbing」（ある行為の中に動作者がいる）というものであろう。
　中期英語では文字通り be 動詞＋場所の前置詞＋現在分詞の進行相の形式が存在していた。

(12)　　He is on hunting.
(13)　　He was a-coming home.

　現代英語では前置詞は失われたが，多くのゲルマン諸語，ケルト諸語において，この組み立て形式で進行相が表されているという（Comrie 1976）。
　こうしたことは，進行相というアスペクトが，「動作主が場所の中にいる」という空間的理解から「動作主がある事態の中にいる＝ある事態に従事している」という時間的理解へのメタファーとして理解されているということである[7]。

---

[7] ただし，Bybee et al.(1994)は進行相の文法化においては，メタファーがそのメカニズムではないと言っている。動作主が空間的に位置づけられているということは，同時に時間的にも位置づけられているということであり，最初からこの構造には空間的と時間的

進行相は，現在進行中の動作だけではなく，過去や未来の進行中の動作や習慣的な行為にも拡大されることによって，より一般的な不完結相に発展していくことになる。

2.4.3 主観化と文法化

文法化のメカニズムとしては，推論，一般化などがあげられるが，ここでは，主観化(subjectification)が大きな役割を果たしていることを指摘しておきたい。

主観化という概念は，Traugott(1989, 1995)とLangacker(1991b, 1999c)の規定が有名であるが，まず，Traugott(1995: 32)は，「具体的，語彙的，客観的な意味を持つ形式が，抽象的，語用論的，間主観的，話者志向の機能，いいかえればディスコース的機能へと次第に変化していくこと」であるとしている。Langacker(1999c: 298-299)では，客体的な意味が徐々に失われ，それにもともと内在していた主体的な把握(主体的意味)が顕在化してくる現象と定義している。よってLangacker的意味では「主体化」とも訳される[8]。

Carey(1995)では，こうした主観化の過程が，英語の結果相からパーフェクトへの発展の過程に深く関わってくることを明らかにしている[9]。

(14) 英語の結果相からパーフェクトへの転換

段階	段階に到達したという証拠
Ⅰ 結果相	心的状態動詞
Ⅱ 結果相→パーフェクト(a)	知覚動詞，伝達動詞との共起
Ⅲ 結果相→パーフェクト(b)	因果関係的文脈での出来事動詞との共起
Ⅳ パーフェクト	状態動詞，仮主語，先行副詞との共起
Ⅴ hot news パーフェクト	前景，新しい情報の文脈

(Carey 1995: 95)

な次元が含まれているのである。文法化はこの空間的意味が失われることによって起きたのであり，問題はどのように空間的意味が喪失したかである。それは特定的意味の喪失，すなわち意味的な一般化であるとしている。

8 文法化と(間)主観化の問題は，**3.2**も参照。第3章では可能表現，第4章では「ば」，第5章では「みたいな」を主題にして文法化と(間)主観化の問題が取り上げられる。

9 英語のHave/Beパーフェクトの歴史的発展についての最近の認知歴史言語学的研究は，Drinka(2008)，Mizuno(2008)を参照。

2.4 文法化理論から見たテンス・アスペクトの発展　53

　第1段階(古英語初期)では，have + 過去分詞の形式は，結果相の意味として，使われる動詞は，心的状態動詞(understand, decide)などに偏っている。第2段階(古英語後期)では，パーフェクトへの移行が始まる。共起する動詞は伝達動詞(talk, write)，知覚動詞(hear, see)が多くなっている。これらの動詞は，結果状態が主語の内部に残るタイプのものである。(「私はその話はわかっている」「彼はそのことを聞いている」)。第3段階(中期英語初期)では，他の出来事動詞との共起も起こり，因果関係的文脈が出てくる。因果関係的文脈とは，例えば，「Since you have(often)heard about X …」という文脈では，話者は，聞き手がXについてたびたび聞いている(情報Xが聞き手の中に聞いた結果の状態として残っている)ということを言うことによって，「だから，もう私が言う必要はない」というような現在のディスコースの理由として差し出す働きをしている。第4段階(中期英語後期)では，この形式は完全なパーフェクトへの転換を見せ，状態動詞やbeforeなどの先行副詞とも共起するようになる。この段階では，過去の出来事と現在の話者の態度や判断が結びつくようになる。こうして，各段階で出来事が生み出す結果は客観的な意味から離れ，話者の態度や判断に依存してくるようになるのである。これがTraugottがいう主観化の過程である。

　Langacker(1991b: 340-341)においては，パーフェクトの発展を認知図式で説明している。まず，結果相の段階では，トラジェクターである物体を参照点にして，完成した出来事を指し示している。(例えば「犬が死んでいる」という場合，眼前の犬を見て，死んだ状態にあると解釈。)このとき，眼前の物体と出来事の間の関係は客体的な関係である。結果相からパーフェクトの移行段階では，参照点となるものはあるが，過去の出来事との関係は，直接的な結果というより，主体的に解釈された因果関係が強くなってくる。パーフェクトの段階では，参照点となるものは眼前の物体ではなく，現在の話し手の態度や判断などのグラウンドと一致する。このときの過去の出来事とグラウンドの関係は主体的に解釈されたもので，いわゆる発話時関連性といわれるものである。その次の発展段階は，グラウンドと出来事の発話時関連性が薄れ，出来事の先行性のみが顕著になる段階である。これが，いわゆる「単純過去」の段階である。

　日本語では，1.4.6.1で明らかにしたように，結果相からパーフェクトへの移行段階として，痕跡存在型が認められる(例：(足跡を見て)「また子供たちが歩いてる！」)。その他にも，記録が存在する場合(例：「日記に彼はこう

書いている」「ニーチェはこう言っている」）は，伝達動詞がよく使われる例で，英語のパーフェクトへの移行の過程と似た現象が共時的に日本語では見られるのである[10]。

2.4.4 パーフェクトの起源と歴史的変遷

本節では，テンス・アスペクトという文法範疇の分化以前の原型的な時称形態としてパーフェクトを考える。インド・ヨーロッパ諸語における時制組織のなかで，パーフェクトはとりわけ特異な歴史と意味をもって発展してきた。古代ギリシャ語をはじめとして作られてきた「パーフェクト」という文法範疇は，実は現在の状態の変容した在り方であるということを先行研究から見いだすことができる。

(15) 古代ギリシャ語の時制には現在—不完了（インパーフェクト）—未来と，完了（パーフェクト）—過去完了—未来完了の二系列とアオリスト（不限定過去）がある。…完了はギリシャ語では parakeimenos によってあらわされるが，これは para-keimai「そばにある，手元にある」という動詞の現在分詞形である。これに対するラテン語は perfectum「完了されている」（英語 perfect）とされ，im-perfectum「不完了」と対をなしている。いずれにせよ，この時制の絶対的な時間は過去ではなく，現在にある。…このように完了は，本来は現在に属しているので，ギリシャ人も enestos suntelikos（あるいは teleios）「完了している現在」と説明している。　　　（風間 1998: 121)

(16) …いずれにしても，完了がギリシア語の時称体系に収まりきらず，別格の位置を占めていて，場合に応じて時称の一様相かまたは主辞の一つのあり方を示していることは確実である。こういうわけで，ギリシア語には完了の形でしか表現されない観念の数も少なくないことであるから，アリストテレスがこれを存在の一様相とし，主辞の状態（つまりありさま habitus）としたこともうなずけるのである。…アリストテレスの十個の（存在の）範疇（『カテゴリー論』）＜実体，量，質，関係，場所，時，姿勢，状態，能動，受動＞を，言語

---

10 伝達動詞のシテイルのパーフェクト的な機能について明らかにした論文として岡(1997)を参照。また岡(2000)では，朝鮮語における伝達動詞のパーフェクトの存在を指摘した。

(文法)の用語に書き換えると，ekhein(状態でいる，もっている)は完了である。　　　　　　　　　　　　　　　　(バンヴェニスト 2007: 77)

　ロシアのアスペクト論の権威であるマスロフは「アスペクト論の基本概念について」のなかで，インド・ヨーロッパ諸語のパーフェクトの歴史的発展について記述しているが，印欧語の原初的なパーフェクト(Protoperfect)は，本来行為ではなく状態を表したとされる。これが古代ギリシャ語などの総合的パーフェクトに発展したのである。ここまでが「第一ラウンド」である[11]。「第二ラウンド」においては，「存在動詞あるいは所有動詞＋分詞」という新しい分析的なパーフェクトの形が出現した。古代スラブ諸語では，byti 動詞(英語の be 動詞に当たる)の現在形＋能動 l(エル)分詞の分析的パーフェクトを採用したが，俗ラテン語では，所有的タイプの能動詞的(他動詞的)パーフェクトが出現し，現代ロマンス諸語の所有型変種[12]と存在型変種に発展した。ゲルマン諸語では，能動的パーフェクトは所有型と部分的には存在型，受動的パーフェクトは存在型あるいは生成型(「werden」(ドイツ語))という分布である。

　このように，現代諸言語のパーフェクトは存在動詞を基盤として発展してきた。所有動詞のパーフェクトは，存在動詞のパーフェクトが受動形[13]との意味の重なりを見せるため，その区別から産み出されてきたものとして考えられている。所有という概念は，そもそも存在概念の一変種であるといえるだろう。(日本語やロシア語などでは，所有は「〜に…がある」という形で表される。)ロシア語では，存在動詞 byti はパーフェクトの変質(アオリスト化)と体の発達に関連して次第に失われ，過去形に転換した(ヴィノクール 1996)。またフランス語やドイツ語のように現在完了形が会話では単なる過去形として使用されている。完了の形を持つが，過去形としてのテンスを持たない中国語のような言語も存在することから，テンスよりもパーフェクト

---

[11] pp.50-51でも述べたように，パーフェクトは「状態の表示→状態パーフェクト(結果層)→動作パーフェクト→非パーフェクト過去」のように発展した。これを第一ラウンドとして，次に第二ラウンドの新たなパーフェクトに発展させるのである。

[12] 「(〈have〉動詞の完了は)状態の観念が所有の観念と連合して，行為者に帰せられるときの形である。完了は，この行為者をその完了された行為の所有者として提示するのである。まさしく完了は，特に印欧諸語の場合，状態の一つの形であり，それも所有を言い表す状態の形なのである。」(バンヴェニスト 2007: 189-190)

[13] 受動形が，存在動詞＋過去分詞であらわされると言うことは，受動も本来的意味は，「造られて，ある」という存在様相の一種であるといえるのではないだろうか。

的在り方が根源的であると言えるだろう。「第三ラウンド」として現在進行していることは，失われたパーフェクト的意味を新たなパーフェクト形式によって取り戻そうという段階である。現代スラブ諸語の民衆諸方言では，所有型と存在型のパーフェクトが存在し，完了体と不完了体の対立と交叉しているという。また，フランス語では過去形になりさがった複合過去にさらにavoir の過去分詞を重ねる重複合過去(j'ai eu fait.)が出現しているという。こうしたことから考えると，「出来事を完了したものとして現在ある」と捉えるこのパーフェクトと言う概念が，過去というテンスの原型であり，またアスペクトの原型であると考えてもよいのではないだろうか。このことがさらに，東アジア諸言語においてどう表れているかを見ていく。

2.5 東アジア諸言語における存在表現の文法化とテンス・アスペクト

本節では，総論的に述べられたテンス・アスペクト論を日本をとりまく東アジア諸言語(琉球語・アイヌ語・朝鮮語・中国語)によって，さらに後付け，例証していくことにする。

2.5.1 琉球語の存在表現とテンス・アスペクト
2.5.1.1 琉球語における存在動詞と動詞終止形

琉球語は，日本語との系統的関係が証明されているとされるが，琉球語を通して，日本語のより原初的な在り方を捉えることができると考えられる。琉球語(首里方言)の存在動詞は，ʔaN, ˈuN[14]であり，これはそれぞれ上代日本語の「あり」「をり」とつながっているとされる[15]。まず，注目すべき

---

14 aN の前の ʔ は，声門破裂音で，uN の前の ˈ は，声門破裂音 ʔ と対立する場合のゆるやかな声たてを表す。また，N は，音節を閉じ，また ʔ あるいは ˈ に先立たれて，短い音節の音節主音になることができる鼻音(響き音)である。琉球語では，音韻論的に語末に m が立つことのできる方言では m，それ以外の方言では N または n となり，m に遡るので，m 語尾と呼ばれる。この m 語尾は，本土の古代語の「書かむ，書くらむ」など，意志，推量などを表す形に含まれている m と，同じ起源のものと推測される。この m 語尾は，広く動詞，そして「あり」に対応する動詞との複合によって形成される形容詞の「終止形」を特徴付ける語尾となっているが，「あらむ」「かかむ」に対応する意志，推量または疑いを表す諸形では，この鼻音は，反対に法則的に脱落してしまっているという(上村 1992)。
15 古代日本語の「ゐる」にあたる動詞として，首里方言の ˈijun があげられるが，これは「坐る」という動詞であり，存在動詞としては発展しなかったといえる。本土方言では，「ゐる」が「たり」と結合し「ゐたり」で状態化形式となり，「いた」から「いる」へと発展したが，その方向には，琉球語はいかなかったようである。

は，琉球語の動詞の終止形には存在動詞が含まれているということである。例えば，首里方言の kacuN「書く」は kaci〔連用形〕+'uN(「居り」)という構成になっている。このことから，日本語との関係で次のようなことが指摘される。

(17) 本土方言古代語における，動詞のいわゆる「終止形」は，「連用形」と存在を意味した u(おそらく，wi =「座る」の縮約)との複合であって，したがって元来は持続のアスペクトを表現したと見られる。それゆえにこそ，古代語においては，現代語と異なって，「終止形」は，そして連体形も，眼前に進行する動作を表現することができ，一方，未来の動作に関しては，意志あるいは推量のムードをまとった，いわゆる「未然形」+ m(u)の形が用いられ，それゆえ意志と推量とが同形であって当然であったのだと思われる。…また，古代語においては，存在を意味し，それゆえに継続相の形を必要としない「あり」「居り」の2語だけが，なぜ「連用形」と「終止形」とが同形であって，そのため，不規則動詞(ラ変)となっているのかが，上の事情から説明される。　　　　　（上村 1992: 804）

　また，琉球語(首里方言)では，形容詞終止形も「語幹 + sa + ʔaN」[16]という存在動詞を含む構成になっている(例：takasaN「高い」，miziras(j)aN「珍しい」)。いわゆる copula は，'jaN「〜だ，〜である」，否定は araN「〜ではない」と言うように，すべて存在動詞を含む構成となっているのである。
　琉球語は，大きく北グループ(奄美沖縄方言群，北琉球方言)と南グループ(宮古八重山方言群，南琉球方言)に分けられる。各方言ごとに存在動詞(ある，おる)，動詞終止形，形容詞，断定の助動詞について，対照したものが次の表2である。

---

16 形容詞につく接尾辞 -sa は，起源的には与格「〜に」と推測される。つまり，形容詞は「〜にある」という構成になるのである(上村 1992)。ちなみに「さ」は，東北方言では与格として使われる(「どこさ行く？」)。

表2　琉球語各方言の存在動詞と動詞，形容詞，断定

	ある	おる	動詞終止形 （書く）	形容詞終止形 （高い）	断定 （だ）
奄美（名瀬）	ʔaN ʔari	'uN 'uri	kakjuN kakjuri	taasaN taasai	dʒa
首里	ʔaN	'uN	kacuN	takasaN	'jaN
宮古（平良）	aI[17]	uI	kakI kakIm	takakaI takakam	jaI
石垣	aN	uN	kakuN	takasaN	jaN
与那国	aN	buN	kaguN	tagasaN	aN

　上記を見ると，琉球語では，沖縄本島や石垣島，与那国島などでは，存在動詞の終止形はʔaN（あり），'uN（おり）がそれぞれ一種だが，奄美諸島方言では，ʔaN, ʔari（あり），'uN, 'uri（おり）の二種が併存している[18]。（Nがつくものをm語尾，riがつくものをri語尾と呼ぶ。）これと並行的に奄美方言の動詞終止形では，kakjuNとkakjuriの二者が併存している。こうした動詞終止形はどのように成立したのであろうか。

　服部（1958: 1999）では，ri語尾の終止形は，奈良時代にも存在した*wori（居り），*ari（あり）に遡ることができ，m語尾の終止形は*wori+*mu → *worimu, *ari+*mu → *arimu に遡ることができると言う。そして，この*muは，奈良時代の推量・未来の助動詞の終止形＜む＞に対応する*muである蓋然性が高いと言う。

　その他諸説はあるが，琉球語では，動詞終止形は，動詞連用形に存在動詞（「をり」）がついた形だということは動かないだろう。このことは，日本語の動詞終止形の起源を考えるのに非常に示唆的である。

2.5.1.2　日本語動詞終止形の起源──存在動詞ウの存在

　さて，先の上村（1992）の指摘に，本土方言古代語においては，動詞のいわ

17　Iは，標準語のiに対応し，子音sと同じ長音位置で作られ，多少とも［z］をともなった，機能的に母音として働く音節的な摩擦音である。宮古方言では，終止形が連用形に統合されている。
18　奄美諸島の方言では，m語尾の終止形と，「あり」「をり」の「り」に対応するri語尾の終止形が広く併存し，m語尾の形が，話し手のその場での判断や意志の決定を表明するのに対して，ri語尾の形は，話し手にとって既知の事実，決定済みの事実を表明するといった区別があるという（上村 1992）。

ゆる「終止形」は,「連用形」と存在を意味したu(おそらく, wi =「座る」の縮約)との複合であるとあったが, これは国語学史においては証明されているのだろうか。日本語の動詞終止形の成立について見ていきたい。

これについてまず挙げなければならないのは, 大野(1953a, b, 1978)の研究である。大野は, 動詞の終止形はラ変の「有り」を除くと, すべて母音uで終わっていることに着目し, このウという形の語が語幹に付加されて, 終止形が作られたのであろうと推定している。

(18) 立つとも居(う)とも君がまにまに　　　　　　　　　　(万葉1912)
（立つのも坐るのもあなたのおっしゃるとおりにします）

このウは『万葉集』にある「居(う)」に当たり,「坐る」ことを意味した。では, なぜ「坐る」という意味のuが語幹についた場合に終止形になったと言えるのかについて, 大野は琉球語の動詞終止形の成立(saki(咲き)+uN(居り)→sacuN(咲く))から類推している。琉球語では,「'uN」は「坐っている」という意味から転じて動作の持続や存続を意味し, 動詞連用形+'uNで動詞の終止形を表している。これにならって, 日本語の動詞終止形は持続をあらわすウを加えて成立したというのである。先の上村(1992)の主張はこの大野説を踏襲したものであろう。

では, 終止形がiで終わるラ変のアリと, 語幹にウではなくルがつく上一段はどう説明するのか。まずラ変のアリは, 存在を意味する動詞で現に持続していることを意味するので, そういう意味のアリの下にさらに「居る」の意のウを加えることは表現の重複になる。また「居(お)り」は, このウとアリとの結合 uari → uori → wori という変化によって成立した語で, 本来「坐っている」という意味の言葉であった。このようにラ行変格の動詞は本来皆持続の意味を表し, その下にウを加えることは表現の重複になるので, ラ行変格の語尾にはウはつかず, 名詞形すなわち連用形のままの形で終止を表現したというのである。

次に上一段活用の動詞「着る ki-ru」の場合は, 語幹がiで終わっていたので, uをつけるとkiuとなり, 母音連続を起こすので, kiuのあいだにrを介入させてkiruという形にしたのだとする。

ではそもそも「居(う)」という動詞はなぜ終止形がuなのかという疑問が生じる。また, 古代語にあった「ゐる」という動詞は, これも「坐る」という

意味の動詞であるが，これと「居」の関係はどうなのか，という疑問が生じる。これについては，村山(1973, 1974)が次のように述べている。「ゐる」は「ゐ(未然)，ゐ(連用)，ゐる(終止)」と活用する上二段動詞で，その古形として「ゐ(未然)，ゐ(連用)，う(終止)」と活用する上一段動詞「居」があったとする。その語幹は wu で，この語幹に i がついて *wu-i > wi という未然形，連用形となり，副助詞・名詞形をつくる *-mi(> *-mu)がついて，終止形ができたと言う。*wu-mi > *wu-mu(-mi は *wu に同化して -mu となる) > *wuu > wu という成立過程を推測するのである。終止形の原義は「居て」「居ること」であり，*wu-mi の発達形は琉球語第一終止形において見られる。それは「居り」とは関係がなく「居」(上二段ウ)と関係すると言う。

　ただ，村山説でいう -mi という語尾がどこから出てきたのか不明であるし，琉球語終止形 uN の N が，推量の助動詞 mu から来たという服部説とは違う点などがあるが，少なくとも，古代日本語では，「ゐる」と「う」が共存しており，「う」がその古形で，奈良時代には「ゐる」と交代していったということは推測される。琉球語の uN は wori に mu がついた形から来たというのが服部説だったが，村山説では「をり」ではなく，「う」から来ているとしている。そうすると，日本古代語の「をり」は「ゐる」＋「あり」だけではなく，「う」＋「あり」から来たという大野説も可能である。また，終止形「う」に「あり」が後接しえたのかという疑問に関しては，柳田(2001)は，「終止形＋見ゆ」や終止形接続の「なり」「らむ」「らし」などの存在から，「終止形＋アリ」の表現もありえたとしており，「をり」の語源は，坐る意を表す動詞「ゐる」の古形上二段活用の終止形「う」に存続の意を表す「あり」がついたものと結論を下している。結論的には，少なくとも「う」という存在動詞が存在し，日本語古代動詞の終止形を成立させたという可能性は大いにありうると考えたい。

　終止形述語が，存在詞文の変容として捉えられるという川端の論が，存在動詞を含む琉球語の終止形述語の構成を通じて，後付けされていると言えるのではないか。ただし，現代語の動詞終止形は，尾上(2001)がいうように，事態の素材を表すものに転換してきていることも言えることである。

2.5.1.3　琉球語のテンス・アスペクト

　それでは，琉球語のテンス・アスペクト形式はどうなっているのであろうか。下にその首里方言のテンス・アスペクトのパラダイム表を示す。これら

は，すべて（「のむ」意の動詞の）連用形(numi)，テ形(*numiti)と存在動詞「aN」「uN」「*worimu」の組み合わせからできている。

まず，テンスとしては現在・未来形と過去形の対立になっていることは，現代日本語と共通する。完成相現在未来形は「連用形 + uN」(numuN)の構成で，西日本方言のショルに似ている[19]。意味的には，目の前で進行する動作や未来をあらわすという。過去形は，「テ形 + aN」(nudaN)の構成であり，上代語の「テアリ」→「タリ」の構成と似ている。

表3　首里方言のテンス・アスペクト

	完成相	継続相	結果相
現在・未来	numuN[20] 「のむ」「のみよる」	nudo: N[21] 「のんでいる」	nude: N[22] 「のんである」
過去	nudaN[23] 「のんだ」	1. nudo: taN 「のんでいた」 2. numutaN 「のみよった」	nude: taN 「のんであった」

(津波古敏子 1989: 162)

アスペクトとしては，現代日本語のシテイル形にあたる「継続相」が，「テ形 + *worimu」(nudo: N)という構成で，西日本方言のシトルと似ている。意味的には，動作動詞は現在進行中の動作，変化動詞では結果の状態を表す。「継続相過去」には2種類があり，「継続相現在未来」のテ形に aN が膠着した構成で，過去の動作の進行を表すもの(nudo: taN)，もう一つは，「完成相現在未来」のテ形に aN が膠着した構成(numutaN)で，九州方言のショッタの構成に似ており，(「(私以外が)飲んでいた(のを私が目撃した)」という報告的過去の意味を表すという。

---

19 津波古(1992)は，伝統方言では，動詞終止形が進行相としての意味も表わすが，新しい世代の首里方言では，未来の動作や変化をひとまとまり的にあらわすだけになっているという。
20 numi+*wumu 「のみ+居む」
21 *numiti+*worimu 「のみて+居りむ」
22 *numiti+arimu 「のみて+有りむ」
23 *numiti+amu 「のみて+有む」

(19)　タルーヤ　サキ　ヌダン（太郎が酒を飲んだ）
(20)　タルーヤ　サキ　ヌムタン（太郎が酒を飲んでいた（のを私は見た））

　このように当該事態を「話者が直接目撃した」ことを表すカテゴリーを＜証拠性 evidentiality＞とすれば，琉球語では証拠性が文法化されているわけである[24]。あと，現代日本語のテアル形に対応する「結果相」は「テ形 + arimu」という構成 (nude: N) で，結果相，あるいは（確かに）「のんだ」という確言を表すという。
　琉球語あるいは日本語諸方言のテンス・アスペクトの記述は，共通語だけでは見えにくい文法的カテゴリー（「証拠性」など）を方言の中に確認し，世界の言語との類型論と並行しながら日本語を見ていく観点を与えてくれるものとして重要である（工藤編 2004，工藤・八亀 2008）。

2.5.2　アイヌ語の存在表現とアスペクト
2.5.2.1　アイヌ語の存在動詞，人称接辞，指示詞

　アイヌ語は日本語との系統関係が金田一京助によって否定されてからは，系統論議には登場しなくなったが，存在と時間の言語範疇化という点から見ると，やはり日本語と何らかのつながりを連想させずにはおかない言語である。まず，アイヌ語の存在動詞は an（複数形 oka/okay）であり，琉球語と同じく「あり」とのつながりを連想させる（一般に，存在動詞のような言語の最も基本的な動詞語彙は借用ということは考えにくい）。そして，様々な動詞がこの an との結合によって形成される（田村 1988: 19）。

(21)　anu（複 ari/are）「置く」(an+u〔他動詞形成母音〕, a「座る」+ re〔使役語尾〕)
　　　eramuan（複 eramuoka）「分かる，知る」〔lit. ～で精神がある〕
　　　hawean（複 haweoka）「言う」〔lit. 声がある〕
　　　kunnewaan「朝になる」, keraan「おいしい（味がある）」,
　　　mean「寒い（寒気がある）」

---

[24] 工藤・八亀 (2008: 45-62) では，ウチナーヤマトゥグチ（方言の影響を受けた沖縄の標準語）では，これをショッタ形であらわしていると言う。ちなみに，宇和島方言では，ショッタ形は，もう少しでそうなるところだったことを表すそうである。
　沖縄：昨日，○○さん，車にひかれよった。（事故を目撃した時だけつかえる）
　宇和島：昨日，○○さん，車にひかれよった。危なかったんよ。（ひかれそうになった）

2.5 東アジア諸言語における存在表現の文法化とテンス・アスペクト

　日本語と異なったアイヌ語の特徴として，動詞に膠着する人称接辞がある。人称代名詞は，文において任意的であるが，人称接辞の膠着は義務的である。人称代名詞は，an(oka) を語幹とし，主格人称接辞が接頭した形になっており，まさに「私のありよう my being」「あなたのありよう your being」という構成になっている(田村 1988: 21)。

表4　北海道南部沙流方言の人称代名詞と人称接辞(田村 1988: 21)

	人称代名詞	主格人称接辞		人称代名詞	主格人称接辞
1人称単数	kani	ku-	1人称複数	coka	ci-, -as
2人称単数	eani	e-	2人称複数	ecioka	eci-
3人称単数	sinuma	φ-	3人称複数	oka	φ-
不定人称単数	asinuma	a-, an	不定人称複数	aoka	a, -an

　ここで，特筆すべきはアイヌ語には不定人称が存在し，この不定人称接辞が an であるということである。田村(1988: 32)も「主格不定人称接辞 an の語源は an「ある」に違いない」としている。これは存在動詞 an が共同体としての存在に他ならないことを意味しているのであろうか。興味深い点である。

(22)　aoka　　anak　eun　　inu-an　　　kuni　p　　somo　ne na.
　　　私たち　は　　その方へ　聞く(私たちが)　べき　もの　(否定)　だ ぞ
　　　「私たちはそんなことに耳を貸すものではないよ」

　人称代名詞と並んで指示詞も an を含んだ構成である。人称代名詞や指示代名詞はいわゆるダイクシスを表す表現であり，発話主体の存在が含意されているために，an が含まれるのであろうか。このことも，汎言語的観点から興味深い点である。

(23)　tan──自分が持っているものや自分がいるところ(自分と同位置)
　　　　　「この」
　　　　　　tan pe「これ」(このもの), tan kur「この人」,
　　　　　　tan uske「ここ」(このところ)
　　　taan──自分のすぐそば　「この」
　　　toan──離れたところ　　「その」「あの」

2.5.2.2　アイヌ語のアスペクト

　さて，テンス・アスペクトについてであるが，アイヌ語にはテンスは存在しないらしい。これは中国語などとも共通しており，過去をあらわす特定の形態は存在しないのであるが，本来「座る」という自動詞である a（複数 rok）が，助動詞化したものがある。この意味は，「今，問題にされている時よりも以前に起こったことを表す。現在から見て過去の出来事であるだけでなく，それ以後の出来事も問題にされているときに，この助動詞は用いられる。」（田村 1988: 41）とされる。いわゆる「現在完了」と言ってもいいであろう。「座る」という意味は「ある」という存在の意味の一変種であると考えると，完了の助動詞 a が an の変種であると考えるのは荒唐無稽なことではない。

(24)　ku-mimaki ani　kapu　ku-kar wa k-e　a wa.
　　　（私の）歯　で　皮を　むい　て 食べ た よ
　　　（リンゴの皮をむくために包丁を持っていって渡そうとしたら，こう言った。もう食べてしまったから包丁はいらない，という気持ち）

　この a にさらに an が膠着した aan という助動詞は「今，あるいはある定まったときの状況から，それ以前のことを推定する「〜したんだな」」（田村 1988: 42）とされる。現代日本語のノダ形，あるいは過去完了形と似た働きをしている。

(25)　te　ta an *aan*　kur　ku-hunara kor k-omanan.
　　　ここ に いた　人を　（私は）探して　歩いていた
　　　（一生懸命さがし回っていたが，なあんだ，ここにいたんだな）

　いわゆるアスペクト補助動詞は，現代日本語と非常によく似た構成をしている。
　kor an は，本来「持つ」という意味の動詞から，「ながら」という接続詞的機能に文法化した「kor」と「an」の構成であり，現在進行中の動作を表すという。「〜ている」「〜つつある」に当たる。

(26) rayayaise   kor   ukoiki   *kor-okai.*
　　 (彼らは)泣き叫び ながら，けんかし て-いる

　wa an は，日本語の「テ」にあたる接続助詞「wa」と「an」の構成で結果状態を表す。「～ている，～てある」に当たる。

(27) pon katkemat ek *wa an.*
　　 お嬢さんが   来 て いる
(28) ...sekor a-nuye *wa an.*
　　 …と   書い て ある

　wa anu は，日本語の「～ておく」と全く同じ構成になっており，wa isam は，wa + isam「無い，なくなる」から，「～てしまう」に当たる表現になっている(田村 1988: 54)。

2.5.2.3 存在概念を基盤とするアイヌ語

　日本語とアイヌ語が同起源とする片山(1997)には，厳密な証明はされていないものの興味深い様々な指摘がなされている。
　日本語の「る」と「す」の起源については，「る」はアイヌ語 an(在る・有る)が起源であり，物事が無から生じるという「自発」の意味が原義になっているという。この自発から可能→受身→尊敬へと用法が広がり，自動詞の機能を持つようになったという。一方，「す(つ)」は，アイヌ語の「～になる」という「転成」を原義とする ne という動詞を起源とする使役化語尾 re(te)から生じ，「使役」の意味から尊敬・謙譲，他動詞の機能を持つようになったという。
　また，「日本語動詞活用形の起源」として，終止形は，アイヌ語の語根 +o「付く・乗る・入る」(ものに付いたり，乗ったり入りこんだりして動かなくなった状態→動作の終止)が u「居」(いる，すわる)に変化したものであり，未然形は，アイヌ語の語根 + an「ある」(現に存在している，持続している)から「まだそうなっていない」という意味に転化したものとする。終止形と未然形が存在動詞を含んでいるという指摘は興味深い。
　さらに「「は」と「が」の起源」として，「が」は，アイヌ語の kor(所有する＞ ko+an)が接続助詞化した ko(と共に)が変化したものであるとする。

これは，日本語というより，朝鮮語の接続助詞 ko と一致しており，朝鮮語のアスペクト ko issta とのつながりが連想される。また，主題をあらわす助詞 anak は，an + yak「ある　なら」という構成であり，存在動詞を含んでいる。この an が han から→ ha「は」になったという真偽のほどはさておいても，助詞「は」が，課題の場を設定する，すなわち，現場ではない新たな存在の場所を設定するという機能をもつことから考えると，「は」に存在の「場」の意味が含まれていることは，納得できることである。

2.5.3　朝鮮語の存在表現とテンス・アスペクト

朝鮮語の存在動詞は iss-ta[25] であり，「あり」とは大幅に異なる形態である。まず，アリの語源について朝鮮語との比較から若干見ておきたい。

『岩波古語辞典』には，アリの語源について次のように書かれている。

> (29)　アリは語形上，アレ(生)・アラハレ(現)などと関係があり，それらと共通な ar という語根を持つ。ar は出生・出現を意味する語根。日本人の物の考え方では物の存在することを，成り出でる，出現するという意味で捉える傾向が古代にさかのぼるほど強いので，アリの語根も，その ar であろうと考えられ，朝鮮語の al(卵)という語と，これは関係があるかと思われる。　　　　　　(69ページ)

『岩波古語辞典』の記載は，大野晋のものと見られる。大野(1977)では，アリの語源についてより詳細な記述がみられる。

大野はまず，インド・ヨーロッパ諸語では，「ある」という語の語源として，三つの語源が考えられるとする[26]。その一つは，*es で，この古い意味は「存在する」という無色透明の意味である。もう一つの *bheu-,*bhu- は，「成る，存在に至る，生じる」という意味を持ち，ドイツ語の bin，古代英語の

---

[25] 宋(1980: 177)によれば，issta(古形 isi-) は *bi-si に遡り，ツングース諸語につながるので，韓国語のi- は日本語の wi-(wiru)に対応するとしている。

[26] これらの説は，C.D.Buck(1949)"A Dictionary of Selected Synonyms in the Principal Indo-European Language" によっている。なおハイデッガー(1994)は，「「ある」という語の文法と語源学」の中で，より詳しく「ある(Sein)」の語源について触れている。es とは，「生，生きもの，自己自身の中から自己の中に立ち，行き，安らっているもの，つまり自立しているもの」とし，サンスクリット語やギリシャ語，ラテン語の存在動詞の語幹となっている。ドイツ語では，sind, sein, ist，フランス語では est の語源である。

beon- の語源になっている。三つ目の *wes- は,「残る,とどまる,住む,立っている,坐っている」という意味を持ち,英語の was,ドイツ語の war, gewesen の語源となっている。つまり,「ある」の語源として,1. 存在する,2. 成る,3. とどまるという三つの起源が考えられるわけである。

一方,漢字における「有」「在」「存」の字源については,次のような説を挙げている[27]。「有」は,論語に「事有らば,弟子其の労に服す」,「朋遠方より来たる有り」とあるように,「思いがけぬ物や事態の生じること」であるとしている[28]。一方,「在」は「せき止めて停滞すること」,「一箇所に滞留すること」が原義で,転じてそこに止まって存在する意になるとする。「存」は「そっと置いておく」あるいは,「土の高く積もる」が原義で,「在」と同じく「そこにとどまる」という意味を表わすとする[29]。

このように,インド・ヨーロッパ諸語では,「生じる,成る」の系統と,「停滞する,残る」の系統から「ある」意が生じ,漢語では,「突然生じる」意の「有」があり,「停滞する,とどまる」意の「在」と「存」がある。

こうして見ると,日本語の「アリ」という語の ar- の部分は,アル(生まれる意),アラハル(現れる)の ar- と共通で,「生まれる,出現する」意であり,これは朝鮮語の al(卵)と起源的に関係づけられるとみてよいのではないかと大野は結論づけている。

日本語の「あり」と朝鮮語 al との関係に関しては,宋(1980)がより詳しく論じている。それによれば,上代日本語には ari(存在を表す,ある,いる)というラ変動詞があり,一方,aru(生まれる,現れ出る)という下二段動詞があり,ari に対して「その状態が成立すること」,すなわち,「存在する状態になる」ことを意味した。この二つの動詞は *ar という語根から派生したものと考えられる。また,araφa(外へ現れてあること,むきだし)という名詞は,araφaru(あらわれる),araφasu(あらわす)という動詞を派生させた。

宋(1980)は,この *ar または araφa が中世韓国語の arh(卵,実)と比較できると考えている。中世韓国語の名詞の中には動詞の語幹と形態を同じくす

---

27 藤堂(1965),加藤(1970)による。
28 藤堂(1965)によると,「有」のもう一つの意味は,「かばう,かこう」で,日本語のタモツ(手に持つ),すなわち保有の意味を表わすという。筆者はむしろこちらが原義であると考える。
29 『漢字源』(学研 2006)によれば,「存」は,残された孤児をいたわり落ち着ける意から,大切にとどめておく意になったとされる。

るものが多い。

(30)　mus(束)mus-(つなぐ)，pis(くし)pis-(くしを入れる)

また，韓国語の名詞は日本語の動詞と比較される場合がある。

(31)　ip(口)—iφu(言ふ)，kuy(耳)—kiku(聞く)

このような実例は，韓国語の名詞と動詞の一部の語幹形態素が起源的に同じ語根から発達したことを裏付ける。したがって，韓国語の名詞 arh が日本語の動詞語幹 *ar または araφa のどちらかに対応するといっても不自然ではない。また，意味的にも，韓国の古代建国神話では，始祖が大きな卵から生まれた人物が多いが，これは arh が生命の始原ないしは存在の起点として認識されていたことを意味する。卵から人間が生まれるということは，生命の始原を暗示するだけでなく，神の意志がこの世に初めて現れたことを意味する。上代日本語においても，aru はしばしば天皇に男の子が生まれるとか，神霊が出現する意味に使われている。いずれも神霊の意志や恩寵が初めてこの世に現れたことを意味したものである。

韓国語の名詞 arh の形態や意味は名詞として固まり，その意味も極度に限定されてしまったが，起源的には，その文法的機能と意味が日本語の araφa と同じであったろうと推定される。だとすれば，韓国語の arh は，起源的には動詞の語幹になることができ，その意味は上代日本語の aru に近かったのではないかとしている。

ところで，arh の末子音 h は軟口蓋音 *k に遡るものと見られる。語中母音消滅や語末母音消滅などの変化を経験する前には *araka のような形態であったと推定される。一方，日本語 araφa の無声両唇摩擦音 φ は，一般には *p に遡ると言われるが，他のアルタイ諸語(満州語，モンゴル語)と比較して *g に遡るものもあるようである。以上のような推論を通じて，韓国語 arh ← *araka(生命の始原)が日本語の araφa ← *araga(存在)に対応するという結論に至る。

吉田(1976)では，アラハ(顕)は，もとはアラ-フ(在)の未然形準体法だとし，アラハル(現)・アラハナリ(顕)は新たに在る状態を意味しているから，原ラ変のアリの動詞胚が語基であるとしているが，朝鮮語の al と語源が同

一であるという説は批判している。むしろ，吉田はアリの古形をリだと推定している。その語核はrであり，riまたはruという語胚ができ，それにaが接辞したとする。管見では，琉球語のaN（古形am）やアイヌ語のan（ある）という語との関係を考えると，rが語核というより，やはりaが重要な意味を持っていたのだという連想をさせずにはおかない。ただ，自発・可能などの「る・らる」の語源をも考えると，rの重要性もあり，アリの語根をarとしておく蓋然性が高いと考えられる。

このような語源学は，文献以前のもので推定にすぎないという面や，周辺言語との比較言語学による日本語系統論もいまだに日本語の系統を明らかにできていない点からも完全に承服できるものではないかもしれない。ただ，存在を表す言葉は，その言語の最も基幹的な言葉であり，文化関係の語彙のように借用としては考えにくい点から，朝鮮語やアイヌ語などとの何らかのつながりを考えずにはおかない。存在表現の語源学はそのような系統，起源論の一つの核になるものと考える。

最後に現代朝鮮語のテンス・アスペクトについて簡単に触れておく。ko issta, eo /ae issta[30]構文は，日本語のテイル／テアル構文と同じく存在動詞を語彙的源泉とした「存在型アスペクト」である。両者とも，存在動詞を語彙的源泉としたアスペクト形式を文法化させており，存在構文に基づいて位置づけることが可能である。日本語のテイル構文は，「過程存在型」（進行相），「結果存在型」（結果相），「出来事存在型」（パーフェクト）のすべてのアスペクト的意味を含む「存在型アスペクト」としてその地位を確立している。朝鮮語では，eo isstaが限界自動詞の結果相というかなり限定されたアスペクト的意味しか示し得ないのに対し，ko isstaは進行相から一部の結果相の領域を含み，さらに一部動作パーフェクトの領域にまで広がり，general imperfectiveとして発展しつつある[31]。

特筆すべきは，朝鮮語の時相形態にはすべて存在動詞iss-が含まれているというKim Ki-Hyeog(1998)の指摘である（過去 –eoss-ta, 現在 ko iss-ta, -eo issta, 未来 –kess-ta）。このことからKimは朝鮮語が存在動詞による時間の言語範疇化をもっとも典型的に実現している言語であるとしている。

---

30 以下，代表形としてeo isstaとする。
31 現代韓国語のテンス・アスペクト体系を存在型アスペクト形式の文法化の観点から論じた研究として，安・福嶋(2001)を参照。また，朝鮮語のアスペクトに関しての認知言語学的研究は岡(2000)を参照。

2.5.4 中国語の存在表現とアスペクト

中国語にはテンスはないとされているので，本節では，存在表現に関わるアスペクトのみ取り上げる。中国語の存在動詞には「有 you」(ある，もっている)があるが「有」自身は文法化されているわけではない。「標準語」(「普通話」)では，「に，で」にあたる場所の介詞(助詞)である「在」が，進行相の形式として文法化されている[32]。

(32)　昨天我来的時候他<u>在</u>吃午飯。
　　　(昨日私が来たとき，彼はちょうど昼食を<u>食べているところ</u>だった。)

本節の主張は中国語のアスペクト形式といわれる「着」「了」を存在表現のヴァリアントとして捉えるという点である[33]。

そのことを裏付ける最近の研究では，木村(2006)が，北京官話の「了 LE」「着 ZHE」「呢 NE」という従来アスペクト形式とされていた形式を，事柄や事物に時間的もしくは空間的実存性を付与することで，それらを具体化し，個別化する機能を担うものとし，これらを「実存相」と名付けている。

まず，文末助詞の「了 LE」は，もともと「終える」を意味する動詞「了 liao」が文法化したものと考えられ，何らかの＜変化＞が参照時において＜既に実現済み＞である，すなわち変化の既実現を表す形式であるとする[34]。

---

[32] 盧壽(2000: 第4章)で，「在」の文法化について記述されている。
[33] 杉村(1994)では，「在」を継続副詞，「着」を存在助詞および持続副詞と呼び，「着」のつく文の一グループを存在文と規定している。木村(1997)は，「了」が「終結相」ではなく，「状態のみならず，動作も含めて，それらが事実の状態にあること，すなわち実在の状態にあることを表わす」としている。これは「了」が＜没有＞の逆の＜実有＞を表わすということである。また，朱継征(2000: 95)では，「着」と「了」を残存相と呼び，"着"は動作の実現前の過程には関心を持たず，実現後存在主体の残存状態だけに注目し，その不変の持続的存在状態を表わす文法形式」とし，「"了"は動作の実現前と実現後の両面に着目し，その実現前後の変化，つまり存在主体の「無」から「有」への変化或いは様態の変化の実現を表わす文法形式」と規定している。郭鋭(2000)は，「了」「着」「在」「過」等などの時間的成分を伴う述語的成分を「過程」と呼び，「完了」「経過」「進行」等は意味的に存在文の一つであり，イベント或いは動作の存在を表わすとしている。
[34] 木村(2006: 49-50)は文末の「了」が，一般に「新しい状況の発生」と言われることに対して，多分に曖昧であり，一般性に欠けるとして批判している。その根拠の一つは

2.5 東アジア諸言語における存在表現の文法化とテンス・アスペクト

(33) 小李去厨房包饺子了。(李さんは台所へ餃子を包みに行った。)
(34) 小李结婚了。(李さんが結婚した。)

文末助詞と同音異形態である動詞接辞の「了 LE」は，動詞に後接して，＜限界性(bounded)のある動作＞が参照時において＜既に実現済み＞であることを示すという。

(35) 小李包了一百个饺子。(李さんは餃子を百個包んだ。)
(36) 小李包完了饺子。(李さんは餃子を包み終えた。)

動詞接辞の「了 LE」は，限界性の動詞句(「百個の餃子を包む」,「包み終える」)と共起して初めて「既実現」を表せるのであって，「?? 小李包了饺子。」(李さんは餃子を包んだ)だけでは，きわめてすわりが悪い表現になるという。このように動詞接辞「了 LE」は完了の文法形式としては日本語の「タ」や英語の現在完了に比べると「文法力」が乏しい。

次に文末助詞の「呢 NE」は，ある状況が問題の場に＜現然と存在する＞という意味を表す形式だとする。

(37) 我一直在这儿呢。(私は(さっきから)ずっとここにいるよ。)

状況の＜現存＞を主張する「呢 NE」の文は一種の存在表現と考えることができると木村は言う。これは，「呢 NE」が近世中国語の場所詞「裏」(中)に由来することから場所表現からの文法化と考えられる。

動詞接辞の「着 ZHE」は，もともと場所への「付着」を意味する動詞「着 zhuo」の文法化した形式であると考えられ，人や物を特定の場所に位置させる動作を意味する動詞(「定位動詞」)に後接して，動作の実現の結果として人や物が特定の空間に＜存在＞する状況を表すとする。

「?? 小李在厨房包饺子了。」(李さんは台所で餃子を包んだ。)という中国語が不自然だからである。即ち「台所で餃子を包む」という行為自体は，状況自体の＜変化＞を語るものではない。それ故文末の「了」は＜変化＞の意味を読み取れない，あるいは読み取りにくい表現にはなじまないとするのである。

(38)　地図都在桌子上搁着。(地図はすべて机の上に置いてある。)
(39)　墙上贴着一张地图。(壁に地図が一枚貼ってある。)

「着 ZHE」は，従来「動作の結果状態の＜持続＞を表すアスペクト形式」と見なされてきたが，実際には「着 ZHE」が接する動詞は定位動詞の類に限られ，「地図貼着(地図が貼ってある)」とは言えても，「*地図掲着(地図がはがしてある)」とは言えない，という。このことは「着 ZHE」が，日本語の「ている」のようには完全に結果状態を表すアスペクト形式には文法化していないことを意味している。アスペクト形式というよりは，存在表現の一種と見たほうが良いのである。

　まとめて言うと，これらの四つの形式はいずれも＜既存＞の事態に対応する形式であると言える。

(40)　2つの LE はともに話し手にとっての「いま」あるいは「そのとき」において状況が既に実現済みであることを示し，NE と ZHE は話し手にとっての「ここ」あるいは「そこ」に状況や事物が現に存在することを示す。2つの LE は話し手にとってのリアルな時間領域にコトを位置づけ，NE と ZHE は話し手にとってのリアルな空間領域にコトやモノを位置づける。裏返せば，述語はこれらの形式にマークされることによって，時間的もしくは空間的な現実性を帯び，実存性を付与される。その意味で，これらの形式はいずれも事柄の実存化を担う標識であると言える。2つの LE は時間的実存化を担い，NE と ZHE は空間的実存化を担う。＜既にある＞事態，＜現にある＞事態とは，そのとき，その場に＜実存＞する事態にほかならない。
　　　　　　　　　　　　　　　　　　　　　　　　(木村 2006: 58-59)

これら四つの形式が実存化の標識であることの証拠として，問題の4形式を用いた事態の否定には，「不」(未実現事態の否定を表す)ではなく，「没(有)」が使われるということがあげられる。「没(有)」はもともと事物の「非存在」を表す動詞であり，それが動詞を否定すると「既実現事態の否定」を表すと考えられる。

(41)　「小李回北京了吗?」「没有。他没(有)回北京。」(「李さんは北京に

戻った？」「いや。彼は北京に戻ってない。」)
(42) 墙上没(有)贴着地图。(壁には地図が貼ってない。)

　木村の「実存相」の提案は，少なくとも北京官話では，アスペクトという文法形式が自律したものではなく，ある事態が，空間的あるいは時間的に「実存する」という大きなカテゴリーの中で考えたほうが良いという提案であった。本章の提案は，それは中国語のみならず，アスペクトという概念が，「ありかたのひとつ」として存在論的に位置づけられるのではないかという可能性である。こうしたことはこれからより広範囲な類型論的調査を基に証明しなければならないことではあるが，最後の節で，まとめと結論としてアスペクト論に関する新たな提案を述べてみたい。

2.6　おわりに

　最後に，全体のまとめと結論を述べ，今後への展望を明らかにしたい。
　本章では，伝統的日本語研究と認知言語学のテンス・アスペクト・モダリティ論を統合的に把握したうえで，テンス・アスペクトの文法化の過程と類型論をとりわけ東アジア言語を中心に考察した。
　アスペクトの類型論から言って，語彙的源泉として，存在動詞(とりわけ人の存在・姿勢を表す動詞)が進行相や結果相の源泉になるもの(日本語，琉球語，朝鮮語，アイヌ語など)を「存在型アスペクト」と呼ぶことにする。所有動詞が結果相からパーフェクトに発展したもの(所有型：英語など)は，「存在型アスペクト」の一変種である。一方，「終る」を意味する動詞や方向接辞によって完了の意味を表すものが，「完結相」として文法化したもの(スラブ諸語，中国語)を「完了型アスペクト」と呼ぶことにする。こうして，アスペクトの二大類型として「存在型」と「完了型」を設定できるわけである。

表5 諸言語のアスペクトの類型論

言語	語彙的源泉	結果相 (パーフェクト)	進行相	アスペクトの タイプ
日本語	いる	シテイル	シテイル	存在型
宇和島	おる	シトル	ショル	存在型
琉球首里	ヲゥン	ソーン	ソーン	存在型
朝鮮語	issta	hai issta	ha-ko issta	存在型
アイヌ語	an	wa an	kor an	存在型
英語	be	be+p.p.	be+ V-ing	存在型
英語	have	have+p.p.		所有型
中国語	在 裏		在＋V, 文末の呢	存在型
中国語	着	V＋着		存在型
中国語	了	V＋了，文末の了		完了型
ロシア語	方向接辞	完了体	不完了体	完了型

　ここで結論としてアスペクト論に対する新たな提案をしてみたい。これまでのアスペクト論は，スラブ諸語のように，完了を表す形式が有標な言語を典型的なものとして立てられてきた。それが完結相対不完結相の対立になってきたわけである。ただ，日本語や東アジア言語の立場から見ると，これまでアスペクトと捉えられてきた形式は，ほとんどが存在表現からの文法化なのである。だから，完了を典型とするアスペクト論よりも，事態がどのような形で存在するかという観点からみたアスペクト論も立てられてしかるべきなのではないかと考える。木村(2006)は，中国語のような完了型アスペクトをもつ言語でも，完結相という観点で考えるよりは，事態が実存するという「実存相」という捉え方が適当なのではないかと提案している。これには，完了自体を「事態が終わって現存する」と捉え，存在論的に位置づけなおすという提起が含まれているのではないか。さらに進めば，川端(1976)の指摘のように，すべての助動詞的意味が存在様相として捉えられる。

(43) 助動詞およびそれに連続的な補助動詞が意味するものは，相(ヴォイス)，時制(テンス)，態(アスペクト)，動作態(Aktionsart)，そしてまた推量・断定・否定など(叙法(ムード))，様々の様相的意味であり，それらが助動詞相互の組織の中で分析的に実現されるので

ある．これらの助動詞の意味を，最も包括的な在り方を意味する存在詞「あり」から模型的に捉えるならば，相は，在る主体の，その在り方に関する様相的な個別化であり，時制，態，動作態は（その自然としての連続のうちに），在ることの発生や完了や持続に関するものとして，第一義的には時間に関する様相的個別化（二義的に空間に関するそれが属する），そして叙法は，在ることの実然性・蓋然性・可能性に関するそれであると要約できるであろう（そしてそれら三つの局面に共通に考えられる個別化の基本的な原理は，やはり時間であろう）． (川端 1976: 202)

　また，小松(1979)は，助動詞は，客観的表現と主体的表現を実現する二つの意味，＜事物の存在＞と＜表現主体の意識＞の対立と統一があるということを述べた[35]．こうした伝統的日本語研究での助動詞観は，認知文法のテンス・モダリティの統合的把握とともに，テンス・アスペクト・モダリティの統合的な把握を可能にするだろう．モダリティの問題は本章では詳しく取り上げられなかったが，存在論的な基礎付けの上でのヴォイスやモダリティの統合的把握によって，存在論に基礎付けられた文法論の基盤が作られるだろう．

　最後に，第1章と第2章で展開されたことの意義について述べる．この歴史認知言語学の巻は，伝統的な日本語研究や歴史的研究の成果を生かしながら，文法化とその動機づけを説明する認知言語学の枠組みの正しさを例証するものである．また，日本語や東アジア言語からの提案は，テンス・アスペクトの類型論に新たなインパクトを与えるものになるであろう．さらに，この認知言語学の枠組みを存在論的な基盤から根底的に基礎づけることによって，真に普遍的な言語理論へと発展することが展望される．本章の試みはその第一歩である．

---

35 深田・仲本(2008: 209)では，「存在を表す言語表現は，本来的に，ある事物が＜ある＞という客体的な意味を表しているだけでなく，言語主体によるその事物の知覚や認識に関わる主体的かつ主観的意味も表わしている．＜存在＞を表す言語表現は，主客未分な意味を表す言語表現である．」としている．

第3章
言語相対的差異と単方向仮説
―― 可能表現の文法化・(間)主観化 ――

3.1 はじめに

　第3章，第4章，第5章では，主観化(subjectification)および間主観化(intersubjectification)が関わる文法化を取り上げる。

　主観化とは，簡単に言えば，「話し手の命題に対する信念や心的態度に基づいた意味への変化」である(Traugott 1989: 35, Traugott 1995: 31)。英語ではsubjectificationという用語で言及される言語現象であるが，subjectificationという言葉はTraugottの著作だけでなく，Langackerの著作でも用いられてきた(例えばLangacker (2008: 528-530)を参照)。注意したいのは，LangackerのsubjectificationはTraugottのそれと全く同じわけではないという点である(cf. 中村 2004: 21-26)。混同をさけるため，ここではLangackerのsubjectificationを「主体化」として，Traugottのsubjectificationを「主観化」として言及する。

　また，この第3章では特に，文法化の言語相対的差異と単方向仮説(unidirectionality hypothesis)の普遍性の問題に注目する。具体的な分析対象として取り上げるのは，日英語の可能表現の文法化である。英語canの本動詞から助動詞への発達は文法化の典型例と言えるが，日本語可能表現の発達プロセスと英語canの発達プロセスには食い違う点があることに気がつく。日英語の可能表現の文法化はどこまでが人間の認知に由来する普遍的現象で，どこからが個別言語による多様性を反映する現象なのだろうか。また，(間)主観化の問題はどのように関わっているのだろうか。

3.2 主観化と主体化

　議論に入る前に，subjectificationという用語が表しうる二つのメカニズム――Traugottの主観化(subjectification)とLangackerの主体化(subjectification)——の違いについて簡単に見ておこう。端的に言えばLangackerの主体化は，言語構造を純粋な客観的構造と見なさずに，人間の持つ一般的な認知能力が何らかの形で反映されるものと見なす点に出発点がある。Langacker (1998: 75)は，意味変化・文法化の諸事例には主体化が含まれていると主張する。具体例として彼は英語acrossやgonna(＜going to)を取り上げ主体化プロセスを説明しているが，せんじつめれば主体化とは一種の「意味的希薄化(semantic bleaching)」から帰結するものであるという。ことばが表す「客体的関係」が消え去った後，その客体的概念化にもともと内在していた主体的関係が残され，際立つようになるというわけである。本書第1章では，日本語存在表現の文法化(結果存在型構文(例：窓があいています)＞パーフェクト構文(例：父は去年死んでいます))を分析するのに，Langackerの主体化が理論的枠組みとして用いられている。

それに対してTraugottの主観化は，言語表現に対する認知主体の推論や心的態度が，ある表現の新たな意味として読み込まれる意味変化メカニズムの一つである。加えて，Traugottによる主観化の議論では，聞き手の役割を重視する流れを見落とすべきではない。話し手の役割だけでなく，会話の場の参与者である聞き手の役割をも取り入れる方向への意味変化は「間主観化」と呼ばれている。

なお，Traugottの主観化とLangackerの主体化については，第2章2.4.3の解説も参照されたい。

3.3 言語相対論と文法化

次に，言語相対性仮説と文法化理論の関係について考えてみよう。言語相対性仮説とは「言語が違えば物事の捉え方も違う」とする仮説である。言語と思考法の関連性を説くこの説は「サピア・ウォーフの仮説」とも呼ばれ，言語学において繰り返し議論の対象となってきた。

英語と日本語を比較してみると，当然のことながら様々な差異が存在する。川端康成『雪国』(岩波文庫 2003年)の原文の冒頭と，その英訳(*Snow Country*(Edward G. Seidensticker 訳, First Vintage International Edition, 1996年))を比較してみよう。

(1) a. 国境の長いトンネルを抜けると雪国であった。
  b. The train came out of the long tunnel into the snow country.

日本語原文(1a)では，話し手が汽車に乗ってトンネルを抜けるとそこは雪国であったという，話し手の「気づき」が感じられる。話し手は場面中に存在する特定のモノ（例えば汽車など）に注目して，その動きや変化を通して状況を描写しているのではない。むしろ，場面・状況全体が変化を遂げているような視点で描写されている。このように，日本語は描写される場面中に存在する特定のものに焦点を置くというよりは，「ある出来事全体に焦点を合わせる('focus on the whole event')」傾向のある言語と言えよう(Ikegami 1991: 287, cf. 吉村 2001)。

それに対して英語訳文(1b) "The train came out of the long tunnel into the snow country" では，「汽車がトンネルを抜け，雪国に入った」という，汽車の移動に注目した描写が行われているにすぎない。実際，Ikegami (1991)は，英語は日本語に比べると，「個々物に焦点を置く('focus on the individuum')」と述べている。

このような日英語それぞれの「話し手の視点」，「好まれる言い回し」の差異は，「なる」言語である日本語，「する」言語である英語という具合にも説明されてきた(池上 1981, Ikegami 1991)。一方で，認知言語学は，「言語形式には認知のあり方が反映される」という立場をとる言語理論である。本書は認知言語学の枠組みから文法化を中心とする言語変化現象を捉えることを目標としているが，この立場で日英語の「気づき」「言い回し」等の差異を説明しようとするならば，中村(2003)の言うところの「認知相対論」が浮上する。

（2） 認知相対論：言語構造に反映している一般的な認知能力や認知プロセスの一群は普遍的であるが，そのうちどの認知能力や認知プロセスがより強く反映するかは，個別言語的で相対的な異なりを見せる。
(中村 2003: 78)

認知相対論と文法化はどのような関係にあるのだろうか。文法化理論に批判的な立場をとるCampbell(2001)は，文法化理論の「単方向仮説(unidirectionality hypothesis)」に強い疑念を示し，その反例のように見える言語現象をあげながら，「単方向性」という言葉があまりに安易に使用されていると批判する。実際，本章で扱う可能概念を表す表現の文法化にも，日英語で異なる発達方向性を見せる段階がある。このような文法化理論批判(特に単

方向仮説批判)に対して，我々は中村(2003)の認知相対論を使い，次のように答えるとしよう．

（3） 認知相対論を取り入れた文法化理論：どの認知能力や認知プロセスがより強く反映されるかは，個別言語によって相対的に異なるため，言語・事例によって異なる方向への変化経路が存在するように見えることもある．しかし通言語的により大きな変化の流れを見出そうとするならば，文法化にはやはり何らかの点で単方向性が認められる．

以上のような認知相対論を意識した文法化理論に基づき，日英語の可能表現の文法化をみていくことにする．

3.4 可能表現の文法化経路

Heine and Kuteva(2002)によれば，世界の言語の可能概念表現の文法化には，以下のような発達経路が認められるという．

（4）a. GET(獲得) > ABILITY
b. ARRIVE(到着・出来・出現) > ABILITY
c. KNOW(mental ability) > ABILITY(physical ability)
d. SUITABLE(適切) > ABILITY

日本語については，諸方言にまで目を向ければ，上記4タイプ全ての発達が見られる(渋谷 2006: 74)．しかし，現代日本語に見られる可能表現には，(4b)タイプの発達をしたものが特に多い(**3.7.1**参照)．一方，英語の可能表現法助動詞 can は(4c)タイプの発達を経た．その発達を Bybee et al.（1994: 192)は(5)のようにまとめている．

（5） *Can* predicates that
(i) mental enabling conditions exist in the agent
(ii) 　　　　　 enabling conditions exist in the agent
(iii) 　　　　　 enabling conditions exist
for the completion of the main predicate situation. (Bybee et al. 1994: 192)

ただし，(5)の発達経路は各段階・各用法がはっきりと区別されるわけではなく，個々の具体例を見れば，多分にあいまい性を示す中間段階が含まれることは言うまでもない。同じことは3.7および3.8でみる日本語の可能表現形式の発達にも当てはまる。(5)を見る限り，can の発達は「使用条件の緩和」が進む方向に向かっている。以下では can の具体例を見ながら，その発達経路を確認しよう。

3.5 英語可能表現の文法化
3.5.1 英語 can の発達 ── 知識能力から身体能力へ

古英語(OE: 650年-1100年ごろ)で能力可能一般(general ability)を表していたのは can(OE cunnan)ではなく，むしろ may(OE magan)であったが，現代英語で可能概念を表す法助動詞と言えば，やはり can が真っ先に思い浮かぶ。OE cunnan はもともと，'know how to' を表す本動詞であり，本動詞としてはもちろん，他の法助動詞との共起が可能であった。(6)は法助動詞 muge('may')と本動詞としての cunnen('can')が共起している例である[1]。

(6) &　hwu　<u>muge</u>　we　þone　weig　<u>cunnen</u>?
　　　and　how　may　we　the　way　can
　　　'And how can we know the way?'
　　　　　　　(OE, *Jn*(Warn 30)14.5; Fischer and van der Wurff(2006: 147))

法動詞としての can の初期例は，能力可能一般と言うよりは，知識能力を表すものが主である。したがって，OE cunnan 例の多くは，'be able to' の意味にも，'know how to' の意味にもとることができる。その証拠としてGoossens(1992: 380)は，OE cunnan と結び付く動詞には gecnawan('perceive, know')，ongi(e)tan('understand')，tocnawan('know, discern')，geþencean, behabban('comprehend')，wurðian('esteem')等，理解力に関わる概念を表すものが多いことを指摘している。cunne(＞can) と tocnawan('know, discern')の共起例を(7)にあげておく。

---

[1] 本章で引用する古英語(OE)，中英語(ME)，近代英語(ModE)例の著者名・作品名等の表記はすべて OED による略形を採用した。ただし，先行研究に引用された例を転載する際には，当該先行研究で使用された略形をそのまま使用した。

（7） and ic cunne   tocnawan   betwux god and yfel
     and I know how to distinguish between good and evil
                           (Æ CHom II 45 336. 28; Goossens 1992: 380)

　知識能力用法を獲得した can が次に目指すのは，能力可能一般（身体能力も含む）である。文法化に限らず，広く言語変化一般において，曖昧性（ambiguity）が大きな役割を果たすことはよく知られている。そのような曖昧性が見られる文脈を Evans and Wilkins（2000: 549）は「橋渡し文脈（bridging contexts）」と呼んだ。可能表現 can の拡張における橋渡し文脈では，何かをするための「方法・手順を理解できる」ならば，その行為を「実際にできる」のだろうという推論が働いている。例として（8）を見てみよう。

（8） Ond þa lareowas sceolan synnfullum mannum eadmodlice
     and the teachers should sinful   men   humbly
     tæcan ond læren, þæt hie heora synna cunnon
     teach and instruct so that they their sins can
     onrihtlice geandettan,
     properly confess
     'And the teachers must humbly teach and instruct sinful men so that they {can properly confess their sins/may know how to properly confess their sins}'　　(*Blickling Hom.*(c1000)IV. 60-61)

　（8）のすぐ後には，「なぜなら罪の種類は様々で，あまりに不純なものもあるため，人は気後れして，司祭に促されなければ罪業を告白しようとしないからだ」という趣旨の文が続いている。この文脈を考慮に入れると，（8）の cunnon は，単に「懺悔する方法を理解する」ことだけでなく（知識能力），「（実際に）懺悔できる」ことにも焦点を当てていると考えなければならない。信者が罪を実際に告白するように導く重要さを説く文脈だからだ。このような橋渡し文脈が，能力可能一般を表す can の登場を促したと考えられる。
　橋渡し文脈において含意されるにすぎなかった新解釈は，次第に慣習化され，語義の一部となっていく。（9）では，ペテロが奇跡を行い，それまで歩けなかった人が歩けるようになる場面が描写されている。この例における cuðe（'could'）は単なる知識能力読みではなく，実際的な行為読み（すなわち

身体能力可能)を表していると考えるのが妥当である(Goossens 1992)。

(9) and he sona　　　leop cunnigende
　　 '*and he at once　leapt (up) trying*
　　 his feðes hwæþer　he cuðe　gan
　　 his gait　whether　he could　walk'
　　　　　　　　　　　(Æ LS (Peter's Chair) 36; Goossens 1992: 381)

ちなみに OED では，中英語(ME: 1100年–1500年ごろ)中期頃より身体能力 (physical ability) を表す can の例があげられている。

(10) So yung þat sho ne couþe Gon on fote.
　　 'So youg that she could not go on foot'
　　　　　　　　　　　(*Havelok* 111 (a1300); OED *can*, v.[1])

3.5.2　英語 can の発達——根源的用法

能力可能一般(general ability)用法を獲得した can は，さらなる意味拡張として，根源的可能(root possibility)用法へと向かうのだが，それには能力可能においてもっぱら「動作主(agent)側に存在する能力として課されていた条件」を緩和させることがカギとなる。Bybee et al.(1994)による根源的可能(root possibility)の定義を見てみよう。

(11) **root possibility**: it is possible for the agent to carry out the action of the main verb; i.e. s/he is able and external conditions allow it:
　　　　　　　　　　　(Bybee et al. 1994: 320)

(11)が規定するのは，ある事態が出現させられるか否かを動作主の能力だけに帰するのではなく，外的状況にも帰属させるのが根源的可能用法だということである。「動作主内部条件」(Goossens(1992)の用語では 'intra-subjective')，「動作主外部条件」(Goossens(1992)の用語では 'extra-subjective')という用語を使って，ここまでの議論をまとめてみよう。すると，(6)～(10)で見た can の能力可能(ability)用法は，基本的には文主語として表される動作主の能力を問題とするものであり，動作主内部条件に関わる問題である。それに

対して，根源的可能用法には，動作主の能力云々の問題だけではなく，外的な要因，つまり動作主外部条件も関わってくる。

なお，ここで「動作主(agent)」という用語の使用について断わっておく。Narrog(2005: 681-682)は，「動作主指向的(agent-oriented)」という説明が与えられることが多い I can't bear this noise. のような can 例を取り上げ，この場合の文主語は動作主というよりも経験者(experiencer)だから「動作主指向的」という言い方は不適切であると述べている。しかし本章の議論では，「動作主」概念を広義にとり，Narrog(2005)が批判の根拠とした「経験者」のような概念をも含むとする。

Goossens(1992: 383)によれば，根源的可能用法は ME 中に発生した。根源的可能が生まれる土壌となった橋渡し文脈の具体例を見てみよう。Narrog(2005)があげるのは以下のような例である。

(12) But shortly, til　　that it was verray nyght,
 but in short until that it was true　night
 They koude nat, though they dide 　al 　hir　myght,
 they could not, although they put forth all their strength
 Hir　capul cacche, he ran alwey　　so　faste,
 their horse catch　he ran all along so fast
 'But in short, until it was dark night, they could not, although they put forth all their might, their horse catch, it always ran so fast, ...'　　　　　　(Chaucer *Reeve's T.*(c1386) 4103-4105)

Narrog(2005: 702)が指摘するように，(12)では，文主語が馬を捕らえられない原因は文主語の能力(動作主内部条件)のせいばかりではなく，馬が早く走ってしまうという動作主外部条件のせいでもあると解釈できる。このような理由から Narrog は，(12)の koude('could')を根源的可能用法の萌芽例と見なしている。

3.5.3　英語 can の発達 —— 認識的用法の芽生え

根源的可能はさらに認識的可能(epistemic possibility)や許可(permission)用法へと発達する可能性を秘めている。(13)は，Bybee et al.(1994)による認識的可能の定義である。

(13) [epistemic] possibility: the speaker is indicating that the situation described in the proposition is possibly true.

(Bybee et al. 1994: 320)

認識的可能読みでは，文主語等のイベント参与者(event-participant)の果たす役割よりむしろ，話し手(speaker)の果たす役割が重要である。(13)の定義に一致しそうな can の例として，Narrog(2005: 703) は，初期近代英語(EModE: 1500-1650年ごろ)から例をあげている(14)。

(14) 2. *Clo.* The crowner hath sate on her, and finds it Christian burial.
1. *Clo.* How can that be, unless she drown'd herself in her own defense? (Shakes. *Hamlet*(1602) V. i. 4-7)

(14)は，溺死したオフィーリアがキリスト教徒として埋葬をうける資格があるかどうかについて墓堀たちが議論している場面からの引用である。(14)の文主語("that")は，動作主というようなイベント参与者ではない。したがって can を含むこの文は，動作主側に備わっている能力を問題にするのではない。むしろこれは，that で表される事態の生起可能性についての話者の判断に関わるものである。なお，(14)が疑問文であることも，この can が認識的可能用法である可能性を高めるのに一役かっている。EModE では認識的可能の can は疑問文あるいは否定文でしか観察されないと考えられているからだ(Rissanen 1999: 237)[2]。

もっとも，(14)は話し手の判断に基づく純粋な認識的用法例かと言えば，そうとも言い切れない。(14)の can が描写するのは，「自ら死を望んだ人物にキリスト教徒としての埋葬が許可される」という世界の存在可能性であるように思われる。ここで話し手が問題にしているのは，自殺者にはキリスト教式埋葬が許されないという宗教観が支配する世界の傍らで，自死同然に死んだオフォーリアにキリスト教式埋葬が認められる世界が並存する現況のあり方である。ある事柄についての真偽が認識的に判断されているのではない。

特にイギリス英語では，can の認識的可能用法は未だに発達しきっていな

---

[2] 現代英語においても，認識的可能の can は通例，疑問文・否定文に用いられる(安藤 2005: 279)。

いようだ。例えばアメリカ英語では(15a)のように can を使って表現可能なところを，イギリス英語では can を使わずに，(15b)のように will を使って表現する(Coates 1995)。

(15) a.　we hope this coding system can be useful [to other linguistics working in the field]
　　　b.　we hope this coding system will be useful　　　(Coates 1995: 63)

また，(15a)を発話したアメリカ英語話者がこの can を純粋に認識的可能と認識しているのかどうかも曖昧である。(15a)を発話した当の本人は，「ある種のヘッジ」のつもりで can を使ったとコメントしたという(Coates 1995: 63-64)。このように，総じて can の認識的可能用法は発達途上段階にあると考えるか，あるいはかなり最近になっての発達とするのが妥当である。実際，can は認識的可能を表さないと結論づけた先行研究も多い(例えば Papafragou (2000: 530))。

3.5.4　英語 can の発達──許可用法

　can の許可(permission)用法は比較的最近の発達であり，寺澤(2008: 127)によると16世紀中ごろから，Goossens(1992: 385)によると17世紀から見られる用法だという。Rissanen(1999: 237)は，現代英語の "You can go now." のような許可用法は19世紀まで見られないとしている。OED の初例(16)も19世紀後半である。

(16)　Can I speak with the Count?
　　　　　　　　　　　(Tennyson *Falcon* 12(1879): OED *can*, v.[1])

(16)の OED による初例は疑問文になっているが，現代英語においても，この用法の can は疑問文あるいは否定文での使用が多い。また，アメリカ英語では現在でも can の許可用法はそれほど盛んではなく，may を使うのが普通である(Coates 1995: 64)。

　文法化研究では，ある文法化事象がいつ，どのようなメカニズムで起こったのかを解明することが主な課題の一つである。許可用法 can の発生を可能にしたメカニズムは何だろうか。Bybee et al.(1994: 193)は，許可用法は

根源的可能が確立した後でないと発達しないと述べている。Narrog(2005: 703)も，許可用法の発達には能力可能ではなく，状況可能(circumstantial possibility, Bybee et al. の root possibility に相当)読みの発達が引き金となると指摘する。

　Bybee et al. の根源的可能(root possibility)の定義(11)に従うならば，根源的可能とは，あることをなす能力を備えた動作主的なイベント参与者の存在と，その参与者があることをなすための外部状況が整っていることを含意する。つまり能力条件と社会的条件の両方が揃った結果，ある出来事の生起可能性を表すものである。したがって，根源的可能は自動的に社会的許可(social permission)の存在を含意すると考えてよい。一方，「許可」は能力条件というよりは，社会的な外部状況が整っていることに主な焦点をおくものである。Bybee et al. は，根源的可能用法の can から許可用法の can へ推移する際に働くメカニズムを「条件の緩和」と考えている。すなわち，「動作主内部条件」および社会的条件という「動作主外部条件」の両方が満たされていることを含意する根源的可能用法から，主に社会的条件成就の成否に注目する許可用法へという変化経路を形成しているのである。

3.5.5　英語 can のさらなる発達

　英語法助動詞 can では，本動詞('know how to')＞知識能力可能(mental ability)(5i)＞能力可能一般(general ability)(5ii)＞根源的可能(root possibility)(＝状況可能(circumstantial possibility))(5iii)という具合に，可能の条件の制約が緩和される形で発達が進んだ。この発達経路は一般化(generalization)の一種である。すなわち，もともと 'know how to(do)' という意味を表していた語彙項目が，固有で特殊な意味内容を次第に喪失し，より広い文脈で用いられるために，より一般的，抽象的意味を持つようになるプロセスである。根源的能力可能用法からはさらに許可用法が派生するが，この推移も一般化と見なすことができることを，既に前節で述べた。Bybee et al.(1994: 199)は，能力可能(ability)を表していた語句が認識的可能(epistemic possibility)や許可(permission)用法を獲得する際には，(17)のような経路を辿るとしている。もっとも can に認識的用法があるのかどうかは定かでないので，ここでは括弧に入れて表そう。

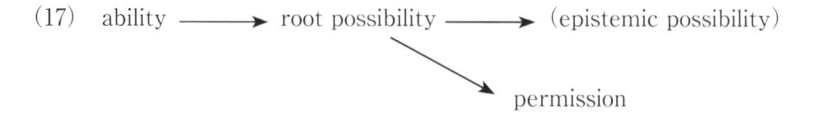

(17) ability ⟶ root possibility ⟶ (epistemic possibility)
　　　　　　　　　　　　　　↘
　　　　　　　　　　　　　　permission

　しかし，非標準英語にまで目を向ければ，その発達経路はさらに伸びていることが分かる。南部アメリカ英語やスコットランド英語では，(18)のように，can あるいは could と他の法助動詞が一緒に現れる文が見られることがある(Fischer and van der Wurff 2006)。

(18) a. I thought you said we <u>might could</u> get some candy.
　　 b. If we had known, we <u>may</u> still <u>could</u> have done it.
　　 c. They <u>might</u> not <u>could</u> have gone over the state line to get her.
　　 d. He <u>will can</u> do it.　　(Fischer and van der Wurff 2006: 151-152)

　この用法は1750年-1850年ごろから見られるという。OE 期に見られた *hwu muge we þone weig cunnen?*(lit. 'how may we the way can?')(=(6))のような構文は ME の後，消滅したと考えられているから，(18)は OE 時代の二重法助動詞構文(正確には法助動詞と本動詞の共起)が直接継承された結果とは言えない。Fischer and van der Wurff(2006: 151)は，(18)は法助動詞が認識的副詞(epistemic adverb)として再解釈された結果，生まれた構文ではないかと述べている。つまり，(18)は二つの法助動詞が共起している構文の例ではなく，法助動詞と副詞が共起している構文の例というわけである。また，Fischer and van der Wurff(2006)があげる例を見る限り，法助動詞派生副詞としては can よりもむしろ could の形で現れていることが多いが，これは，過去時制の使用に伴う「対人的遠距離化」(第 5 章5.4参照)が法助動詞派生副詞の発達に多分に影響を及ぼしたことを示唆している。
　このような法助動詞派生副詞は，特に相手に面と向かって行われる会話文で多用されるという。相手と向き合う会話では，ヘッジ(断定調をやわらげるために使用される表現)や押し付けがましくない提案の仕方など，対相手意識が感じられる表現や言い回しが多くなるのが普通である。対相手意識表現手段の一つとして，法助動詞がヘッジ表現化した可能性が高い。
　聞き手の存在がモダリティ解釈に影響を及ぼすケースとしては，Sweetser(1990)があげる(19)の can 例も興味深い。

(19) Editor to journalist
"OK, Peking can be Beijing; but you can't use 'Praha' for Prague."
(Sweetser 1990: 71)

(19)の第1文では，その命題内容の真偽について「そういう場合もあるだろう」という話し手の譲歩を can により表し，続く第2文において，聞き手の説得を試みている。この「譲歩」という解釈はどのようにして生みだされるのだろうか。参考になりそうなのは，同じく Sweetser(1990) があげる(20)の may である。

(20) He may be a university professor, but he sure is dumb.
(Sweetser 1990: 70)

Sweetser(1990: 71)によれば，(20)の第1文が述べる命題(「彼は大学教授である」)は確かに真ではあるけれどもそれを認めたくはないという，話し手側の不承不承の態度(grudging spirit)が感じられるという。Sugiyama(2003)は(20)の may を「事実関係の may (factual *may*)」と呼び，話し手の信念(beliefs)のみならず，聞き手の信念が関与することで生み出される用法と主張している。すなわち，そもそも話し手の信念中では第1命題「彼は大学教授だ」と第2命題「彼は馬鹿だ」は特に対立関係にあるわけではない。しかし実際のコミュニケーションの場において，談話の流れや，相互作用の相手である聞き手が持っているであろう百科事典的知識から推測して，聞き手の信念構造には「大学教授は知的だ」という想定が存在すると話し手は判断する。聞き手の信念構造を察した話し手が，「大学教授は知的だ」という聞き手の持つ想定を考慮に入れた結果，はじめて，話し手の信念構造において，第1命題「彼は大学教授だ」と第2命題「(大学教授である)彼は馬鹿だ」間に対立関係が生まれることになる。この対立関係が，「不承不承」という話し手の心的態度の表出につながるというわけである。これは，話し手という主体だけではなく，聞き手の信念が大きく関わる方向へ may が発達したということであり，間主観化の一例と見なせよう。

このように考えると，(21)の may が奇妙に響くことがうまく説明できる。

(21) A:　Who is that man over there?
　　 B:　He is Jones.
　　 A:　What's he like?
　　 B:　He {#may be/is} a university professor, but he sure is dumb.

(Sugiyama 2003: 456)

　(21)では，談話の発話時において，聞き手(=話し手A)の信念世界に「彼（ここではJones）は大学教授だ」という命題が確立されておらず，したがって「大学教授は知的だ」という想定も活性化されていない。このような談話状況がmay使用の容認度を下げるのである(Sugiyama 2003: 456)。
　ここで話を(19)のcanに戻し，mayと同じように分析できないか考えてみよう。Papafragou(2000: 531)によれば，(19)の第1文により表される命題は，(22)を想定としているという。

(22)　Peking can be (appropriately) called 'Beijing'.

(Papafragou 2000: 531)

　すなわち，(22)のcanは，命題「Peking(北京)はBeijingと呼ばれる」が成立する「世界」の存在可能性を表している。ある「世界」の存在可能性を表すcanは，根源的可能から拡張したと考えられ，湯本(2004)によれば，(23)のように図式的に表される。グレーの円は当該命題((22)では「PekingはBeijingと呼ばれる」に相当)が成立する世界，白い円は当該命題内容が成立しない世界を表している。

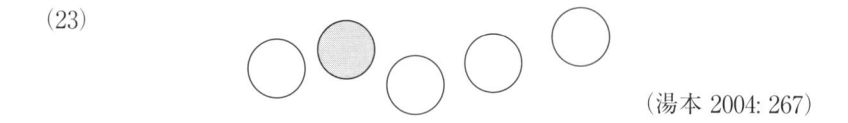

(23)

(湯本 2004: 267)

canが伝達するのは，グレーの円で表される世界の存在可能性である。ただし，そのような「世界」の存在可能性は，話し手の信念中に最初から固定化された想定として組み込まれているとは限らない。コミュニケーションの場において，聞き手の信念世界を顧慮して初めて，グレーの円が話し手の概念構造に組み入れられたり，あるいは活性化されたりすることもある。(19)が

発話される文脈についてSweetser(1990)は何も述べていないが，Papafragou (2000: 531)は，(19)が発話されるに先立ち，(19)の聞き手(ジャーナリスト)によって'Beijing'という語が既に使用されている文脈が(19)の先行文脈としては自然であると指摘している。この指摘を考慮に入れて，(19)でなぜcanが使用されるに至ったかを考えてみよう。(19)の話し手(編集長)の信念構造にはもともと，「PekingがBeijingと呼ばれる」世界は存在していなかったか，少なくとも活性化された状態にはなかった。ところが先行文脈において，ジャーナリストが'Beijing'という語を使うのを聞き，編集長はジャーナリストが「PekingはBeijingと呼ばれる」と想定していることを認識する。その場合，編集長はジャーナリストの想定(「PekingはBeijingと呼ばれうる」)を拒否する形で会話を進めることもできるが，ジャーナリストに配慮し，その想定を自らの信念構造に組み入れることで，聞き手であるジャーナリストに譲歩の姿勢を示すこともできる。後者のオプションが選択された場合，ジャーナリストの信念構造に由来する「PekingはBeijingと呼ばれる」世界(グレーの円)が，話し手(編集長)の信念構造にも出現する(あるいは活性化される)ことになる。その結果，(19)に見られるように，canの使用が可能になるというわけである。このように，話し手の信念構造を固定された不変のものとするのではなく，「聞き手の信念構造に含まれる世界と相互作用しながら変容しうるもの」と考えることで，(19)のcanは(20)のmayと同じように説明が可能となる。

聞き手の存在が言語変化に及ぼす影響を考慮に入れた文法化理論に先鞭をつけた先行研究としては，Traugottらによる一連の著作があげられる。Traugott and Dasher(2002)では，文法化や主観化(subjectification)における推論の重要性が強調されている。これは文法化・主観化における話し手の役割だけでなく，聞き手の役割をも重視するものであり，人間の言語コミュニケーションは話し手と聞き手の共同作業であるという考えに立脚している。

人間の言語コミュニケーションにおいては，話し手は聞き手に何かを伝達する意図を持って言語を使用するのが普通である(cf. 荻原 2008)。したがって，ある言語形式が話し手の視点や信念を伝える方向へ発達するのは十分予測できる事態といえる(主観化)。それに加えて，コミュニケーションの場においては，聞き手は話し手の発話が向かう対象であると同時に，話し手の発話を制約し，方向付ける存在でもある。しかるに，ある言語形式が聞き手を顧慮するような用法を獲得する方向(間主観化)へと向かうことは，極めて自

然な流れである。この流れを Traugott and Dasher(2002)は(24)のように説明する。

(24) ... SP/Ws [=speakers/writers] display points of view in the ongoing interactional negotiation of discourse production; when these encoded points of view come to signal particular attention to AD/R [=addressee/reader], intersubjectification occurs.

(Traugott and Dasher 2002: 99)

can を含む法助動詞の認識的副詞用法や，事実関係の can の発達は，(間)主観性((inter)subjectivity)の度合いを強化する動きの一例として捉えることができる。

can の他の用法の派生についても，(間)主観性に基づく特徴づけは可能なのだろうか。この点については，次の**3.6**で考察を行う。

3.6　出来事指向的用法と話者指向的用法

ここまで英語法助動詞 can の発達を見てきたが，一般にモダリティ表現は義務的モダリティ(deontic modality)＞認識的モダリティ(epistemic modality)という流れで発達すると考えられてきた(例えばSweetser(1990)を参照)。義務的モダリティ(deontic modality)は通常，義務(obligation)や許可(permission)といった概念に関わるモダリティとされる。ところが法助動詞 can の発達経路には，必ずしも deontic ＞ epistemic では片付けられない変化も存在している。例えば能力可能(ability)＞許可(permission)というシフトは，non-deontic ＞ deontic という方向への変化であるはずだ。実際，現代英語では，(25)のような例が「一緒に来たらいい」という意味で使われることがある。このようなケースでは can は「(聞き手に対する)軽い命令」を表すという(cf. 寺澤 2008: 127)。

(25) You can go with us.

また，英語以外の言語に目を向けると，ヘブライ語のモダリティ副詞ʔulay は deontic ＞ epistemic どころか，その逆の発達(epistemic ＞ deontic)をしているという(Livnat 2002)。以下にあげるのは，このヘブライ語副詞の変化経路の起源となった認識的可能用法の例(26)と，現代ヘブライ語で新

たに発達したと Livnat が主張する義務的(deontic)用法の例(27)である(グロスは Narrog(2005)による)。

(26) va'omar　　　　　'el-'adoni　　ʾulay　　lo-telex
　　 Conj-say[1S-Fut]　to-master　perhaps　Neg-go[3S-F-Fut]
　　 ha'išša　　　　'axaray
　　 Def-woman　after-1S-Obj
　　 'And I said to my master: Perhaps the woman will not follow me.'
　　　　　　　　　　　　　　　　　　　　(Genesis 24: 39; Livnat 2002: 109)
(27) ʾulay　　telex　　　　lešam?
　　 Perhaps　go[2S-M-Fut]　to-there?
　　 'Will you perhaps go there?'　　　　　　(Livnat 2002: 110)

もっとも，(26)を見れば，当該変化経路の起源が認識的可能であることは理解できるものの，(27)中のʾulay にも 'perhaps' という英訳語が現れているから，この新しい用法が果たして義務的用法なのかははっきりしない面がある。しかしながら，(27)のʾulay は提案(suggestion)や依頼(request)という概念をマークしうるという Livnat の説明は興味深い。そうだとすれば，この新しいʾulay 用法が真に義務的(deontic)なものであるかどうかは別として，少なくとも会話参与者としての聞き手の存在を意識した「対人的機能」を果たしていると言える。

　Narrog(2005)は，deontic vs. epistemic という区分をするよりも，「出来事指向的モダリティ(event-oriented modality)vs. 話者指向的モダリティ(speaker-oriented modality)」という区別を採用する方が，法助動詞を含むモダリティ表現の発達を包括的に捉えられると主張する。話者指向的モダリティ，出来事指向的モダリティはそれぞれ次のように定義される(下線強調は筆者による)。

(28) a. Speaker-oriented modality(...)is directly linked to the speaker's own modal judgement at the time of speech in the given speech situation, potentially including the hearer.
　　 b. [I]n the case of event-oriented modality, the non-factuality is the result of a modal judgement expressing conditions on a

participant of the described event, independent of the speaker and the present speech situation.　　　　　(Narrog 2005: 685)

　出来事指向的モダリティとは，叙述される出来事の参与者(event participant)に課せられる条件に関わるものであり，典型的には参与者内部的(participant-internal)である。それに対して話者指向的モダリティは，参与者外部的(participant-external)である。話者指向的モダリティが関わるのは出来事参与者に課せられる条件ではなく，むしろ会話参与者(speech participant)の判断になるからである。話者指向性は会話の状況への指向でもあるから，これは会話参与者である聞き手をも巻き込む概念である(Narrog 2005: 692)。この点で，Narrog(2005)のいう話者指向性という概念は，Traugott and Dasher(2002)の(間)主観性((inter)subjectivity)を包摂していることが分かる。

　能力可能用法の can は，あることを成す能力が出来事参与者に存在しているか否かに関心があるから，出来事指向的モダリティということになる。一方，南部アメリカ英語やスコットランド英語で観察される「認識的副詞」用法((18)を参照)の can/could は，会話参与者である聞き手を話し手が意識していることを表すヘッジ的用法なので，話者指向的モダリティとして分類するのが妥当である。また，(19)のような譲歩構文に現れる can は，話し手の信念のみならず，聞き手の信念世界をもその解釈プロセスで使用することで，聞き手に対する譲歩を伝達するから，かなり高度な話者指向的モダリティである。このように考えると，法助動詞 can の発達経路は概ね，「出来事指向的＞話者指向的」という流れで捉えられることになる。

　次に，can の根源的可能用法から許可用法へのシフト(**3.5.4**を参照)について考えてみよう。Bybee et al.(1994)の根源的可能の定義(11)に従うと，根源的可能は参与者内部条件・参与者外部条件の双方と関係する概念だから，これは能力可能ほどの出来事指向性は認められないが，純粋に話者指向的とも言えない位置にある(Narrog 2005: 694)。一方，「許可」という概念については，話し手が聞き手に許可を与えるという状況(例：*You can stay here.*)や，話し手が聞き手に許可を求める状況(例：*Can I stay here?*)が can により表されるのであれば，これは会話の状況への指向ということだから，話者志向的な用法であると言える。したがって，「根源的可能＞許可」という変化経路は，「出来事指向的＞話者指向的」という流れと捉えても差し支

えない。

　また，ヘブライ語副詞 ʔulay の発達についても，(27)に例示される新しい用法(提案や依頼)は対人的機能の一種なので，「話者指向的」である。(25)に見られる英語 can の「軽い命令」用法は，「聞き手に対する許可」の形をとりつつ，実際には「聞き手への命令」を伝達する。話し手がこのようなストラテジーを使うのは，ある行為に対する聞き手の義務を明示的に述べるのを避け，あくまで「聞き手がある行為を遂行して差し支えない」と述べることで，聞き手に配慮しようとするからであろう。つまり，これは間主観化から帰結する用法である。

　以上，英語 can の発達を中心に，「出来事指向的＞話者指向的」という流れの妥当性を検討した。話者指向性は間主観性を包摂すると考えるのであれば，can の発達は概ね，(間)主観化の流れに沿って捉えられそうである。一方，(間)主観性の問題は，日本語の可能表現形式の発達プロセスにはどのように関わっているのだろうか。次節以降で考察してみよう。

3.7　日本語可能表現の文法化

　3.5では英語法助動詞 can の発達を見たが，日本語の可能表現はどのような発達経路を経たのだろうか。3.7および3.8では，日本語の可能形式発達の流れを概観することにしよう。

3.7.1　日本語の可能表現形式の種類

　日本語に限ったことではないが，一口に「可能」といっても，どのような表現形式を「可能」表現と見なすのかは明確にしにくい。例えば「(人を)御しやすい」などの tough 構文まで可能表現と見なすべきかどうかは，判断がゆれるところであろう。日本語可能表現の発達については，渋谷(1993)が豊富な資料を用いて詳細に分析している。渋谷によると，日本語の可能表現形式の起源には大きく分けて完遂形式と自発形式があり，特に自発形式の種類が多様である点に日本語の特徴があるという。実際，日本語において「自発」「自然展開」と「可能」の間に密接な関係があることは，荒木(1983)などの先行研究でも繰り返し指摘されてきた。また，「自発」が池上(1981)の「なる」言語としての日本語という考え方に沿うものであることは言うまでもない。日本語の自発由来可能表現は，部分的に英語 can とは対照的に見える発達経路を辿っている点でも，分析対象として魅力的である。

自発形式起源の可能形式の発達を見る前に,「自発」について定義しておこう。自発という解釈は,物事が非意図的に／自動的に／他力的に実現すると見なされる際に成り立つ。第2章でも示唆されているように,日本語のモダリティ発達には,「自発的に実現した＜事物の存在＞を,言語主体である話者がどのように認識するか」という問題が大きく関わっているようだ。

肯定文を例にとった場合,自発は(29)の3タイプに分けられる(渋谷 2005: 36-37, 2006: 54-55)。

(29) a. 動作主体の期待とは異なる事態が自然生起する(期待逸脱型自発)
b. 動作主体の期待するところに沿って事態が(他力本位的に)自然生起する(期待成就型自発)
c. 動作主体の期待から中立的な事態が自然生起する(期待不問型自発)

そして日本語の場合,(29a)には助動詞「(ら)る」が,(29b)には「かなふ」と「なる」が,(29c)には「できる」がそれぞれ該当するという。可能文は,ある行為を実現するために動作主体が意図的に働きかけることを前提としているのが基本と考えると,渋谷(2005, 2006)が指摘するように,上記3タイプの自発と可能文との概念的距離は,(29a)期待逸脱型自発＞(29c)期待不問型自発＞(29b)期待成就型自発の順に大きい。このように各タイプの「自発」と「可能」の関係が分かったところで,(29a)の期待逸脱型自発「(ら)る」,(29b)の期待成就型自発「なる」,(29c)の期待不問型自発「できる」が可能形式化する過程を取り上げてみよう。

3.7.2 期待不問型自発「できる」

まずは,期待不問型自発を起源に持つ可能表現形式「できる」を例に,Heine and Kuteva(2002)の言う(4b)タイプ(ARRIVE(到着・出来・出現)＞ABILITY)に相当する発達を確認しよう。渋谷(2005)に基づき,ここで言うARRIVE とは,次のような解釈をうけるものと考える。

(30) 日本語の可能形式のうち自発形式群は,もともと「行為が動作主体に到着する／において成就する」といった arrive 的な意味を表した形式である。
(渋谷 2005: 40)

「できる」は，カ変動詞「でくる(出来)」が上一段化したものである。一方，「でくる」の起源は，「いでく」の変化したものである。(31)では，洪水の水が引いて，それまで水につかっていた木の枝が姿を現すという状況が「いでく」を使って描写されている。

(31) 此ノ引ヘタル木ノ只出来ニ出来ケレバ，枝ノ胯ノ出来タリケレバ，
　　　(…)　　　　　　　　　(今昔物語(1120頃か)巻26第3話)

(32)では，よい能は人間が積極的に働きかけて成立させるものではなく，自然に出てくるものだという発想が，「いでく」を使った文で述べられている。すなわち，「動作主外部状況がある事物の成立を左右するのであって，動作主による人為は関与しない」ということであり，状況可能の意が感じられる。

(32) まづ，その日の庭を見るに，今日は能よく出で来べき，あしく出で来べき，瑞相あるべし。　　(風姿花伝(1400-02頃)第三 問答条々)

一方，「でくる」も，もともと「自発」を表す用法を持っていた(33)。

(33) 兵がつかへて久ければ思もよらず変がてくるぞ
　　　　　　　　　　　(史記抄(1477)一五；『日本国語大辞典』「でくる」)

(34)は，芝居見物客が芝居にいちいち過度なリアリティを求めるようになったので，今時の役者は大変だという趣旨の会話の一部である。否定文脈に現れているこの「できる」は，状況可能を表している。

(34) それ見やれ，お主等がやうな人ばかり多いから役者も骨が折らア。後にはどうするつもりだ。真剣をぬいて敵役の首をほんとうに斬て，濡事もほんとうに惚たらば，女形は只の女がするやうになるだらう。(…)万事が自由にはなつたが，なか／＼むかしの役者の真似はできねへ　　　　　　(浮世風呂(1809-1813)四・下)

「ある事象が出現する背景には何者かのコントロールが働いているはずだ」

という，話者による語用論的推論が語義の一部として読み込まれると，能力可能解釈が生まれる(cf. 第 1 章1.4.5, 1.4.6.1)。例えば(35)では，味のよいとろろ汁の出現という客観的事象の背景には「料理人の腕前」があるのだという，話者の推論的解釈が関わっている(高橋・新里 2005: 199)。

(35) ことにけふのことづて汁(とろろ汁)は，いつにまさりて一入(ひとしお)出来たる 　(『軽口露がはなし』(1691); 高橋・新里 2005: 199)

Bybee et al.(1994: 190-191) も，(「行為が動作主体に到着する／において成就する」といった意味での)'arrive at' は，ある行為が成功裏に成就したことを含意するものだから，それが主語の当該行為を成し遂げる能力を表す表現へ変化するのは不思議ではないと述べている。

(35)では文脈依存的含意に過ぎなかった能力可能解釈は，次第に慣習化をうけ，特定の文脈に依存しない語義となっていく。能力可能用法の「できる」が伸張していくのは江戸幕末期以降である(渋谷(1993: 124)，申(1999: 52))。例を見てみよう。

(36) 此頃は立居もひとりで出来ねへから，尿屎もおまるでとる
(浮世風呂(1809-1813)ニ・下)

(36)では「できる」が否定文脈で使用され，動作主がある行為を成すためのコントロール力を持っていないことが表されている。

以上，「できる」は本来，物事が自然発生的に成立することを表していたのが，まずは状況可能用法を獲得し，そして「動作主によるコントロール」という概念を語用論的に読み込むことを経て，能力可能を確立させたことを確認した。続いて次節では，期待成就型自発「なる」の発達を概観しよう。

3.7.3 期待成就型自発「なる」

「なる」と「できる」は，通時的には可能用法の「できる」が伸張するとともに「なる」が衰退しており，「なる」と入れ替わるように「できる」が可能用法として伸張したという関係にある(渋谷 1993: 101)。「できる」の可能表現化に見られた「自発 ＞ 能力」という発達経路は，「なる」でも見られる。また，状況可能から能力可能へと拡張した点も，「できる」と同じで

ある。

　「なる」はもともと，なかったものが新たに形をとって現れ出でるという，自発的な自然発生現象を表す出現動詞であった。(37)では，天照大御神の吐いた息霧の中に，多紀理毘売命という別の神が出現したことが「なる」によって表されている。

(37)　吹き棄つる気吹の狭霧に成れる神の御名は，多紀理毘売命。
　　　　　　　　　　　　　　　　　　　　　　（古事記(712)上）

(38)では，モノの出現というよりは，ある状態が生じたことが，「なる」により表されている。

(38)　竈ノ土ヲ立テ呑セ，吉キ酢ヲ呑セテ，土ヲ吉ク掃テ臥セテ，一時許有テ引起シテ，例ノ如クニ成ニケレバ，
　　　　　　　　　　　　　　　　（今昔物語(1120年頃か)巻29第3話）

　また，『日本国語大辞典』の「なる」項には，「望んでいたことが実現する」，「思いがかなう」という定義が見られるが，これの具体例にあたるのが(39)である。ここでは「なる」が二重否定の文脈で現れており，「成就しないことはなかった」という解釈が得られる。

(39)　七つになりたまひしこのかた，帝の御前に夜昼さぶらひたまひて，奏したまふことのならぬはなかりしかば，
　　　　　　　　　　　　　　　　　（源氏物語(1001-1014頃)須磨）

　この例には「(帝に)奏上なさる」という句が見えるから，その動作主(「動作主」という用語の使用に関しては，3.5.2を参照のこと)にとって望ましいことが成就する背景には，帝の政治権力があることが含意される。「できる」の場合と同じように，「ある物事の出現する背景には何者かのコントロールが働いている」という語用論的推論を誘う(39)のような例が，能力可能が「なる」の語義の一部として読み込まれていくための地盤を作ったと考えられる。ただし，(39)で含意されるコントロール力を持つ権力者(すなわち帝)は，事柄の成就を望む本人(動作主)と同一人物ではない。ある物事の実現を

左右する要因はあくまで動作主外部にあり，その点で(39)の「なる」は，自発概念の範疇から脱しきれていない。

中世に入ると，「なる」は「することがなる」，「(動作性名詞句)がなる」などの形で，可能表現として用いられていく。

(40) 此比は方々の花ざかりじやといへども，ひまのなさに，はな見をする事もならなんだ　　　　　　（虎明本　花あらそひ; 渋谷 1993: 90-91）

(40)では，「ひまがなかった」という動作主外部条件に焦点が当てられている。動作主外部条件よりもむしろ，動作主内部条件に焦点が当てられるようになると，能力可能用法への拡張が起こる(41)。

(41) しよしんこうのとうが，近日で御ざるが，その御用意もなりまらしたか，とひませうとぞんじてまいつた
　　　　　　　　　　　　　　　　　（虎明本　連歌盗人; 渋谷 1993: 150）

(41)では，「用意する」ことが実現するのは，外的状況というよりは，動作主の意図的行為に左右されるという解釈が可能である(渋谷 1993: 150)。

しかしながら，江戸期においてですら，「なる」の能力可能例は非常にまれである。江戸語資料における「～コトガナル」を調査した申(1999: 49)によれば，採取した全53例のうち，能力可能として使用されているものは4例，状況可能として使用されているものは46例，残り3例はどちらとも取れそうな曖昧な例であったという。「なる」の状況可能用法から能力可能用法への推移は，未だ道半ばであるようだ。

3.7.4　期待逸脱型自発「(ら)る」

「(ら)る」(上代では「(ら)ゆ」: ただし「(ら)ゆ」と「(ら)る」については，本来別源の語であるとする説と，同源の語であるとする説が対立している)は古典語において，「自発」，「受け身」，「尊敬」，「可能」概念を表す。このうち最も古いのは自発用法と考えられている。実際，古典語において自発を表す「(ら)る」の用例は，簡単に見付けることができる。

(42) a.　これが答はかならずせむと思ふらむと，常に心づかひせらるるも

をかしきに，いとつれなく何とも思ひたらぬさまにて，たゆめ過
ぐすもまたをかし。　　　　　　　（枕草子（10C 終）第258段）
　b. 平中喜サニ物モ不思ネバ，被籠テ云出デム事モ不思エヌニ，
　　　　　　　　　　　　　　（今昔物語（1120頃か）巻30第１話）

　なぜ「（ら）る」の自発用法から「可能」ばかりでなく，「尊敬」や「受け身」
等の用法までもが発達したのだろうか。大野（1967(2006)）は文化人類学的考
察にその根拠を求めた。すなわち，稲作耕作民である古代日本人は，「自然
に推移すること」と「人為的であること」の両者を明確に区別しており，後
者よりも前者に肯定的評価を下す。自然に従順な生活習慣は，受け身的な態
度を日本人に植え付け，自然のままであることに尊敬の念を抱かせる。この
ような日本語的発想では，ある事態を引き起こす能力を動作主に帰属させる
よりも，ある事態が自然にそうなるのだと述べることで，一種の奥ゆかしさ
をもたらし，謙虚な印象を聞き手に与えることができる。これは，複数の自
発形式が日本語において可能用法を発達させたという事実の根底に存在す
る，言語使用の方略的な側面と考えられよう。ただし，大野式の考えについ
ては，渋谷（1993: 158-159）や森田（2002: 206-207）において，生活様式と言語
における発想のあり方の結びつきが過度に強調されることへの懸念が指摘さ
れていることも忘れるべきではない。なお，自発から可能，受け身，尊敬の
意味が生じる点については，第2章2.5.2.3の記述も参照されたい。
　『日本国語大辞典』（「られる」の項）によれば，可能用法の「（ら）る」は，
古代には否定の表現を伴って不可能の意を表すのが普通であり，打消しを伴
わずに可能の意を表すようになったのは中世末以降である。渋谷（1993: 88）
にも同旨の指摘が見られる。否定文脈に現れている「（ら）る」の中古からの
例を(43)にあげておく。これらの例は，現代日本語の感覚から言えば可能文
のように見えるが，この時代は可能を表す形式としては副詞「え」や補助動
詞「う」が盛んであったことを考慮に入れると，どちらかと言えば自発文と
して認識されていた可能性がある。ただし，『日本語文法大辞典』（「らる」助
動詞）は(43a)を「可能」の例としてあげている。

(43) a. 男はた，寝られざりければ，外の方を見いだしてふせるに，月の
　　　おぼろなるに，小さき童をさきに立てて人立てり。
　　　　　　　　　　　　　　　　　（伊勢物語（10C 前）第69段）

b. いと心憂き身なれば，死なむと思ふにも死なれず。

(大和物語(947-957頃)第103段)

(44)では，花が散ってしまっているため，長居する気になれない心情が述べられている。

(44) 花ちりて二日をられぬ野原哉　　　　（去来抄(1702-1704)）

花の散り具合という動作主外部条件が原因で，ある心情になるという事態が生起しないということであれば，これは状況可能の例と解釈できる。しかし，心情面に重きを置けば，動作主内部条件が原因となる心情可能（渋谷1993, 2005）という分析になるのかもしれない。

(43)(44)の各例はいずれも否定文脈となっている。「(ら)る」はもともと期待逸脱型自発だったから，この場合，「自発」と「可能」の距離は肯定文脈よりも否定文脈における方が小さい。したがって，期待逸脱型の自発形式が可能形式化する際には，否定の表現を伴う文脈で発生していくのではないかと渋谷(2005: 37-38, cf. 渋谷1993: 235-237)は述べる。もっとも，「(ら)る」ばかりでなく，期待成就型「なる」，期待不問型「できる」の状況可能・能力可能に関しても，これらの用法が伸張しはじめた江戸期においては肯定文脈よりも否定文脈での使用が圧倒的に優勢であったのだから(申 1999: 58)，「(ら)る」の期待逸脱性という特徴がどの程度，否定文脈での使用と相関関係を持っているのかについては，今後も論考の余地がありそうだ。否定文脈の問題には，発話により言及される人物や，コミュニケーションの場そのものに関係している会話参与者各位の顔をつぶさないようにするという語用論的配慮も関わっているように思われる(**3.8.2参照**)。

否定文脈以外における「(ら)る」の可能例としては，以下のようなものがあげられる。

(45) ここは女の下りられる所でござるか

(伎・一谷坂落(1691)二;『日本国語大辞典』「られる」)

(45)は女性が下りることを許す外部状況かと問う文だから，能力可能というよりは，状況可能が表されていると言える。

実際,「(ら)る」の初期の可能用法は能力可能ではなく,状況可能を表していた。「(ら)るる」の使用例を『虎明本』(1642)で調べた渋谷(1993: 89)は,能力可能例はわずかだが,動作主外部条件可能の例は非常に多いと報告している。他の自発由来可能表現と同様に,「(ら)る」でも,まず動作主外部条件可能(すなわち状況可能・根源的可能)が成立し,それから動作主内部条件可能(すなわち能力可能)へと拡張が進んだと考えられる。能力可能用法の具体例を見てみよう。(46)は大正期資料における「(ら)れる」例である。

(46) 「君は私がなぜ毎月雑司ヶ谷の墓地に埋っている友人の墓へ参るのか知っていますか」先生のこの問いはまったく突然であった。しかも先生は私がこの問いに対して答えられないという事もよく承知していた。　　　　　　　　　　（夏目漱石『こころ』(1914); 青空文庫）

「私」は「先生」が友人の墓参りをする理由を知り得る立場にないのだから,「先生」の質問に答える能力を持っているはずがない。この「られる」例は,能力可能用法と見なすことができる。

3.8　日本語における認識的可能用法と許可用法

3.7では,それぞれ自発を表す表現だった「なる」「できる」「(ら)る」が能力可能を獲得するまでを見た。さらなる変化として「認識的可能」用法と「許可」用法について触れておく。

3.8.1　認識的可能用法

渋谷(2006: 88-89)によれば,可能形式から認識的モダリティ(に近い意味を表す)形式への変化は,共通語でも方言でも一般にそれほど顕著には見出されない。完遂概念由来の可能表現である「うる」がもともと可能文を作ることのできない無意志動詞の「ある」や「起こる」に付加された場合(47)や,可能の意味を本来表した「かねる」(<「かぬ」)の否定形「かねない」などが,認識的モダリティに近いものを表しているかという程度である。

(47) 世の中にはいろんな人がいますから,そういうこともありうるでしょうね。

3.8.2　許可用法

　英語 can 同様，日本語でも状況可能(根源的可能)から「許可」や「禁止(不許可)」を表す用法が発達している。ただし，日本語の可能形式は「禁止」を表す場合が圧倒的に多いようだ。

(48) a.　べらぼうづらをしてはならないぞ
　　　　　　　　　　　　　　　　(雑兵物語(1683頃)下;『日本国語大辞典』「なる」)
　　 b.　15歳未満(中学生以下)の方の観覧には適しておりませんので，ご覧になれません。　　　　　　　(R-15映画の説明: 禁止)

　英語 can の許可用法の発達を考察した際に，話し手から聞き手に対して許可・不許可を言い渡す場合の許可用法は「話者指向的」であると言え，また「話者指向性」という概念は Traugott and Dasher(2002)の(間)主観性と相容れるものであることを見た(3.6参照)。英語 can の不許可用法(例: *You can't do that sort of thing.*)や軽い命令用法(例: *You can go with us.*)の発達同様，日本語の不許可・禁止用法の発達にも間主観性の問題が絡んでいる。「禁止」「命令」という発話行為をなす際には通常，聞き手に対する配慮が必要となる(渋谷 2005: 42)。例えば「禁止」の場合，聞き手の能力を否定したり，また話し手自身に何かを禁止する権限があると述べたりするのではなく，外的な状況がある事態の生起を阻止するのだと述べるにとどめることで，聞き手の自尊心やプライドを傷付けるのを回避することができる。禁止の解釈は話し手が伝達したものではなく，あくまで「聞き手が勝手に推論して得た意味」とするのである。

　以上のような聞き手が果たす役割は，間主観化だけでなく，一般には主観化の例とされている現象においても重要な意味を持つことがある。Traugott (1995: 49)によれば，主観化は話し手による意識的なストラテジーにより引き起こされるという。一方，Detges(2000: 345-346)は，英語 while の「反対の判断(opposite valuations)」を表す用法例(49)を，主観化における話し手・聞き手の役割という観点から説明している。

(49)　The Duke of York is gone down thither this day, while the Generall sat sleeping this afternoon at the Counciltable.
　　　　　　　　　　　　(1667, Samuel Pepys, *Diary*: 317; Detges 2000: 345)

他者の振る舞いについて好ましくない見解を述べることは，話し手を取り巻く人間関係を損ねかねない。そこで話し手は，while構文で言及される二つの行為について，それらの良し悪しをあからさまに比較するのは避け，単に時間的同時性を述べるにとどめる。発話をどのように解釈するかは聞き手の推論に一任される。このように，意味変化につながる主観化プロセスを主導するのはもっぱら話し手というわけではなく，時には聞き手の存在も影響を及ぼすことが分かる。同じことは日本語の不許可・禁示用法の発達にも当てはまる。

3.9　日英語に見られる可能表現発達の差異

3.7および3.8で見た日本語における自発由来可能表現の発達経路は，(50)のように図式化できる。認識的用法については自発由来形式からの発達が標準語・方言ともにほとんど認められないので，ここでは省略しよう。

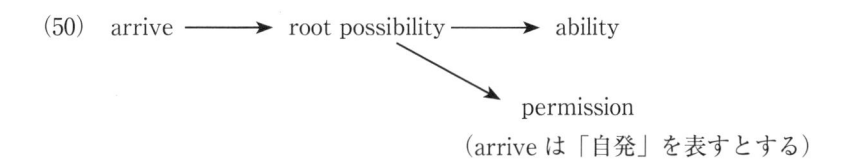

(50)　arrive ⟶ root possibility ⟶ ability
　　　　　　　　　　　　　　　　　↘
　　　　　　　　　　　　　　　　　　permission
　　　　　　（arrive は「自発」を表すとする）

日本語の可能表現の発達は，もとは他の概念を表していた形式が文法化を受けたという歴史的経緯を持つ点では，英語法助動詞 can の発達と同様である。しかし次の二点において差異が見られる。

(51) a. 英語 can では能力可能から根源的可能が派生したが，日本語自発由来可能ではその逆の発達経路を辿っている。
　　 b. 英語 can の意味拡張が概ね，意味の希薄化という枠組みで捉えられる動きであるのに対して，日本語自発由来可能では，能力可能用法の発生にあたって「動作主とその働きかけ力の存在」が追加されるという，「意味の増加」が起こっているように見える。

3.9.1および3.9.2では，(51)にあげた日英語における差異について，順に考察してみよう。

3.9.1 発達経路の違い

　日本語可能表現の発達経路は，動作主外部条件が絡む状況可能用法(根源的可能用法)から動作主内部条件が絡む能力可能用法へと拡張が進んでいる。これは英語 can の発達経路と逆である。

　この問題に取り組むにあたって，(3)(=(52)として再掲)で述べた認知相対論を取り入れた文法化理論の考え方を思い出してみよう。

(52)　認知相対論を取り入れた文法化理論：どの認知能力や認知プロセスがより強く反映されるかは，個別言語によって相対的に異なるため，言語・事例によって異なる方向への変化経路が存在するように見えることもある。しかし通言語的により大きな変化の流れを見出そうとするならば，文法化にはやはり何らかの点で単方向性が認められる。

　英語は個体に焦点を置く傾向が強い言語であり，中でも動作主に焦点を当てて，その動作主の動きを中心に出来事を描写することを好む。それに対して日本語は，出来事全体把握的な言語とされる。両言語における言語相対論的差異は，それぞれの文法化の起源となる概念の選択のあり方に影響し，ひいては状況可能(根源的可能)と能力可能の発達順序の差異となって現れうる(高橋・新里 2005)。

　では，日英語の可能表現の発達では，単方向仮説(unidirectionality hypothesis)は成立しないのだろうか。具体的な用法として表面に現れる言語変化の結果は，当然，各々の言語や文化によって異なる側面を持つ。しかしいずれの言語においても，コミュニケーションの場は普通，話し手の一人舞台ではなく，他の会話参与者である聞き手も存在する。話し手が他の会話参与者の存在を意識するという「対相手意識」には，普遍性が認められると考えてよい。実際，英語 can における「認識的副詞」用法の派生，日本語自発由来可能表現における「禁止」用法の発達など，対相手意識が日英語の可能形式発達の様々な局面において変化の要因となったことを我々は見てきた。たしかに日英語の可能表現の発達には，状況可能と能力可能の発生順序に言語相対論的な違いが見られる。しかし両言語の可能表現形式の発達に共通の，より大きな変化の方向性を求めるのであれば，対相手意識の強化，すなわち(間)主観性の強化という流れがあげられよう。

自分以外の話者に対する意識の高まりは，もともとは話し手が独り言を言うのに使うモノローグ的な側面が強かった語彙がしばしば，聞き手の存在を意識したダイアローグ的な側面を後に発達させるという言語現象とも整合性を持つ（森田 2002: 18-24, cf. 池上 2006: 26-27）。例えば日本語の感動詞語彙「いざ」は本来，自分から何かをしようとするときに話し手が発する掛け声的語彙であった。

(53)　名にしおはばいざ言問はむみやこどりわが思ふ人はありやなしやと
(伊勢物語(10C 前)第 9 段)

それが後に，(54)に例示されるような対相手意識に立脚した聞き手を誘う「勧誘」用法を派生させた。

(54)　「いざ，かぐや姫，穢き所に，いかでか久しくおはせむ」といふ。
(竹取物語(9 C 末 -10C 初))

このようなケースは，対相手意識がことばの変化の方向に大きく関わっていることを示唆している。

3.9.2　意味の希薄化・意味量の増加

可能文は基本的に，「「[動作主体が，その望んでいる（と話し手が想定する）動きを実現するために，意志的に働きかける]ということを前提にして，その動きの実行が可能かどうかを述べる文」（渋谷 2006: 55）である。したがって，「自発」表現が「可能」用法へと拡張される際には，「意図・意志」を持つ動作主の存在が概念構造に組み込まれる必要がある。

「意味の希薄化(semantic bleaching)」はしばしば，文法化の特徴の一つと見なされてきた（例えば Haspelmath(1999: 1062)）。英語法助動詞 can の意味拡張が概ね，意味の希薄化という枠組みで捉えられる動きであるのに対して，日本語自発形式から発達した能力可能表現では，能力を持つ動作主の存在が読み込まれるプロセスを含んでおり，その動作主の分だけ，意味量が増加しているようにみえる。日本語可能表現の発達に見られるこの「意味量の増加」には，どのような要因が関係しているのだろうか。

もともと概念構造になかった「動作主」の存在が読み込まれる形で文法化

が進んだ例は，日本語以外にもある。通言語的文法化プロセスをまとめた Heine and Kuteva(2002: 253) では，REFLEXIVE(再帰構文) ＞ PASSIVE (受け身構文)という文法化経路があげられている。英語やドイツ語では再帰構文は受け身用法まで拡張していないが，スペイン語では「再帰構文＞再帰中間構文＞受け身用法」という発達が完了していることが知られている。例えば，(55)にあげるスペイン語例は，「私はメキシコで自らを教育した」という再帰的解釈，「私はメキシコで育った」という自発解釈，「私はメキシコで育てられた」という受け身解釈を表しうる(中村 2004: 137)。

(55) Yo me   eduqué   en México
     I REFL educated in Mexico
     'I educated myself in Mexico'
                    (Maldonado 1992: 84; 中村(2004: 138)の引用)

ここで「自発」と「受け身」を比較してみよう。「受け身」では，動作主が明示的に言語表現化されることはなくとも，動作主の存在とその働きかけが認知構造のベース部に存在するので，「自発」用法から「受け身」用法へと発達が進む際には，動作主とその働きかけの分だけ意味量が増加するように見える(中村 2004: 155-156)。また，もともと「自発」概念を表していたところに動作主の存在が加えられた結果，新たな用法への拡張が可能になったという点で，スペイン語の再帰構文由来受け身は日本語の自発由来可能表現の発達に似ている。

確かに意味の希薄化は文法化が進む際によく見られる特徴の一つなのかもしれないが，一方で Hopper and Traugott(2003)のように，むしろ一度意味が増加したあと，意味の希薄化が起こるのが文法化という立場をとる研究者もいる。Traugott の考え方は，語用論的推論や対相手意識の強化により，それまでになかった意味がある言語形式に読み込まれるということだから，「文法化に(間)主観化が関わっている」というとき，意味量の増加が見られるのは当然のことなのである。

文法化研究が言語の変化という観点から言語の本質に迫り，それを通じて，人間そのものを追求する学問たろうとするのであれば，文法化における「意味の希薄化」だけでなく，「意味の増加」現象の背景に人間のどのような認知傾向が絡んでいるのかを探ることも重要な意義を持つ。では実際のとこ

ろ，「自発」という物事の生起の仕方を捉える概念にどのようにして「動作主」が入り込んだのだろうか。

　手がかりになりそうなのは，我々人間の脳はともかく有生物を見つけやすくできており，少しでも有生物らしい特徴を持っていると認識されるものであれば，たとえ無生物でも有生物として認知してしまう傾向があるという事実である(Stafford and Webb 2004: §78)。言語においてもこの傾向は反映されている。例えばスライドを投影するプロジェクタの調子が悪いとき，(56)のように表現することがある。

(56)　このプロジェクタは私に反抗的だ。

スライドはもちろん無生物なので「反抗的」であるわけがないのだが，我々は(56)のような表現をとりたてて間違っているとは思わない。

　人間の脳は，有生物を無生物と誤って判断するよりは，無生物を有生物と間違えるほうが多い。この世は有生物と無生物を成員としているが，一般に無生物よりも有生物の方が対処しにくく，注意が必要な存在である。有生物を無生物と間違えるよりは無生物を有生物と間違えるほうが，生物のサバイバルに都合がよかったのだろう。有生物でないものを有生物であるかのように見せることは簡単にできる。ただ動き方にいくつかの特徴を持たせてやればよい。この事実を確かめるために，Stafford and Webb (2004: §78) は，以下のような実験を行っている。小さな子どもを被験者とし，大きさの異なる二つの物体を用意する。その物体は有生物ではなく，遠くから見ても生き物に見えるような外観はしていない。用意した二つの物体をテーブルの上に置き，子どもが見ている前で，まず大きい物体をゆっくり動かして，小さいほうに近づける。両者の距離が5cmほどに縮まったら，小さい物体をすばやくテーブル上の別の場所に移動させる。その後，大きい物体の進行方向を変えて，再び小さい物体に向けてゆっくり動かす。しばらく物体の動きを見せた後，テーブルの上で何が起こっていると思うかを子どもに尋ねる。子どもは「大きいほうが小さいほうを捕まえようとしている」と答えるだろう。ただの物体に，子どもは「意志」の存在を感じとっているのである。

　この実験が示すように，有生物と意志性は簡単に結びつく概念であり，また我々は，出来事に意図の存在をたやすく組み込んでしまう傾向がある。日本語の自発由来可能表現は本来，ある事態の生起を，動作主の能力に帰属さ

せるのではなく，自然の成り行きの産物，つまり「自発」と見なすことで「丁寧さ」を出していた(3.7.4参照)。その用法が定着するにつれて当初観察されていた丁寧さが薄れてきたところに，「有生物の存在に敏感」という人間の普遍的認知傾向が作用した結果，動作主とその働きかけという意味量の増加が起こったことは，そう不自然なことではない。動作主およびその働きかけが「自発」の概念構造に加えられ，能力可能用法が芽生えるという言語現象は，認知とことばの変化の関わりを標榜する文法化理論にとって「不都合な真実」であるどころか，両者の密接な関係を示唆する好例と見なすことができるのだ。

「なる」的言語である日本語においてですら，「動作主の意志・働きかけ」解釈が優先されることがある。山形市方言の「(ら)る」自発文の人称制限について調査した渋谷(2006: 53)が指摘する，自発文における人称制限も，意志性読み込みへと傾斜する人間の認知から説明が可能である。この方言では平叙文の「(ら)る」文は一人称主語で用いられるのが普通で，二人称や三人称の名詞句を主語に持つ文は，「のだ」や伝聞形式が接続しない限り，自発文としては不自然に聞こえる。

(57) ｛おまえ／太郎｝は，彼女に会いたいから，そこに｛*行ガル／行ガルンダ｝　　　　　　　　　　　　　　　　　　　　（渋谷 2006: 54）

ある動作が意図的に行われたものかどうかは，その動作を行った本人であれば分かるはずだが，他者の動きについては，外部から観察できる動きは意図の有無にかかわらず同じであり，意志の発動があったかどうかは話し手には判断できない。したがって，この方言の平叙文の「(ら)る」文に一人称主語が多くなるのは当然の帰結である。さらに，他者の行動については，意志の発動がなかったことを示す何らかの証拠がない限り，一般的には意図的になされた行為として解釈されるという渋谷(2006)の指摘は，ある一定の条件さえ満たせば無生物にすら意図の存在を読み込んでしまうという人間の一般的認知傾向に合致している。

3.10 おわりに

本章では英語 can と日本語自発由来可能表現をめぐる文法化に注目し，言語相対論的差異と単方向仮説の普遍性という，一見相対する観点から，そ

の変化のありかたを総覧した。日本語・英語の可能表現は文法化の起源となる語の種類が異なるため，変化経路の流れに違いは見られるが，両言語ともに対相手意識が強く感じられる用法は比較的後から発達したものである点では共通している。また，日本語可能表現の発達に見られる「意味量の増加」は一見，文法化に随伴する典型的現象とされる「意味の希薄化」の反例であるように思われるが，実際には，人間の認知傾向と言語の密接な関係を肯定する事例であることを論じた。

　本章で扱ったのは，一部の可能概念表現に関わる文法化という，非常に限定されたトピックであり，（間）主観化プロセスが個別言語のいかなる特性と相互作用するのかについては，さらなる事例研究を積み重ねる必要がある。文法化と語彙化の関係を分析したBrinton and Traugott(2005: 110)は，文法化には見られるが語彙化には見られない特徴の一つとして，「意味の主観化」をあげている。しかし，主観化を論じたTraugott(1995)にしても，話者指向性の強化を論じたNarrog(2005)にしても，主観化および話者指向性の強化が文法化によく見られる現象であるとしながらも，それらが文法化の進捗度を測る上での決定的基準になるとは言っていない。（間）主観化は文法化の進捗度を測る物差しというよりもむしろ，文法化や意味拡張全般の背後にあるコミュニケーション上のストラテジーであるように思われる。文法化の度合いを測りたいのであれば，Hopper(1991)があげる五つの傾向(「層状化(layering)」,「分岐(divergence)」,「特化(specialization)」,「保存(persistence)」,「脱カテゴリー化(decategorization)」)や大堀(2005)があげる五つの基準(「意味の抽象性」「範例の成立」「標示の義務制」「形態素の拘束性」「文法内での相互作用」)を援用するほうがよいだろう(第1章1.2も参照のこと)。

　それぞれの言語の特徴に目を向けると，その多様性に驚かされるし，また差異を見つけるのはたやすい。しかし言語の性質を理解するためには，ことばの持つ普遍性を考えることも欠かせない。特に文法化理論の単方向性仮説の批判にどう答えるかは，歴史認知言語学にとって大きな課題と言えよう。（間）主観化は，文法化の単方向仮説の意義や，人間は言語を使って何をしているのかという問題を考える上で，重要な視点を供してくれるのは間違いない。今後の研究の進展が期待されるところである。

第4章
節間の結合に関わる文法化・(間)主観化
—— 複文構造から言いさし構文へ ——

4.1 はじめに

　第3章に引き続き，本章でも，(間)主観化((inter)subjectification)が関わる文法化の事例を見ていく。具体的には日本語接続助詞「ば」に着目し，節と節の結合に関わる文法化(grammaticalization)および(間)主観化の問題について考察を行う。

4.2 節の融合度

　Hopper and Traugott(2003)は節と節の連接関係について，coordination 対 subordination という従来の二分法ではなく，(1)のように，各々の節の依存度([＋／－ dependent])と埋め込み度([＋／－ embedded])を基準とした連続的な3段階の分類を示した。

（1）　parataxis　　＞　　hypotaxis　　＞　　subordination
　　　－dependent　　　　＋dependent　　　　＋dependent
　　　－embedded　　　　 －embedded　　　　 －embedded
　　　　　　　　　　　　　　　　　(Hopper and Traugott 2003: 178)

二つの節の融合度は(1)の左極に位置する parataxis において最も低く，右極に位置する subordination において最も高い。

　parataxis, hypotaxis, subordination の順に各々の特徴を簡単に確認しておこう。まず parataxis は，「核(nucleus)」と呼ばれる自立度の高い節(あるいは文)が並んだ構造を指す。parataxis 関係にある節どうしは文法的手段により連結されるのではなく，語用論的に関連づけられるだけである。典型例としてよくあげられるのは，以下のラテン語例(2)である。

（2） Veni, vidi, vici.
　　　 'I came, I saw, I conquested.'

一方，hypotaxis は，「マージン(margin)」と呼ばれる比較的自立度の低い節と核とが結びつけられたものである。両者は相互依存関係にあるが，構造的埋め込みの関係にはない。具体例を（3）にあげておく。言うまでもなく，（3）では if 節がマージンにあたる。

（3） A comprehensive understanding of the psychological processes underlying reading is vital if we are to develop better methods of teaching children to read.

部分的依存にとどまっている hypotaxis とはちがい，subordination 関係は，完全に依存的な節関係と考えられている。すなわち，マージンにあたる節が依存度を増し，核にあたる節の構成素(constituents)にすっぽり埋め込まれる様相を呈す。具体例として（4）をあげる。

（4） The government has admitted that there were tens of thousands of rural protests last year.

　節と節との連結は，複数の出来事間に成り立つ関係をどのように認知的に解釈するのかに関わる問題である(cf. Yonekura 2007)。「出来事」は通常，プロセス(process)として概念化され，プロセスはプロトタイプ的には動詞を中核にコード化される。しかし節は動詞だけで形成されるわけではない(Langacker 1991a)。複数の節の連結には時制，アスペクト，モダリティ要素や人称呼応，あるいは出来事参与者がどのように言語的にコード化されるか，どのような意味関係が成り立っているかという問題も関わってくる。

4.3　「ば」の発達 ── 共通参与者項の存在

　節連結機能を果たす日本語接続助詞「ば」は，最初の節を一旦，まとめあげ，さらに後続の節へとつなげる役割を果たす。古代語の「ば」の用法は，接続する活用変化形により区別されていたことが知られている。すなわち，仮定条件「ば」用法は未然形接続(5a)，確定条件「ば」用法は已然形接続

(5b)であった。

(5) a. ［未然形接続］
即ち其の水門の蒲黄を取り，敷き散して其の上に輾転ばば，汝が身，本の膚の如く必ず差えむ　　　　　（古事記（712年）上）
b. ［已然形接続］
故，其の人水を乞ひつるが故に，水を奉れば，水を飲まずして，此の璵を唾き入れつ。　　　　　　　（古事記（712年）上）

その後，未然形接続「ば」は次第に廃れ，これが表していた仮定条件は已然形接続「ば」に受け継がれていったと考えられている。未然形接続「ば」が減少し始めるのは16世紀である（Ohori 1998: 141）。

Ohori（1994）では，接続助詞「ば」の通時的発達が，同じく節連結機能を持つ接続助詞「て」の発達と比較されつつ分析されている。「節連結機能」という同一の機能ラベリングを受ける古代語接続助詞「て」と「ば」であるが，基本的に「て」は同じ主語を持つ節どうしを結びつけ，「ば」は異なる主語を持つ節どうしを結びつけるという違いがあった。例えば「ば」が使用されている(5b)では，「水を差し上げた」のと「水を飲まずに玉を吐き入れた」のは別人である。一方，「て」の使用例（6）では，「追いかけて迫り着いて」いった人物と「（相手を）殺そう」とした人物は両方とも建御雷神である。

(6)　故，追ひ住きて，科野国の州羽海に迫め到りて，殺さむとせし時に建御名方神の白ししく，（…）　　　　　（古事記（712年）上）

このような「て」と「ば」の違いは，連結節の統合度の差に帰されうる。すなわち，「て」では連結される節どうしの結びつきが強く，両節で共有される項（argument）が少なくとも一つは存在しなければならない。ところが「ば」の場合は，節間の統合度が緩く，そのような制約が存在しない。その結果，「て」では同じ主語を共有する節どうしが結びつけられなければならないが，「ば」では異なる主語を持つ節どうしが結びつけられても構わないというわけである。

その後，「ば」でも次第に節と節との統合度が高まり，同一主語を共有す

る節どうしを結びつける例の割合が徐々に増加する様子が Ohori(1994)による調査(7)からも見て取れる。

(7)　(%)　　　　『竹取物語』　『平家物語』　『御伽草紙』
　　　SS「ば」　　　8　　　　　18　　　　　31
　　　DS「ば」　　　92　　　　82　　　　　69
　　　　　　　　　　(SS = Same Subject, DS = Different Subject)
　　　　　　　　　　　　　　　　　(Ohori(1994: 137)に基づく)

　連結される二つの節が共通の出来事参与者を持つか否かが節のコード化のあり方に影響を及ぼすケースは，通言語的に見てさほど珍しいものではない。例えば，不定詞節が明示的な人称マーキングを許さないイタリア語では，連結節が共通の参与者項を持つ場合には不定詞節の使用が可能だが(8a)，共通の参与者項を持たない節どうしが結びつけられる場合は不定詞節は使えず，(8b)のように，直説法(indicative)あるいは接続法(subjunctive)を使わなければならない(Cristofaro 2003: 132-133)。

(8) a.　Pens-a　　　　　[di essere　　　　molto brav-o]
　　　think-PRES:3:SG of be:PRES:INF very smart-M:SG
　　　'He_i thinks he_i is very smart'
　b.　Pens-a　　　　　[che io sia　　　　　　　molt-o
　　　think-PRES:3:SG that I be.PRES:SUBJN:1.SG very
　　　brav-a]
　　　smart-F:SG
　　　'He think I am very smart'　　　(Cristofaro 2003: 132-133)

　「共通の参与者項の有無」は「既決定性(predetermination)の有無」に還元されうる。「既決定性」とは，複数の節が連結される場合に，より依存的な節で表される情報のうち，明示的に表されなくても復元可能なものは省略してもよいというものである。Cristofaro(2003: §5.3.2)は節間の統合度を高める要因の一つとして，この既決定性をあげている。
　既決定性の有無およびそこから派生する「共通参与者項の有無」という観点から見ると，はじめは共通の主語を取れなかった「ば」は，次第に節結合

機能を高めた結果，ついに共通の主語項を持つことが可能になったと説明できる。言うまでもなく，この変化方向は parataxis > hypotaxis > subordination という流れと矛盾するものではない。しかし節間の統合度を決定する要因は共通参与者項の存在以外にもあるし，統合度強化と文法化の問題はそう単純なものではない。実際，接続助詞「が」のように，節間の共通主語項をとらない方向へと文法化が進むケースも存在する（4.7を参照）。

4.4 トピック性と条件

4.3で述べたように，古代語における接続助詞「ば」は，仮定条件「ば」用法のときは未然形接続，確定条件「ば」用法のときは已然形接続という具合に，承接する活用形による用法の使い分けが存在していた。では，承接する活用形の差異を超えた上位スキーマ的な「ば」の意味はないのだろうか。Ohori(1998: 143-144)によるとそれは，「トピック打ち立て(topic-setting)」機能であるという。現代日本語で典型的なトピックマーキング助詞といえば「は」があるが，確かに(9)にあげる「ば」例では，「は」による言いかえが可能である。

(9) a. 花子と言え<u>ば</u>，最近体調を崩して寝込んでいるようだよ。
　　　cf. 花子<u>は</u>最近体調を崩して寝込んでいるようだよ。
　 b. あの先生って<u>ば</u>，かなりの変人だよ。
　　　cf. あの先生<u>は</u>かなりの変人だよ。

トピック性と条件概念(conditional)の関わりは，「なら」(= 古語断定助動詞「なり」の未然形に「ば」が接続した「ならば」から発生)でも観察される。現代日本語「なら」は仮定条件(10a)，対称性(10b)をマークするほか，「話題提示・限定」(森田 2002: 302)という機能をも持つ(11)。

(10) a. 乞食をするくらい<u>なら</u>，盗みをするほうがましだ。(仮定条件)
　　 b. 彼が現代のエジソンである<u>なら</u>，僕は現代のアインシュタインだ。(対称性)
(11) 日本の代表的な食べ物<u>なら</u>，刺身とてんぷらだ。(話題限定)
(cf.(12))(森田 2002: 302)

森田(2002: 303)は，話題提示・限定(すなわちトピック打ち立て)機能の「なら」は，(12)に示されるように，トピックをマークする「は」を使った表現への書きかえが可能であることから，その機能は題目の取り立てであり，「条件」という概念とは無関係と主張する。

(12) 日本の代表的な食べ物は，刺身とてんぷらだ。(cf. (11))

ところが実際には，「トピック」と「条件」間の密接な関係がしばしば指摘されてきた。言語学においてトピックは「場面設定的(scene-setting)」表現と定義されることがある。例えばChafe(1976)は，トピックとは「主な叙述が成されることになる空間的，時間的，あるいは個別のフレームワーク('a spatial, temporal or individual framework within which the main predication holds')」を設定する要素であるとしている。一方で，条件を表す接続助詞「ば」が接続する条件節は，後続の節を理解するためのバックグラウンド的情報を聞き手に提供していると考えられ，この点でトピック的であるという説明が可能になる。

また，どの言語においても，条件節は語順的に結果節に先行するのが普通である(Greenberg 1966: 111)。「前提(premise)＞結論(conclusion)」という語順は，「後続節を理解するためのバックグラウンド的情報提示としての条件節」を想定すれば，論理的に必然性がある。さらに文頭はトピック要素がよく現れる位置なので，これをもってHaiman(1978)は「条件節はトピック的」と主張している。

以上の議論を踏まえた上で，(9a)「花子と言えば，最近体調を崩して寝込んでいるようだよ」に見られる「Aと言えば」形式について考えてみると，これは後続節が提示しようとする中身が何についてのものなのかを予告しているととることが可能である。すなわち，「Aと言えば」節は，後続節を理解するための，ある種のバックグラウンド的情報を聞き手に提供しているのである。このように考えると，接続助詞「ば」の上位スキーマ的な意味は「トピック打ち立て(topic-setting)」機能であるという主張は妥当であるように思われる。

4.5 節間の意味的依存関係

前節では，トピック打ち立て機能が接続助詞「ば」のスキーマ的概念であ

ることを見た。ここでいう「トピック打ち立て」とは，後続節解釈の助けとなるバックグラウンド的情報を先行節が提示することを意味し，その点で，後続節は先行節に依存的と言える。ただし「依存的」と一口に言っても，「ば」マーキング節と後続節との意味的統合度は「ば」の用法により様々である。例えば(13)では，「ば」を介して連結される節間に時間的連続性（temporal sequence）が存在しているという解釈が可能だが，二つの出来事が時間的に前後して起こったことは偶然の産物にすぎない。この場合，節間に強力な意味的統合性があるわけではない。

(13) 五月雨にもの思ひをれ<u>ば</u>ほととぎす夜深く鳴きていづち行くらむ
（古今・153;『日本語文法大辞典』「ば」接続助詞）

一方，(14)では，「見る」という行為の結果，後続節の事態に気がついたことが表されている。ここでは二つの行為の時間的連続性とともに，因果関係解釈（「手紙を見たことが，そこに書かれている歌の存在を認識するという事態を引き起こした」）が得られる。動作主が手紙を見る前から歌はそこに存在していたはずだが，見ることで存在に気がついたのだという因果関係を読み手は自然に受け入れる。

(14) さるに，十二月(しはす)ばかりに，とみのこととて御文あり。おどろきて見れ<u>ば</u>歌あり。　　　　　　　　（伊勢物語(10C 前)第84段）

(15)では，源氏がなぜ斎宮親子の出立の見送りを思いとどまったのかという背景（理由）が「ば」節で表されている。この例も因果関係の一種と見なすことができる。

(15) 大将は，御ありさまゆかしうて，内裏(うち)にも参らまほしく思せど，うち棄てられて見送らむも人わろき心地したまへ<u>ば</u>，思しとまりて，つれづれにながゐたまへり。　（源氏物語(1001-1014年頃)賢木）

時間概念から因果（cause）概念が派生するのは，英語 since の研究などでもよく知られている。二つの出来事が単なる偶然により時間的に前後しただけという解釈（時間的連続用法）よりも，出来事間に因果関係が認められる因果

用法のほうが，意味的統合度は高い．時間概念から因果概念への文法化は，意味的統合度の強化へと向かう動きである．

　そもそも人間は，世界で起こる出来事に関して，因果関係の見地からその解釈を体系化する傾向があることが分かっている．例えば Abbott and Black (1986) は，人は出来事を単に時間的前後関係のあるものとして覚えるよりも，因果関係のある一連の出来事として覚えるほうが得意であることを例証している．Stafford and Webb (2004: §79) でも，人間の脳 (認知) がいかに「偶然」を信じない仕組みになっているか，いかに「因果関係」を読み込みたがるものであるかが，具体的な実験例を示して論じられている．時間的連続用法の「ば」から因果用法の「ば」が発生したことは，上記のような人間の傾向を反映しており，その傾向の結果として，節間の意味的統合度を高める方向へと文法化が進んだものと考えられる．

　時間的連続用法，因果用法に加えて，Ohori (1998) は「ば」の恒常的条件用法 (dispositional usage) を取り上げている．恒常的条件用法とは，その名のとおり，恒常的な条件を表す用法である．(16) に具体例をあげよう．

(16) a. 瓜食めば　子ども思ほゆ　栗食めば　まして偲はゆ

(万葉集 (8 C 後) 802)

　　 b. 憑物の本意をせんとて，女姿にて怒りぬれば，見所似合はず．女がかりを本意にすれば，憑物の道理なし．

(風姿花伝 (1400-1402頃) 第二　物学条々・物狂)

「恒常的」とは，あるイベントが他のイベントをだいたいにおいて発生させる性質があることを意味し，時間軸上の具体的な地点とはもはや結びつきがない．この用法では，時間的連続用法ほど時間概念が中心的役割を果たすわけではないし，また因果用法ほど因果関係が重視されるわけでもない．時間概念が関わらなくなることで，非現実ドメイン (irrealis domain) に位置するイベントへの拡張が容易になる (Ohori 1998: 148, 154)．このようにして，本来は未然形接続「ば」が表していた仮定条件の意味が，已然形接続「ば」へと受け継がれるための基盤が作られた．恒常的な一般論理を表す「ば」は，慣用句・ことわざといった社会の所産とも言える表現に多く見出すことができる．

(17) a. 打てば響く
　　 b. 人を呪わば穴二つ

4.6　対称読み「ば」の発生

次に，対称読み(symmetrical meaning)の「ば」について考えてみよう。(18)に中世語と現代語からそれぞれ例をあげる。

(18) a. 鏑（かぶら）は海へ入りければ，扇は空へぞあがりける。
　　　　　　　　　　　　　　（平家物語(13C前)第11巻・那須与一）
　　 b. 夫が犬を飼いたいと言えば，妻は猫が飼いたいと言う。

対称読み「ば」は比較的，後世の発達であるようだ。Ohori(1998: 153)は，「ば」の対称読みは中世日本語までほとんど見られないとしている。「ば」の上位スキーマ的な機能として「トピック打ち立て(topic-setting)」があることを既に見たが(4.4)，Ohori(1998: 152)は，「ば」が表していた時間概念や因果関係性・恒常性が薄れ，相対的にトピック性(topicality)が強化された結果，対称読みが発生したと説明している。

(19)　The rise of the symmetrical meaning may be due to the reinforcement of topicality, accompanied by the loosening of sequentiality.　　　　　　　　　　　　　(Ohori 1998: 153)

このとき，「ば」のトピック性が持つ対照的側面('the contrastive aspect of topicality')がハイライト化されて，対称読みが得られるという。

(20)　... the *contrastive* aspect of topicality is highlighted and the symmetrical interpretation is obtained.
　　　　　　　　　　　　　(Ohori 1998: 153, 斜体は筆者による)

恒常的条件などを表していた「ば」において「相対的にトピック性が強化されると対称読みが可能になる」とするOhori(1998)の主張を，我々はここで再検討せねばならない。トピックをマークする代表的な日本語助詞としてよく論じられるのは，何と言っても「は」である。助詞「は」と接続助詞

「ば」は，両者をもともと同語源とする説があることからも(『日本語文法大辞典』「ば」接続助詞)，その関係の深さがうかがえる。助詞「は」の分析には，「対比」「対照」という概念がしばしば提案されてきた(cf. 浅利 2008)。例えばShibatani(1991: 96)は，「は」は「強調的判断(emphatic judgment)」に関わると述べている。強調的判断は，トピック文が対照性(contrast)を備える文脈(例えば(21))に現れる場合に顕著である。

(21) 太郎は昨日のパーティーに来たが，次郎は来なかった。

一方，対照性がそれほど明らかでない文脈で使用された場合，トピック文は「日は昇る」「ヒトは不死ではない」のように，カテゴリー判断(categorical judgment)を表すことになるが，そのカテゴリー判断「は」も，本質的には対照性を備えているという。というのは，「は」によりマークされるものは，他の可能な候補から選ばれたという意味で，「比較対照」の性質を本来持っているからである(Shibatani 1991: 97)。

　助詞「は」の説明に対照性や対比性といった概念を用いる問題点については浅利(2008)が詳しいが，ここでは踏み込まず，ひとまず，トピックを打ち立てる際には「比較対照」という行為が絡んでいるものと想定してみよう。比較対照することは，「対称性(symmetry)」を見出す際に大きな役割を果たす。ある構造に対称性が存在しているかを判断するには，例えば鏡像対称性を見出すには，鏡に映った像と元の像をつき合わせて比べること，すなわち対比することが必要となる。そこで，「対称性」を見出すにあたっては「対比(contrast)」という行為が関係していると想定しよう。するとここに，トピック打ち立て機能と対称性の共通点が見出されることになる。「トピック打ち立て機能」は「比較対照」という概念と関わりが深く，一方，「対称性」が認識される際には「対比」されることが前提となるからである(米倉 2008: 7)。このように考えると，「相対的にトピック性が強化されると対称読みが可能になる」とOhoriが説いた理由が見えてくる。すなわち，トピック性(トピック打ち立て機能)の強化が「対比・対照性」強化につながると想定するならば，「ば」の発達において，トピック性強化が「対比」を前提とする「対称」用法の発生へつながったと考えるのである。

　確かに，「後続節を解釈する際のバックグラウンド的情報を先行節が提示する」という意味において，接続助詞「ば」には「トピック打ち立て機能」

が備わっている。また，「ば」用法の中でも典型的なトピック打ち立て機能である「Aと言えば，〜」のような用例では，「トピックの取り立て」の結果として対比効果が発生するということもあるのかもしれない。しかし仮にそうだとしても，トピック打ち立て機能から対称読み用法が発達したと主張するには，「ば」の先行節と後続節の間に，「対称性」につながっていくはずの「対比性」があると言わねばならない。しかし，実際に「Aと言えば，〜」形式で観察されるのは，「ば」により連結される二つの節間の対比性の強調ではなく，「ば」マーキング節が後続節の内容提示のためのお膳立てをしているということではあるまいか。仮に「Aと言えば，〜」形式に「対比性」が備わっているとしても，それは「A」と「（実際にはトピックとして取り立てられなかった）A以外のもの」の選択に関わるものであるはずだ。「ば」により接続される二つの節間に「対比性」が存在しているのではない。

　以上のように考えると，「トピックの対比性強化」で対称読み「ば」の発生を説明するのは問題があるようだ。それでは，対称読み「ば」の発生はどのように説明すればよいのだろうか。その解決のための手がかりもまた，(19)にあげたOhori(1998: 153)からの引用に残されている。すなわち，「（「ば」の）対称読みの発生はトピック性の強化とそれに伴う連続性(sequentiality)の緩みが原因」という記述に見られる，「連続性の緩み」である。(19)が主張するところは，トピックを取り立てることでそれを残りの命題から切り離すという機能が「連続性の緩み」につながった，ということであろう。しかし，その「連続性の緩み」が「ば」の意味発達にどのように影響を及ぼしたのか，(1)にあげた節間の統合性強化の流れとはどのように関わっているのか，Ohori(1998)では詳しく述べられていない。そこでこの点について次節で検討してみよう。

4.7 連続性の緩み

　ここまで「ば」による節接続について考察を行ってきたが，総合的に見れば，複文構造は意味的統合に支えられている。複数の出来事をつなぐ意味的関係には，単なる時間的連続性から原因理由，事物の恒常性，さらには対称性までもが含まれる。「ば」の対称読みでは，接続助詞によりつながれる節間に明らかな時間的連続性はないし，因果関係があるわけでもない。この場合，節接続は話し手の物事の捉え方に大きく依存する。この傾向は対称読みだけでなく，森田(2002: 306)が「並列」読みと呼称する(22)のような現代語

における「ば」例においてより顕著である（ただし，同様の例は，Ohori(1998)では「対称読み」の一種として扱われている）。

(22) a. この店は国産品もあれば，輸入品もある。
     b. 思い出しもしなければ，考えたこともない。

並列読み「ば」により接続される節どうしは本来，意味的には大した客観的連関はない。例えば(22a)では，国産品があることが輸入品もあるという事態を引き起こしているわけではない。また，国産品の存在と輸入品の品揃えに恒常的関連性が認められるわけでもない。対称読み(18)や並列読み(22)で注目すべき点は，接続助詞「ば」のみによって，言いかえれば，話し手の世界の捉え方のみによって，節どうしが関連づけられ，列挙されている点である。本章では，このような用法の発生は，主観化(subjectification)の結果と考える。

ここで，節間の連結度合いと主観性強化の関係について，「ば」以外の例を見ておこう。竹内(2007)は，「が」「ほどに」が格助詞から接続助詞へと発達する過程でも，主観性強化に向かう流れが見られることを報告している。格助詞段階の「が」「ほどに」では，それに前後する節の意味内容は時間的・場所的に関係づけられていたり，ともに同じ出来事参与者についての属性を述べていたりする。(23)に「が」の例をあげておく。

(23) いづれの御時にか，女御，更衣あまたさぶらひたまひける中に，いとやむごとなき際にはあらぬが，すぐれて時めきたまふありけり。
（源氏物語(1001-1014年頃)桐壺）

接続助詞化した段階でも，初めのころは接続助詞によりつながれる節どうしは依然として時間・場所的に関係づけられていたり，あるいは共に同じ出来事参与者についての属性を述べていたりするという。

(24) a. 長門前司といひける人の女二人有けるが，姉は人の妻にてありける　　　　　　　　　　　（宇治拾遺物語 p.138; 竹内 2007: 175-176)
     b. ただふたりすみわたるほどに，さすがに下種にもあらねば，人にやとはれ，使はれもせず，いとわびしかりけるままに，思ひわび

て, (大和物語(947-957年頃)第147段)

ところが一方で, 次のような接続助詞例も見られるようになっていく。

(25) a. おのれは風呂に唯ひとりあると言うたが, この群集は常より多いは何ごとぞ　　　　（エソポのハブラス p. 417; 竹内 2007: 176）
    b. 若君はいとうつくしうて, され走りおはしたり。「久しきほどに忘れぬこそあはれなれ」とて膝に据ゑたまへる御気色, 忍びがたげなり。　　　　（源氏物語(1001-1014年頃)須磨）

(25)の「が」「ほどに」により接続される節の意味内容には, 時間・場所的な関係が希薄である。また, これらの節は, それぞれ共通の出来事参与者について叙述しているのでもない。二つの節の表す意味内容につながりがあるとする話し手の見方だけに基づいて, 接続助詞が使用されていると言える。

さらに竹内(2007: 177)は, 「が」「ほどに」の発達において, 節の埋め込み度合いが浅くなったことが格助詞から接続助詞へのシフトを可能にし, さらには従属節事態が副詞節へと再解釈される余地を発生させたとの指摘を行っている。節の埋め込み度合いが浅くなるというのは, (1)で見た parataxis > hypotaxis > subordination という段階的変化が付随的に含意する「節の埋め込み度強化」という単方向性に反しているように見える。

実際, parataxis > hypotaxis > subordination という流れそのものに対する反例となりそうなケースを取り扱った Higashiizumi(2006)のような先行研究もある。Higashiizumi(2006)では, 日本語「から」の現れる環境が従属節構造から独立節構造へと広がったことが論じられている[1]。また, Harris and Campbell(1995: 287)は, parataxis > hypotaxis という文法化の流れがあるとしても, この変化図式そのものは, どのように hypotaxis, つまり従属節が発達するのかを説明してはくれないと批判的に述べているし, Hilpert (2010: 186)も, parataxis > hypotaxis という流れに気をとられていると, 「最近発生した複雑構造の例(recent example of clause elaboration)」と実際にはそれより古い「単純構造('reduced' example)」との関係を見誤って

---

[1] ただし, Higashiizumi(2006)は, 接続助詞化する以前の段階の「から」では, 形式名詞としての独立性が薄れ, 周囲の言語要素への依存度を高めていく様子も併せて報告している。

しまう危険性を指摘している。

　竹内(2007)や Higashiizumi(2006)等の先行研究によりもたらされた知見は，接続助詞「ば」の分析にとって示唆的である。前節で，「ば」の対称読みの発生について考察したが，ここで Ohori(1998: 153)において，「(「ば」の)対称読みの発生はトピック性の強化と，それに伴う連続性の緩みが原因かもしれない」と述べられていたことを思い出されたい。本章は，「トピック性強化に付随する対比性強化」と「対称読みの発生」には直接的関連性を主張するだけの根拠を認めないが，「連続性の緩み」と「対称読みの発生」には，Ohori(1998)が主張するように，関連性があると考える。すると，接続助詞「ば」の対称読み発生プロセスは，「が」「ほどに」の発達と同じように，節間の結束性強化へ進むはずの流れ(1)に逆行していることになる。

　ところが一方で，このような「ば」の発達の動きは「より主観性を強める方向へ発達する」という Traugott(1989)の主張には沿っているのである。どういうことかと言うと，接続助詞「ば」によりトピック性が強調された結果，因果関係や時間的連続関係といった意味要因に頼っていた前節と後節との連結が弱まったが(これが Ohori(1998)のいう「連続性の緩み」の正体と考えられる)，それに代わって，話し手の信念や捉え方に基づいて節どうしを結びつける流れが強まったからである。この変化の結果として「ば」の並列・対称性読み用法が発生した。節と節との結合度(埋め込み度)と主観化の進み度合いは，単純に比例関係にあるとは言えないことが分かる。

4.8　後続節を持たない「ば」

　さて，ここまで「ば」の後続節が明示的に示されているケースを見てきたが，明示的な後続節を持たない「ば」の用法もある。例えば次の言いさし表現では，後続節は非明示的なままである。ここでは，「ば」がマークする節内容に対する話し手の無念さ，遺憾の念といった心的態度の表出が認められる[2]。

(26)　(最近会ったばかりの親しい友人がお金に困って夜逃げしたと聞かされ，驚いて)それならそうと，あの時言ってくれていれば。

---

[2] ＜否定辞＋「(れ)ば」の縮約形＞である「なきゃ」も，例えば「勉強しなきゃ」のように，後続節なしの用法を持つ。その意味的発達については，藤井(2008)を参照のこと。

4.8 後続節を持たない「ば」

上記のような「ば」用法は，後続節を持たないという点で，英語 if only 構文と並行的である。

(27)　<u>If only</u> I were more gifted!

「ば」に限らず，言いさし構造では，大なり小なり話し手の心的態度が表出されることが多い。例えば(28)の「くせに」の言いさし表現には，「偉そうなことを言うんじゃない」などの不満を表す表現を続けることができる。ここでは「くせに」の言いさしが，話者の心的態度を表す機能をも担うようになっている(本多 2001: 157)。

(28)　何もわかっていない<u>くせに</u>。　　　　　　　　(本多 2001: 157)

明示的後続節を伴わない「ば」例には，聞き手の共感を得ようとしたり，聞き手を説得しようとしたりする用法もある。

(29) a.　だからね，これは本当にあった話なんだって<u>ば</u>。
　　 b.　そんな仕事，儲からないって<u>ば</u>。

また，(30)の「ば」例では，後続節らしきもの(「俺」)が一応，明示的に現れてはいるが，機能的には(29)で見たような，聞き手の説得を試みる「ば」例に近い。

(30)　俺だって<u>ば</u>，俺。

Ohori(1998: 136)は(30)を「強調的トピック(emphatic topic)」を表す「ば」用法としている。強調的トピックの「ば」(例:(30))と，共感・説得を求める「ば」(例:(29))は，後続節が明示的であるかどうかの違いはあれど，聞き手に積極的に働きかけようとする話し手の意図が感じられる点は共通であり，機能的には互いに近い位置にある。そこで，本章では両者をひとくくりにして，強調読みの「ば」と称することにしよう。

　強調読み「ば」の発生は，「ば」節が持つ「(トピック打ち立て機能に由来する)トピック性」に絡めて説明することができる。トピック打ち立て機能

としての「ば」節は本来，後続節理解のバックグラウンド的情報を提示するためのものであり，後続節なしで単独で使用されてもあまり意味を成さないはずだ。それをあえて単独使用することは，「ば」節が表す内容自体に伝達の対象となるだけの特別な価値があるのだと聞き手に主張することになる(cf. 大堀 1996)。同じように，「俺だってば，俺」に見られる，「A だと言えば，A」という論理的に同語反復的な発話は，期待される情報量を明らかに満たしていない。にもかかわらず我々がこうした発話を日常的に行うのは，それが命題に対する話し手の心的態度を前景化したり，聞き手の共感を促したりするという，別の効果を生じさせるからである。

　さて，上の議論のように，強調読み「ば」はトピック打ち立て機能に由来していると考えるなら，条件節(conditional)とトピック概念の間に高い親和性があると想定した Haiman(1978) の主張(**4.4**参照)も，もっともに思われる。ところが，条件節とトピック性の親和性に疑いの目を向けた先行研究もある。近代英語における条件接続詞 if の発達を Lampeter Corpus(1640年から1740年に出版された近代英語テキストを集めたコーパス)に基づいて調べた Claridge(2007) は，例えば(31)に現れる if 節は，トピック性を帯びているというよりは，問題となっている命題についていろいろな議論・異論があることを示唆していると主張する。

(31)　The great Advantages of the Vienna Treaty were formerly supposed to lye on the Side of the Emperor; and <u>if Spain had any Expectations of establishing the Succession of Don Carlos by an Union with the Emperor</u>, They found Themselves disappointed; (...) We may believe the Considerer, Spain was so far from having any reasonable Expectations of this Nature

(PolA1731; Claridge 2007: 237)

Claridge(2007)は，「条件的トピック節(conditional topic clause)」という考え方はトピックという概念をあまりに広義に捉えすぎているとして，Haiman(1978)を批判する。Haiman(1978)は，(条件的トピックも含めて)トピックは先行文脈によってだけでなく，話し手と聞き手の間に成り立つその場限りの合意によっても打ち立てられうると主張している。それに対して Claridge(2007)は，上にあげた(31)では，話し手と聞き手の間に「合意」が存在して

いるどころか，if 節で表されている命題に関して様々な見解の相違があるという「不確定性(uncertainty)」が表されているだけだと反論する。Claridge の主張するように，if 節に「不確定性」を結びつけると，(32)のように間接疑問文で whether の代わりに if が使用されうる事実をうまく説明することができる。

(32) a. I don't know if he will come.
   b. When I asked him if it was as good as a commercial conference he said that he thought so.

聞き手にとっては，if 節で提示される命題の中身を受容するという選択肢も，拒絶するという選択肢も用意されているが，話し手が意図した方向に聞き手が判断を下すのであれば，結果として if 節は「後続談話に対するトピック的枠組み(topical framework for the following discourse)」を供するかのように機能することになる(Claridge 2007: 239)。このように，if 節で提示される命題内容の取り扱いについて聞き手に選択肢を与えることは，Yes か No かを相手に選択させる極性疑問文(polar question)の使用といくつか類似点がある(cf. Hilpert 2010, Harris and Campbell 1995: Ch. 10)[3]。まず，どの言語においても，疑問文は一般に聞き手を会話(談話)に巻き込むきっかけを提供しやすい(Herring 1991: 259)。If 条件節を用いることは，疑問文の使用と同じように，聞き手を話題に巻き込み，聞き手の関与度を高めうる。さらに，条件節で伝達される命題をどのように捉えるか，聞き手に選択の余地を残すことは，聞き手に対する配慮とも言え，話し手の押し付けがましさを軽減させる。これは間主観性の高まり(間主観化)に他ならない。この点を念頭に置きつつ，日本語「ば」の用法に戻ってみよう。

「聞き手に選択させる」という考え方は，(33)に見られるような，提案の「ば」の発生をうまく説明してくれそうだ。

(33) a. （外出前に鏡の前であれこれと衣装合わせをしている娘に母親が

---

[3] 疑問文と条件節との強い連関を示す言語現象は，通言語的にも数多く報告されてきている。例えばアメリカ手話では，眉毛を上げると yes-no 疑問文(yes/no questions)を表すことができるが，同じ仕草は if 節をマークするのにも使用されるという(Harris and Campbell 1995: 297-298)。

助言して)スカーフでもしてみれば。
b. (相手の態度や振る舞いに腹を立てて)もう，勝手にすれば。

　提案の「ば」はしばしば，疑問文と同じように上昇調イントネーションで発話されることも，条件節と疑問文の関係の近さを示唆する。接続助詞「ば」で導入される先行節(「ば」節)は，後続節が述べられるためのいわば「場」を用意するのが役割で，なおかつ後続節が明示的に述べられてはじめて，文として完成するのが「理想の在り方」であるとすれば，「ば」の後ろに続くはずの明示的後続節を与えられなかった聞き手は，その非明示的後続節を補完すべく，会話の場の構成員として，何らかの反応を示すことが期待される。その反応には言語的なものばかりでなく，非言語的なものも含まれよう。例えば(33a)において，母親の発話を聞いた娘が黙ってスカーフを首に巻くのも一種の反応である。条件節と疑問文の類似点である「聞き手に選択させる」という特徴に加えて，「ば」の後続節の省略そのものも，話し手による断定を回避し，押し付けがましさを減らすことに一役かっている[4]。

　以上，本節では後続節が明示的に表されない「ば」用法を中心に見てきた。日本語「ば」の発達においては，「トピック性(トピック打ち立て機能)」から直接的に他の用法が派生される局面もあれば，「条件」概念に付随する「不確定性」が重要な役割を果たす局面もあったと考えられる。ある言語構造が文法化を受ける際に関わる意味的要因は，決して一枚岩ではないのだ。

　トピック性が関わるにしろ不確定性が関わるにしろ，「ば」の発達は結局，(間)主観性の強化という現象に収束していく点は注目に値する。この点について次節で考えてみよう。

4.9　接続機能の希薄化と(間)主観性

　「ば」のケースでみたように，本来は複数の節をつなぐ機能を持っていた接続助詞が後続節を従えない状態で使われた場合，間主観的意味機能が発達するのは，日本語ではよく見られる現象である[5]。Maynard(2005: 326)によれ

---

[4] (33b)は提案というより単なる捨て台詞ではないかという反論があるかもしれない。確かに(33b)は，(33a)のようなプロトタイプ的な提案機能は持っていない。それでも(33b)の「ば」節は，話し手の望むように態度を改めるか否かという選択肢を聞き手に全く残していないとは言い切れない。したがってここでは(33b)も「提案用法」としておく。

[5] 日本語は，同じく膠着型言語に分類される韓国語と比しても，主節と従属節の境界が曖

ば，例えば「が」「けれども」「けど」などが後続節無しで使われた場合，以下のような機能を持ちうるという。

(34) a. 聞き手にとって役に立つとはいえない情報を提示し，そのことについて申し訳なく思っていることを表す('providing information that is not helpful enough and being apologetic about it')。
b. トピックについて会話を続けるように相手に促す('making a statement that encourages the partner to continue with the topic')。
c. 疑念や不確定性を持ちつつ応答していることを表す('responding with some doubt and uncertainty')。
d. 相手の応答を予期しながら情報を伝えていることを表す('giving information in anticipation of the partner's response')。

(34)にあげる機能のうち，命題内容に対する話し手の信念や確信度に関わる(34c)を除く残り三つは明らかに，コミュニケーションの場における聞き手の存在を強く意識させるものとなっている。つまり，聞き手に対する配慮を表すものであるか(35a)，あるいは会話の場において，聞き手の果たす役割に話し手が期待していることを表す(35b)。

(35) a. 申し訳ございません。課長は席をはずしておりますが。
b. 先生，ミーティング始まりますけど。
——あ，すぐ行きます。　　　　　（Maynard 2005: 327-328）

また(36)は，話し手の信念や確信度に関わる(34c)用法の例と見なすことができるだろうが，この例とて，話し手による断定調がいくぶん回避されているという点で，聞き手に対する配慮を感じとることができる。

昧であることが，「従属節の主節化(insubordination)」(Evans 2007: 367, 対応する日本語訳は堀江・パルデシ(2009)による)が日本語でよく見られることの一因と考えられる(堀江・パルデシ 2009: 129-132)。本書第5章で考察する「みたいな」の発達（本来は名詞句を後ろに伴う修飾構造であったのが，後に名詞句なしで使用される用法を獲得）も，その一例と言える(堀江・パルデシ 2009: 128)。

(36) 次のステップとして，顧問弁護士に相談してみましょうかねえ。
　　　——どうかな。まだ，ちょっと時期的には早いと思う<u>けれども</u>。

　このように，接続助詞が後続節なしで使用される場合には，間主観性が強化される傾向がある。本来，「ば」「が」「けど」等の使用においては接続助詞の後に後続節が添えられるはずなのに，それが話し手によって供されていないのは，後続節に相当するものを補う役割は聞き手にゆだねられており，その意味において話し手は聞き手の反応を待っているのだという解釈が成り立つ。ここで行われているのは，何一つ構成素の欠けることのない完成した文を話し手が聞き手に提示し，その完成した文に対して聞き手が推論を行うということではない。聞き手は話し手の発話に積極的に介入し，話し手・聞き手の双方が相手の心的状態をモニターしながら，共同作業的に会話を構築していると言うほうが，はるかに正鵠を射ている (cf. 本多 2001)。
　後続節を明確にしないまま曖昧にすることは，話し手による押し付けがましさを避ける機能につながる。しかし同じ方策が，発話に不快・否定的ニュアンスを持たせるために利用されることもある。例として，接続助詞「し」の用法を見てみよう。(37)に例示されるように，「し」は活用語の終止形を受けて，ある事柄に加えて並列的に別の事柄を述べるときに使われる。

(37) 上司はうるさい<u>し</u>，ラッシュはきつい<u>し</u>，朝起きるのはつらい<u>し</u>，会社辞めてしまいました。

それに対して，(38)のような明示的後続節を伴わない終助詞的な「し」は，後続節を非明示的なままにして言いさし表現を形成することにより，断定調を和らげるヘッジ表現として機能する。

(38) このあともう一軒くらいどう？
　　　——うーん，どうかな，今夜はもう遅い<u>し</u>。

若者ことばではさらに，新たな「し」の用例が認められつつある。現代日本語に次々に現れる新語・新用法を収録した『みんなで国語辞典！』に採録された例文を見てみよう (cf. 堀江・金 2011: 201)。

(39) 俺知ってるし〜。もうやったし〜。眠いし〜。
(『みんなで国語辞典！』若者のことば「し」)

この「し」用例には，「文を無責任かつあいまいに終え，「ビミョー」な感じを出す時につける助詞」という説明が付記されている。このような若者ことばを困ったものだと切り捨てることは簡単だ。しかし，その裏に何らかの普遍的なメカニズムが隠されているとすれば，それは立派に言語学の対象となる。

(39)では三つの「し」の後それぞれにいちいち句点が打たれ，文の終わりであることが明らかにされている。本来「し」の後ろに続くはずの後続節は，ここでは明示的に表されていない。先の(38)のケースと同じように，話し手はあえて文を終結させないことで断定調の回避を意図していると考えることは，理屈の上では可能である。ただ，(39)の場合，「話し手による断定の回避」からさらに一歩進んで，話し手は「自分の発話に全面的な責任を持つわけではない」というシグナルを聞き手に送っているようにみえる。つまり，話し手は，あえて後続節を非明示のまま放置することにより，「文を無責任かつあいまいに終え」るというわけである。ここに，後続節を省略することで聞き手に選択の余地を与え，話し手による押し付けがましさを回避するという機能とはまた別種の，新たな間主観性効果が生まれる余地がある。

筆者は，中学生が「知ってるし」を連発するのを耳にしたことがあるが，その使用では，「し」の部分に強勢が置かれ，そんなことくらい当然自分は知っていると相手に反発する気持ちが込められていた。この反発表明の「し」では，話し手は会話のパートナーに対して，相手に改められるべき点があると見なしていることを伝達しているのだろう。話し手は「し」の部分に強勢を置くことにより，自分の発話文が自己完結していないことをことさらに強調する。一方，聞き手にしてみれば，後続節があからさまに非明示的な状態に放置されて発話文を終了された場合には，明示的に提示されなかった後続節の「復元」は，会話のパートナーである自分が負うべきタスクとして期待されていることを理解する。「後続節の復元」といっても，必ずしも言語的な対応とは限らない。「知ってるし」のケースで観察されるように，「話し手はそのような事柄は知らないだろう」という聞き手の持っている誤った想定を修正し，その修正済みの新しい想定に基づいてふさわしい対応をするという，広い意味での反応をも含みうる。

接続助詞「ば」や「し」以外にも，もともとは接続助詞だったものが後続節を伴わない形で現れ，終助詞的に使用される場合，間主観性の高まりを反映する用法が発生するケースは多い。接続助詞から終助詞へというメカニズムには，文の周辺部(periphery)，すなわち文頭・文尾位置で間主観性が表される傾向があるという日本語の統語的・意味的特徴(Shinzato 2006, Onodera 2007)が少なからず関係しているのであろう。また，小林(2003)が指摘するように，「接続」という機能は単に論理的なものでなく，どうつなぐかという点で話し手の心情と深く関わる。そこに接続助詞が終助詞化へ踏み出す意味的契機があったことは間違いない。一方で，接続詞から終助詞へのシフトには，話し手の心情だけではなく，会話の場における聞き手の存在もまた深く関わっているという点が，これまでの先行研究では見落とされがちだったように思われる。

　文法化における聞き手による語用論的推論の重要性は，Traugottらによる一連の著作でも強調されてきた。しかし，「話し手と聞き手の共同作業による文の構築」という，さらに一歩踏み込んだ観点をとれば，接続機能から終助詞へという変化の流れには，聞き手による文構築貢献という，従来考えられてきたよりもずっと能動的な聞き手の役割を認めることができるのではないか。実際，荻原(2008)のように，コミュニケーション成立のためには，話し手の発話意図そのものは必ずしも必要ではなく，あるいはその意図がたとえ明確でなくても，聞き手が話し手の意図を決定できさえすればよいのだと主張する先行研究もあるくらいである。聞き手が文法化現象において果たす能動的役割は，もっと注目されてしかるべきである。

4.10　おわりに

　人間の言語コミュニケーションについては，話し手が聞き手に何かを伝達する意図を持って言語を使用する。しかし，共同作業の場としての実際のコミュニケーションには，単なる「情報伝達」以上の側面もある。卑近な例として，「今日は良い天気ですね」「そうですね」というやりとりを考えてみよう。この手の他愛もない会話が情報の伝達を目的としているとは到底考えられない。関連性理論で分析を行った松井(2001)によれば，そのような会話においては，聞き手は，話し手が自分に対してコミュニケーションの意図を提示した行為そのものに関連性を見出すことになる。コミュニケーションのこのような側面は，情報伝達の効率性を犠牲にしてでも，聞き手に対するある

種の配慮を示すこと自体に目的をおいた言語の使用につながっていく。これは間主観性の問題である。本章でみた接続助詞の発達は，時として情報伝達の効率性を犠牲にするコミュニケーションの側面が言語変化の方向性に関わりうることを強く示唆している。また，聞き手は話し手により与えられる情報の単なる受容者ではなく，むしろ積極的に発話の解釈に関わる存在と考えると，接続助詞の言いさし用法が持つ多彩な解釈を説明できる。

　節間の統合度の問題と(間)主観化の関係について，従来の文法化研究では，parataxis ＞ hypotaxis ＞ subordination という節間の統合度が高まる方向への変化が強調されがちであった。しかし本章では，実際にはそのような単方向的な発達ばかりが観察されるわけではないことを確認した。また，本章で扱ったような「単方向的発達の例外に見えるケース」でも(間)主観性の強化は観察されたことから，文法化においてより本質的なのは節間の統合度の問題ではなく，むしろ(間)主観化の部分ではないかと思われる。この考え方の妥当性は今後データを蓄積して慎重に検証していかなければならないが，文法化の問題が語用論全般に広くつながっていることは疑いの余地がない。ただし語用論的手法を歴史言語学に応用することは，認知歴史言語学が抱える問題点を垣間見せもする。歴史言語学が扱う言語データは必然的に書き言葉となり，自然な話し言葉としての会話サンプルは限定されてしまう。このような状況を考えると，人間の言語コミュニケーションに基づく理論である語用論を歴史言語データに応用する際には，その妥当性に十分に留意する必要がある。

　現代語の分析においてでさえ，話し言葉と書き言葉の差異には注意を払う必要がある。例えば英語は一般に高い他動性を示す言語という考え方が言語学では定番になっており(cf. 池上 1981)，第 3 章の可能表現の文法化分析もその考えを踏襲している。しかし会話コーパスを用いて分析すると，他動性の低いものがむしろ多いことが明らかになっている(Thompson and Hopper 2001)。話し言葉と書き言葉の間にはズレが起こりうることに注意を払いながら文法化の問題に取り組んだ Onodera(2004)のような先行研究もあるとはいえ，全体としては文法化研究が書き言葉に依存している(あるいは依存せざるを得ない)現状は否めない。この問題を克服するには，扱う言語データの質を高めると同時に量を増やし，地道に検証を重ねる他ないことを指摘して，本章の締めくくりとしたい。

第5章
類似性から派生する(間)主観的用法
―― 直喩から引用導入機能への文法化 ――

5.1 はじめに

　本章では，類似性概念を起源とし，発話を引用する機能を持つ方向へと文法化が進んだ「みたいな」の発達を中心トピックとして考察を行う。「直喩(simile)＞引用導入要素(quotative)」という発達は日本語に限らず，通言語的に観察されるが(Heine and Kuteva 2002)，「引用導入要素」と言っても，それらは引用導入をその機能の一つとしつつ，他にも様々な役割を果たしているのが普通である。「みたいな」の引用導入機能やその他の用法の発生はどのように動機づけられ，またそれぞれの用法と類似性概念はどのような関係にあるのだろうか。人間の言語コミュニケーションにおける「配慮」の本質と間主観性の問題についても考察してみよう。

5.2　直喩から引用導入機能へ ―― 通言語的文法化経路の存在

　Fleischman and Yaguello(2004) は，英語 like，フランス語 genre('kind', 'type', 'sort', 'genre')を中心に，直喩(simile)を表す表現が引用導入(quotative)要素へと発達する文法化について考察している。まずは簡単に英語の具体例を見てみよう。

（1）a.　Your hat is just like mine.
　　　b.　You sound like my mother.

（1）にあげた like は外見・性質・しぐさなどが似ているという，類似性(similarity)の存在をマークしている。このような類似性概念を原義として持つ like は，現代口語英語において，引用を導入しているように見える新機能を獲得するに至った。（2）に現れる like を見てみよう。（2）では，あ

る食事会の席において，非喫煙者が喫煙習慣を持つ他の同席者に対して非難の言葉を浴びせたというエピソードが披露されている。"Oh, I tried to quit ..."という喫煙者の弁明を導入するのに，like が使用されていることが分かる。この例が示すように，引用導入機能の like の後ろにくるのは原則として直接話法(direct speech)である（**5.8**も参照のこと）。

（2） And the smoker, rather than saying, "Fuck you!" which you know... "Mind your own business," which I think is the appropriate response, was abashed and defensive and like, "Oh, I tried to quit. And yeah, I'm gonna try again. And you're right, you're right." And so on.

(Morgan Spurlock, *Super Size Me* (2004), p. 68)

このような like の新用法は10代の若者がよく使うとされてきたが，実際には幅広い年齢に使用が広がっているという(Miller and Weinert 1998, Fleischman and Yaguello 2004)。

上記の英語 like と同じような発達は，他の言語にも認められる。以下に例をあげよう。

（3） フィンランド語
niinku('like') ＞ *niinku*(nonverbatim quotative)
Ja sit mä olin niinku että herrajjumala et voi olla totta.
'And then I was like oh my God, I can't believe it.'
(Heine and Kuteva 2002: 274)

（4） スウェーデン語
liksom('like') ＞ *liksom*(nonverbatim quotative)
Jag tittade på honom och liksom inte en chans!
'I looked at him and like no way!'
(Fleischman and Yaguello 2004: 143)

以上の例は，「直喩(simile)＞引用導入機能(quotative)」という文法化経路が通言語的に存在していることを示唆する。

日本語からも，主に若者が使用するとされる(Suzuki 2000)文尾に現れる

5.2 直喩から引用導入機能へ——通言語的文法化経路の存在　139

「みたいな」があげられよう。筆者が採取した「みたいな」実例の発話者は幅広い年齢層に分布していたが，年配の話し手であっても，言葉遣いが全体に若者風である話者が多い印象を受けた。

(5) a. (年齢の離れた女性と再婚したミュージシャン(70歳)がインタビューに答えて)雑誌に「33歳差」って出て，エッ，33も違ってたの？みたいな。(笑)　　　　　(『週刊朝日』2008年9月5日)
b. (結婚相手は経済的に自分と対等な立場にあることが重要かと尋ねられた女性タレント(30歳代)の返答)例えば一緒に旅行行くときだって，ビジネスクラスがいっぱいいっぱい，なんて相手はちょっとツラい。「なんでプライベートなのにビジネスなの!?しかも，マイルでアップグレード!?」みたいな(笑)。
(http://moura.jp/liter/thirdlove_interviews/inter view02_1.html)

「直喩＞引用機能」という発達にはどのような認知的メカニズムが働いているのだろうか。また，ぼかし・ヘッジ表現は，ネガティブ・フェイス(negative face(Brown and Levinson 1987)，本書第6章も参照)との関連で論じられることが多いが，陣内(2006)は，「みたいな」の新用法のほかにも，若者世代特有の「新ぼかし表現」として「とか」，「っぽい」，「～的には」などをあげ，これらの新ぼかし表現に共通しているのは「相手に近づく配慮」であるとしている。

(6) a. 僕的には大丈夫だけど。
b. 次の授業，出るっぽい。(=「次の授業出るつもり」の意)
　　　　　　　　　　　　　　　　　(陣内 2006: 116-117)
c. 「先に書かれた！」とか思いつつ対抗して書いてみる。
(http://hail2u.net/blog/coding/json_feed_or_something_else.html)

「相手に近づく配慮」はネガティブ・フェイスではなく，ポジティブ・フェイス(positive face)に関わる問題である。実際のところ，フェイスの問題と「新ぼかし表現」はどのような関係にあるのだろうか。これらの問題を分析する前に，5.3において若者世代に見られる「新ぼかし表現」の使用状況を概観し，続く5.4では，ヘッジ・ぼかし表現に関わる問題点を少し大局的に

考察しよう。

5.3 新ぼかし表現に対する意識——陣内(2006)によるアンケート調査から

「みたいな」をはじめとする「新ぼかし表現」は日本語の乱れの表れと受け取られがちであり，世間での評判は概して芳しくない。新ぼかし表現の主たる担い手と目される若者は，これらの表現についてどのように感じているのだろうか。

陣内(2006)は，1998年度に仙台市，東京都，京都市，熊本市の4地域の高校生1,136名を対象に，新ぼかし表現の使用実態と意識についてのアンケート調査を行っている。そのアンケートの質問事項と回答結果の一部を見てみよう(ただし問Ⅰの男女別回答結果は(7)では省略してある)。

(7) 若い人達の間で，「〜とか」，「〜みたいな」，「〜って感じ」などのような言い方がよく使われることが話題になっています。こうした言い方について教えてください。
 Ⅰ. 使う相手についてはどう思いますか？
  a. どんな相手でも，使ってかまわない   7.9%
  b. 友達同士なら使ってもかまわない   66.4%
  c. だれに対してもできるだけ使わないほうがよい   11.5%
  d. わからない   14.2%
 Ⅱ. このような言い方について，どう思いますか？（複数回答可）
  a. 会話がはずんでよい   29.7%
  b. 気配りが感じられてよい   1.8%
  c. やわらかい感じでよい   13.6%
  d. はっきり言わずに，ぼかした感じでよくない   12.9%
  e. 無責任な感じがしてよくない   14.7%
  f. 特に何も感じない   43.8%
  g. その他   14.6%
        （陣内 2006: 118-120 に基づく）

新ぼかし表現の使い分け意識については，「友達同士でなら使ってもかまわない」とする割合が圧倒的に多い。新ぼかし表現の印象については，「特に何も感じない」が43.8%であり，この手の表現が日常的になってきているこ

とを示唆する。また，新ぼかし表現は「会話がはずんでよい」という回答が3割近くあり，この表現の主な担い手である若者たちがコミュニケーションを円滑に進める働きを新ぼかし表現に認めていることが分かる。自由記述形式の「その他」回答であげられた以下のコメントも，新ぼかし表現にコミュニケーション上のプラス効果があることを支持するものである。

(8) 「その他」としてあげられた肯定的コメントの例
　　a. 親しみやすく打ち解ける
　　b. 楽しい感じがする
　　c. 会話がしやすい，言葉がつなぎやすい
　　d. 微妙な感じが表現できてよい　　　　　　　（陣内 2006: 121）

中でも(8a)は，新ぼかし表現がポジティブ・フェイスと密接に関わっていることを示している。「(新ぼかし表現は)友達同士なら使ってもかまわない」という回答(7-Ib)が多かったことも，この見方を裏付ける。

　一方で，陣内(2006)によれば，新ぼかし表現に否定的な見方を示すコメントが肯定的コメントの2倍以上寄せられたという。それらの否定的なコメントとは，以下のようなものである。

(9) 「その他」として挙げられた否定的コメントの例
　　a. 馬鹿にされている気がして腹が立つ
　　b. 個性がないと思う
　　c. ばかな人間と思われるのでよくない
　　d. 言葉が汚く感じるのでよくない　　　　　　（陣内 2006: 121）

「新ぼかし表現」に限らず，若年層が新しく使い出す表現や言い回しはことばの退化として嘆かれがちだ。しかし言語学的に擁護するならば，ことばの「乱れ」はことばの多様化プロセスの一側面でもある。長い日本語の歴史の中でことばの乱れを嘆いたのはなにも現代人ばかりではない。清少納言とて『枕草子』において，当時の日本語の「乱れ」に厳しい目を注いでいるのである(小林 2002)。

　「乱れ」か「変化」かはさておき，円滑なコミュニケーションの道具としての言語の働きを考えてみると，「乱れ・変化」の理由が見えてくることが

ある。例えばコンビニで弁当を購入すると，「お箸のほう，お付けしますか？」と店員に聞かれることがある。聞き手がこれらの表現をどのように感じるかは別問題として，少なくとも話し手は，「〜のほう」によって方向を言及し，対象をぼやかすことで，押し付けがましさを軽減しているつもりなのだろう（森山 2001）。また，ファミリーレストランでフロア担当の店員が注文をとる際には，以下のような会話が交わされることがある。

(10) 客　：ランチのAセットをお願いします。
　　　店員：セットのコーヒーは食後でよろしかったですか？
（飯田 2002: 55）

客がコーヒーについて何も言及していない段階で「よろしかったですか？」と過去形で聞くこの表現では，店員は「よろしいですか」と聞くよりも丁寧に尋ねているつもりなのだろう（飯田 2002: 55）。時制を過去にすることで丁寧な言い方にするのは，"Would/Could you …?" などの英語表現でも同じである。現代英語で「義務・命令」を表す法助動詞 must がもともとは過去形に由来するのも，その命令口調を和らげるため，丁寧な過去形を用いたのが一般化したと考えられている。直接性を避けたり過去形にしたりすることで，丁寧さや改まりを生み出そうとするコミュニケーション上の方策は，「対人的遠距離化」を指向するものである（cf. 滝浦 2005，森山・鈴木2011）。次節で詳しく考察してみよう。

5.4　直接性の回避とことばの変化

　ものごとを表現する際にぼかしたり，婉曲表現を用いたりするのは，通言語的に広く見られる方策である。一般的にその基底にあるのは，対人的な顧慮として相手との距離を増加させるという発想だ。「相手との距離を増加させる」ことは，「直接性を回避する」「ぼかす」ことで達成できる。具体例を見てみよう。

(11) この原稿，ある程度仕上げちゃってもらえますか？
　　　――うーん，ちょっと，難しいですねえ。　　（滝浦 2005: 171）

あけすけに「できない」と答えるよりも，「ちょっと，難しい」という直接

性を回避した言い回しをするほうがやわらかい拒絶となり，実際のコミュニケーションでは好まれる。対人的距離という人間関係心理からみれば，ヘッジ，すなわちぼかし表現は，「直接性の回避」によって，相手との心理的距離の保持を指向することを基本としている。すなわち，相手との距離を保っておけば相手の領域を侵すこともない，したがって失礼にもならないという発想である。(10)のような過去形表現も，現在・現実から距離をとることで，ストレートな響きを避けようとする用法である。言うまでもなくこの発想は，ポライトネス論(Brown and Levinson 1987)でいうところの「ネガティブ・フェイス」に関係がある。

　対人的遠距離化という語用論的契機は，日本語の通時的発達の様々な局面で認めることができる。現代日本語で二人称代名詞として使用される「あなた」は，もともとは遠方を表す言葉であり，話し手から離れているという遠距離感が敬意を表す方策として利用されたことはよく知られている。「陛下」，「殿下」といった言葉は，権力者や為政者の名前を直接に呼ぶことさえ憚られるという状況で，その権力者・為政者が居住する場所をメトニミーに基づいて間接的に表現したところに語源がある。

　日本語以外でも直接性の回避が言語形式の歴史的意味発達に影響した例を見つけるのはたやすい。ここでは Yule(1996: 10-11)に紹介されているスペイン語の例をあげておこう。スペイン語の敬称二人称 usted は本来，三人称代名詞であった。一人称である「私」，二人称である「あなた」と異なり，三人称は基本的に会話の直接参与者とは考えられない「外部者」であることから，三人称代名詞 usted には「遠くにいる人」という遠距離感が付与される。この遠距離感をベースに，「敬称」二人称が発達した。

　このように，ぼかすことから帰結するのは対人的遠距離化であり，これは折り目正しい丁寧さや改まりといった概念と結びついているように思われる。しかし「新ぼかし表現」に関わるアンケート結果を概観すると，ヘッジ・ぼかし表現の問題は実際にはもっと複雑であることは明らかである。なぜぼかし表現が使われるのか，ぼかしという操作がどのような効果をもたらすのか，人間の言語コミュニケーションの本質に基づいた，より詳細な議論が必要ではあるまいか。

　ぼかし表現一般と「みたいな」の新用法が言語コミュニケーションで果たす役割については 5.6 以降で考察するが，その前に次節では，史的資料を織り交ぜながら，「みたいな」の直喩マーキング機能(simile)から引用句導入

機能(quotative)への文法化過程をたどってみよう．また比較のため，英語 like の談話マーカー機能の発達過程も併せて概観しよう．

5.5　直喩から引用導入機能へ ── 「みたいな」と like の発達
5.5.1　日本語「みたいな」の発達

　「みたい(だ)」の原形は，動詞「見る」に完了の助動詞「た」を付けた「見た」に，さらに比況の助動詞「ようだ」を添えた「みたようだ」である（『日本国語大辞典』「みたいだ」助動）．「見る」と「ようだ」から成る複合語「みるようだ」も存在するが，「みたようだ」にせよ，「みるようだ」にせよ，「見る」という動詞が組み入れられているから，もともとは視覚上の類似性(similarity, approximation)を述べる表現と考えられる．

(12)　さすが信州第一の仏教の地，古代を眼前(めのまえ)に見るやうな小都会，奇異な北国風の屋造(やづくり)，板葺の屋根，または冬期の雪除(ゆきよけ)として使用する特別の軒庇(のきびさし)から，ところ／″＼に高く顕(あらは)れた寺院と樹木の梢まで ── すべて旧めかしい町の光景が香の烟(けぶり)の中に包まれて見える．
　　　　　　　　　　　　　　（島崎藤村『破戒』(1906); 青空文庫）

しかし，既に「みたいだ」形の前段階「みたようだ」形において，視覚上の類似性を表すにとどまらず，幅広く類似性概念を表すように意味拡張が起こっていた．(13)では見た目の類似性ではなく，「ゴルキ」という名と「露西亜の文学者」の名間にある音韻的類似性が問題とされている．

(13)　ゴルキと云うと露西亜(ロシア)の文学者<u>みたような</u>名だねと赤シャツが洒落(しゃれ)た．
　　　　　　　　　　　　　　（夏目漱石『坊ちゃん』(1906); 青空文庫）

一方，「みたい(だ)」にも，体言に接続して類似性を表す用法があった（『日本国語大辞典』「みたいだ」助動）．「みたようだ」の例とともに具体例を(14)にあげよう．

(14) a.　この野だは，どういう了見だか，赤シャツのうちへ朝夕出入して，どこへでも随行して行く．まるで同輩じゃない．主従<u>みたようだ</u>．
　　　　　　　　　　　　　　（夏目漱石『坊ちゃん』(1906); 青空文庫）

5.5 直喩から引用導入機能へ—「みたいな」と like の発達　145

　　b.　そのひとたちの運動のために秘密に借りてあるらしいビルの事務
　　　　所みたいな狭い洋室に連れて行き，朝まで大騒ぎという事にな
　　　　り，とんでもない姉だ，と自分はひそかに苦笑しました。
　　　　　　　　　　　　　　（太宰治『人間失格』(1948); 青空文庫）

　(14a)では「野だ」と「赤シャツ」の人間関係が主従のそれと類似している
ことが「みたようだ」述部により述べられているが，これは「主従」という
人間関係の具体例をだすことで，「野だ」「赤シャツ」間の関係を精緻化して
いるとも言える。また(14b)では，「狭い洋室」が「ビルの事務所」と類似
性を共有していることが述べられているが，「狭い洋室」の特性を説明する
のに「ビルの事務所」という具体例が引き合いにだされていると解釈するこ
とも可能である。
　このように考えると，類似性用法から例示(exemplification)・精緻化
(elaboration)を旨とする用法への拡張は，わずかな道のりでしかない。(15)
に「みたようだ」，「みたいだ」それぞれの例示用法の例をあげておく。
(15a)の「おれ」は「無鉄砲なもの」の具体例にあたる。(15b)では，「雑食
性の食いしん坊な動物」の具体例として，「スカンク」があげられている。

　(15) a.　おれみたような無鉄砲なものをつらまえて，生徒の模範になれ
　　　　の，一校の師表と仰がれなくてはいかんの，学問以外に個人の徳
　　　　化を及ぼさなくては教育者になれないの，と無暗に法外な注文を
　　　　する。　　　　　　　（夏目漱石『坊ちゃん』(1906); 青空文庫）
　　　b.　スカンクみたいな雑食性の食いしん坊な動物は，与えられれば何
　　　　でも食べてしまうところがあります。

　さらに，「みたい(だ)」については，(16)のように活用語の連体形(あるい
は終止形)に接続し，後続する名詞の表す概念を精緻化する例を見ることが
できる。(16a)では「髪の毛を焼いた」臭いが具体例として出され，異臭の
持つ特性が説明されている。(16b)も同じように説明できる。

　(16) a.　変なにおいがするね。髪の毛を焼いたみたいなにおいだね。
　　　　　　　　　　　　　　　　　　　　　　　　(Fujii 2006: 60)
　　　b.　自分には，あざむき合っていながら，清く明るく朗らかに生きて

いる，或いは生き得る自信を持っているみたいな人間が難解なのです。
（太宰治『人間失格』(1948); 青空文庫）

(16)および以下で見る(18)で観察される統語構造が「みたいな」の引用導入用法の発生に大きく関係したことを後述するが，その前に，認識的用法（epistemic use）の「みたいな」についてみておこう。

　何かに「類似している」ことは，比況されるモノと正確に一致しているわけではないことを含意する。このような「不確定性（uncertainty）」ともいうべき概念と類似性が結びつけられた結果，「不確かなまま遠まわしに断定する」という証拠性（evidentiality）に関わる認識的用法が生まれた。認識的用法の「みたいだ」の例を(17)にあげよう。

(17)　昨晩は雨が降ったみたいだ。

(18)は，代名詞「あなた」により言及される人物が（実際に苦労して育ったかどうかは別として）苦労して育った人間によく見られる特性を備えていることを描写する「精緻化用法」の一種とも解釈できるし，あるいは状況から判断して「あなた」は苦労して育って来た可能性が高いと話し手が判断している「認識的用法」ととることも可能である。

(18)　あなたは，ずいぶん苦労して育って来たみたいなひとね。よく気がきくわ。
（太宰治『人間失格』(1948); 青空文庫）

ただし実際には，活用語の連体形・終止形部分（(18)では「ずいぶん苦労して育って来た」にあたる部分）に続く「みたいな」が認識的用法と解釈され，なおかつその「みたいな」部分が後続名詞の表す概念を精緻化する機能を果たしているというケースは，少なくとも現代日本語においては非常にまれである(Suzuki 2000: 66)。

　いずれにせよ，(18)では「ずいぶん苦労して育って来た」という構造に「みたいな」が接続し，さらに主要部名詞「ひと」を後ろに従える構文構造となっている点に注意したい。(16)についても同じ構文構造が当てはまる。図式的に書くと，(19)のようになる。

(19)　［修飾機能を持つ節構造］　＋みたいな　＋［主要部となる名詞］
　　　ずいぶん苦労して育って来た　みたいな　　　　　人

(Fujii(2006: 76)に基づく)

Fujii(2006: 76-77)は，(19)のような既存構文のテンプレートを介して，(20)にあげるような引用導入機能を持つように見える「みたいな」例が可能になったのではないかと考えている。

(20) a.　「物理なんか全然興味ないし，全然やりたくないんだよ」<u>みたいな</u>学生が，偏差値が高いだけで入ってくるんですよ。

(Fujii 2006: 64)

　　 b.　大阪に行けばいいだけだし，「行ってみるか。タダでごはん食べよう」<u>みたいな</u>軽い感じで行ったんです。

(『週刊朝日』2008年9月26日号)

なお，「引用導入」といっても，実際に発話されたものがそのまま違わずに引用されることはむしろ稀で，引用される形になるものは，元の発話と似ているだけに過ぎなかったり，あるいは実際に発話されたのではなく，単に心の中で思っただけのことであったりする(他者の心情を話し手が推測しているケースを含む)。

　一方Suzuki(2000)は，上記で述べたのとは少々異なる，もう一つの発達経路の可能性をあげているので，彼女による説明も見ておこう。(20a)(20b)ではそれぞれ，(19)でいう［主要部となる名詞］に相当する語句が「みたいな」の後ろに現れている。これらの「みたいな」は，それぞれの例において発話部分を引用すると同時に，後続主要部名詞((20a)では「学生」，(20b)では「感じ」)と修飾関係を形成している。それに対して，筆者がインタビュー記事から採取した(21)では，「みたいな」の後ろに名詞が現れておらず，なおかつ引用される部分がダイアローグ形式をとっている。したがって(21)の「みたいな」は，名詞修飾機能ではなく，純然たる引用導入機能のみを担っているように見える。

(21)　自分が動くときは警備の人が周りを囲んで，(スーツの衿につけたマイクに喋る仕草をして)「今から上野がどこどこ行きます」「了解」

みたいな(笑)。　　　　　　　　　(『週刊文春』2008年10月30日号)

しかし，(21)の「みたいな」から修飾(つまり精緻化)機能が完全に失われていると判断するのは早計だとSuzuki(2000)は主張する。(21)はオリンピックで優秀な成績を収めたソフトボールチームのエースがインタビューを受けている対談から採取したものである。直前の文脈を見てみよう。

> (21') A: 今，ソフトボールの試合のお客さんの数が増えてるんですって？
> B: すごいですよ，試合会場。ちょっと一人では歩けないです。自分が動くときは警備の人が周りを囲んで，(スーツの衿につけたマイクに喋る仕草をして)「今から上野がどこどこ行きます」「了解」みたいな(笑)。

(21')の下線部は，先行談話においてインタビュアーが指摘した「ソフトボールの試合の観客が増加している状況」をより具体的に詳しく述べる働きを担っていると考えることは可能である。次の(22)も同様に分析できる。(22)の「みたいな」文は，先行談話部分「はぐれ坊主にされていた状況」の具体的事例をあげるために使用されたものと解釈できる。

> (22) 物心がついたころから，はぐれ坊主でした。[中略]小学校では誰も遊んでくれないんです。土肥でたった一軒の駄菓子屋で黒玉を買って持っていかないと仲間に入れてもらえないみたいな。
> 　　　　　　　　　　　　　　　(『週刊朝日』2009年1月23日号)

このような「みたいな」句は，表面的には文末に現れており，それと修飾関係に入る明示的な後続名詞句を文構造中には伴っていない。しかし文構造の枠を超えて談話レベルにまで視野を広げると，精緻化関係を結びうる何らかの概念が先行談話部分に存在している。Suzuki(2000: 67-68)は，このような例が，文末に現れうる「みたいな」の起源になったのではないかと考えている。Suzuki(2000)の説と全く同じではないが，かなり似通った発達経路の可能性をFujii(2006: 79)も指摘している。

　以上，Fujii(2006)でもSuzuki(2000)でも，名詞句を修飾する機能を持つ「みたいな」から引用導入「みたいな」が生まれたと考えられていることを

見た。なぜ類似性を表す語が引用導入機能を持つようになるのかについては，Fujii(2006)に分かりやすい説明がある。すなわち，何かが大体において別の何かに似ているということは，それらが全く同じわけではないことを意味する。引用句は，それが直接引用の形をとっている場合ですら，実際に発話されたものと全く同じであることが保証されるものではない。この類似性が，「みたいな」の引用導入機能発達の素地となったのだろう(Fujii 2006: 90)(本章5.6における like についての説明も参照のこと)。また，「みたいな」という語彙項目単独の機能変化というよりも，＜節＋「みたいな」(＋名詞句)＞という構造全体に関わる変化として，「みたいな」の引用導入機能の発達を捉える必要がある。文法化分析においては，形態論レベルの視点だけではなく，構文レベルの視点も重要と言えよう。

5.5.2 英語 like の発達

一方，英語 like は歴史的にはどのような発達を辿ってきたのだろうか。また，その発達は言語学においてどのように分析されてきたのだろうか。本節では日本語「みたいな」で見られた用法と並行的な like の用法に限定して，その意味拡張を概観しよう。

like は OE gelīc ('same' + 'body, form')に起源を持ち(Buck 1949: §12.92)，英語史の初期の段階から性質や形が似ていることを表すのに使われていた。(22)は14世紀テキストから採取した，動詞 look と共起し，後ろに名詞句を従える類似性用法の like の例である。殴打された顔の様態が，ちょうちんとの類似性に言及することにより，描写されている[1]。

(23) He buffetted the Bretoner aboute the chekes
That he loked lik a lanterne al his lif after.
'He buffeted the Breton very hard across the face with the result that he looked like a lantern for the rest of his days.'
(Langl. *P. Pl.* B.(1377) VI. 176-177; MEPV)

一方，(24)に現れる like は，単純な視覚上の類似性をマーキングするのではない。like に接続して現れる名詞句(ただし，(24b)では前置詞 to と共

---

[1] 本章で引用する中英語(ME)，近代英語(ModE)例の著者名・作品名の表記は，すべて OED による略形を採用した。

起）は，見た目の類似性を強調するために引き合いに出されたのではない。(24a)は「食肉解体処理作業員」を引き合いに出すことにより，解剖学者の不器用さを描写し，(24b)は「全能の神」を引き合いに出すことで，善人が持っているであろう善良さを描写している。

(24) a. The unskilfulness of the Dissector, who was liker a Butcher than an Anatomist.
'The unskilfulness of the dissector, who was more like a butcher than an anatomist.'
(Bonet's *Merc. Compit.*(1684)XVIII. 647; OED *like* adj.)
b. And alle that lyven good lif are lik to God almyghty:
'And all those live good lives are like God Almighty.'
(Langl. *P. Pl.* B.(1377)IX. 64; MEPV)

'having quality of something/someone' を表すとされるこの like は，しばしば名詞に後続し，複合形容詞および複合副詞を形成している(Jespersen 1942: 417-418)。他の事物との類似性に基づいた意味関係という制約が薄れ，もっと柔軟にある事物の持つ性質を描写する用法へとシフトしたことは，What is he *like*? のような疑問文に現れる like において顕著である。この疑問文の返答として期待されるのは，それと類似するモノをあげることではなく，問題となっている人物・事物の描写である。

(25) "What does he look like?"
"He is very tall: some people call him a fine-looking young man; but has such thick lips."
(C. Brontë *Jane Eyre*(1848)I. pp. 125-126; ModEC)

日本語「みたような」および「みたいな」で観察された例示用法も，英語 like の発達に見ることができる。OED によると，例示用法は like の歴史の中では比較的最近の発達であり，初例は19世紀末となっている。

(26) A critic like you is one who fights the good fight, contending with stupidity.   (Stevenson *Lett.*(1899)(1886)II. 41; OED *like* adj.)

このような例示用法は，後続句をフォーカス化する like の用法(具体例は Underhill(1988)を参照)が発達するための基盤となったと考えられる。ある事物の例としてわざわざ取り上げられることは，フォーカスを受けることにつながるからだ。

「みたい(だ)」と同じように，'probable, likely' といった蓋然性を表す認識的用法もある。ただしこの用法は，現在は方言にしか残っていないとされ (OED *like* adj.)，引用導入機能との関連性は不明瞭である。

(27) a. 'Tis like that he's gone mad.
    b. Say that he thrive, as 'tis great like he will,
       Why then from Ireland come I with my strength,
       And reap the harvest which that rascal sow'd.
       (Shakes. 2 *Henry VI* (1593) III. i. 379-381)

談話においてテキスト上のコヒアランス(coherence: 首尾一貫性)を聞き手が理解するのを助けたり，話し手と聞き手の対人関係に関する様々な調整を反映したりする言語要素は，「談話マーカー(discourse marker)」と呼ばれる(cf. Siepmann 2005)。第1章 **1.2** でも言及されているように，談話マーカーのような語用論的標識の発達は，文法化でしばしば観察される現象である。Miller and Weinert(1998: 307)によると，談話マーカーとしての like は，書き言葉では19世紀までさかのぼることができる。一方，OED は「談話マーカー」という用語は使用せず，単なる「卑語的(vulgar)」な表現として(28)のような18世紀からの like 例をあげている。OED によると，この like は 'as it were', 'so to speak'(「いわば，言ってみれば」)に近い意味であるという。

(28) Father grew quite uneasy, like, for fear of this Lordship's taking offence. (F. Burney *Evelina* (1778) II. xxiii. 222; OED *like* adv.)

また，OED は(29)に例示されるような米英語で生まれた新用法の like については，「意味の無い間投詞(a meaningless interjection)」あるいは「虚辞(expletive)」であると述べている。

(29) What will be the contradictions that produce further change? Like, it seems to me that it would be virtually impossible to avoid some contradictions.

(*Black Panther* (1973) 17 Nov. 9/4; OED *like* adv.)

引用導入機能を果たしていると思しき like 例は，OED(*like* adv.)にはあげられていない。OED だけでなく，引用導入機能を持つ like が出現した時期やメカニズムを論じている先行研究は決して多くはない。例えば Underhill (1988)は，like の新用法としてフォーカス(focus)機能をあげ，分析を行っているものの，引用導入要素としての like には一切言及していない。

ただし，先行研究の中でも Fleischman and Yaguello(2004: 141)は，like のフォーカス機能分析からさらに一歩踏み込み，フォーカス機能が談話中の情報を引用句としてパッケージ化するという機能へとつながったのではないかという見解を提示している。またごく最近の研究としては，Vandelanotte and Davidse(2009: 797-800)が構文文法を取り入れた分析を発表している。それによると，本来発話動詞句ではない be like が引用句を後ろに従える構文に現れるようになったのは，「何かの模倣(imitation)であることを表す節構造」が「ある発話を真似して伝達するための節構造」として拡張されたためだという。like という個別の語彙項目の意味機能シフトとして引用導入機能の発生を見るのではなく，'I'm like + [e-site(精緻化サイト)]' という節構造全体が発達に関わったとする点で，彼らの分析には目新しさがある。ただ，Vandelanotte and Davidse 自身が示唆するように(p. 797)，このメカニズムでは，例えば nod や smile といった「言葉を使わない(non-verbal) コミュニケーション動詞」にも引用導入機能が付与されることがあっても何らおかしくはない。実際，(30)のような例では，動詞 nod(「うなづく」)は say とほぼ同じ機能を果たしているように見える。

(30) "Feisty, I like that," he nodded. "But, my dear, you're not the only parent looking to adopt such a child. There are others."

(CB, ukbooks; Vandelanotte and Davidse 2009: 784)

しかし，通言語的に見ても，あるいは Vandelanotte and Davidse が(30)を 'less frequent reporting clause' と言及していることから考えても，この手

の述部が引用導入機能を発達させた例は多くない(cf. Heine and Kuteva 2002)。それに対して,「直喩＞引用導入要素」という発達は,複数の言語に渡って観察される普遍的な文法化経路の一つと考えられる。したがって,直喩 like の本来の意味概念である「類似性(similarity)」概念が引用導入機能の発生に大きく貢献したと見て差し支えない。

　上記のような例外的先行研究を除き,総じて引用導入機能の like を真正面から取り上げた研究は少なく,(29)のような新用法 like は単なる冗長的な要素であるという OED 的説明が長らく受け継がれてきた。その研究経緯については Miller and Weinert(1998: 307-308)に詳しいが,一方で,like の持つ談話マーカー機能に着目した数少ない先行研究の中では,Schourup (1985)が早い時期に談話機能に着目した論考としてあげられよう。次節では,Schourup(1985)が like について指摘したことを軸に,like が伝達しうる話し手の様々な心的態度について考えてみよう。

5.6　Like が伝達しうる話し手の心的態度

　Schourup(1985)は引用導入機能を持つ like の使用例(31)について,単なる直接的発話引用にとどまらず,話し手の「態度」(the speaker's 'attitude')までもが伝達されていると主張している。

　　(31)　I was like, "Come on, Dummy!"　　　　(Schourup 1985: 44)

Schourup(1985: 46-47)は,「引用に存在する厳密な意味での正確さの欠落 (the inexact nature of retrospective quotations)」という性質に着目した。引用導入用法を含む like の新用法に関わる言語的直感を調べるため,Schourup は22人のインフォーマントに「非標準的用法」の like の例文を提示し,like に意味があると思うか,あるとすればそれはどのような意味かを内省させる実験を行っている。この実験でインフォーマントたちに提示された like の例文は 6 例だが,例えば(32)について彼らがどのような判断を示したか見てみよう。

　　(32)　She was very like open about her past.　　(Schourup 1985: 57)

Schourup(1985)によると,上記例の 'open' が何か特殊な意味で使われてい

るという点でインフォーマントたちの意見が一致したという。すなわち，話し手が実際に口にしたことば（ここでは 'open'）と話し手が心の中で思い浮かべた概念の間には離齬（difference）がありうることを like が表していると Schourup は主張する。実際に発話される言語形式と，話し手が心に思い描く内容の間には類似性が存在しているにすぎないことを，like が表すというわけである。同じように，(31) の引用導入用法の like も，話し手の頭に浮かんだ内容と実際の発話で引用されるものの間で保証されているのは，せいぜい類似性どまりであることを，聞き手に伝達することになる。

「AはBみたいだ（'A is like B'）」というとき，我々は，AとBはまったく同じものではない，つまりAとBの間には厳密な意味での同一性が欠落していることを承知している。この「同一性の欠落」に由来する一種の曖昧さ（vagueness）が，'as it were', 'so to speak'（OED sv. *like* adj.）を表す like の発生を促した。一方で，引用表現にはしばしば，「厳密な意味での正確さの欠落」という性質がつきまとう。いかに正確に原話を再現しようとしても，ピッチや口調までそのまま復元できることはまずないからだ。このように考えると，類似性概念と関わりの深い語句が引用導入機能を獲得する方向へと文法化を受けることは，きわめて自然な流れと言えよう。

もっとも，このような不確定性は引用用法だけに見られるわけではない。Romaine and Lange (1991: 229-230) は，ことばによる伝達そのものが不確定要素を含んでいると指摘する。これは関連性理論（Sperber and Wilson 1995）でいう「ルース・トーク（loose talk）」と軌を一にする考え方である。言語コミュニケーションでやりとりされる情報には不確定性が存在するという考え方は，例えば発話動詞がしばしば仮定条件導入機能へと文法化される事実をうまく説明することができる。この文法化プロセスを体現しているケースとして，英語の say (33) およびチベット＝ビルマ語族ラフ語（Lahu）の qo（< qô' 'say'）(34) をあげておこう。

(33) a. She said, "My dad is diabetic."
  b. Say, for the sake of argument, it is true.
(34) ラフ語（Lahu）
  nɔ̀ ô-ve câ qo, nà tù ve yò.
  2SG DEM eat *** sick PTCL PTCL PTCL

'If you eat that, you'll get sick.' (Matisoff 1991: 400)[2]

　何かを仮定した上で話が進められる際には，物事の真偽のほどがひとまず棚上げされる形となるが，ここに「不確定性」が発生する余地がある．多くの言語に de dicto ドメイン (the domain *de dicto*, すなわち the domain of speech) と de re ドメイン (the domain *de re*, すなわち the domain of reality) の区別があることを指摘した Frajzyngier (1991) も，発話から得られる情報は，実際に自分の目で確認して得た情報ほどあてになるものではないとした上で，同じように不確定性が認められる仮定法 (hypothetical mood) は，de re ドメインではなく，de dicto ドメインに属すると考えるべきとの議論を展開している．なお，仮定条件と不確定性の関係については，第4章4.8における議論を併せて参照されたい．

　Schourup (1985) はさらに，(35) に見られるような like は単なる「ためらい (hesitative)」や「引き伸ばし (procrastinative)」以上の，コミュニケーション上の重要な機能を担っていると主張する．

(35) a.　y(ou) know an(d) —— like he buzzed her　(Schourup 1985: 53)
　　 b.　This like —— This movie takes place in 1968
(Schourup 1985: 54)

Schourup (1985) によると，このような like は単に会話における沈黙を埋めるフィラー (filler) 機能を果たすにとどまらず，「発話する意思はあるのだが，どのように述べたらよいか迷っている」という話し手の心的態度を聞き手に伝える方策として機能する．その証拠に，(36) のように，どのように述べたらよいか迷うまでもないはずの発話の前に like をつけるとかなり不自然に響くという．

(36)　Q: Were you born in Austria?
　　　A: Like no.　(Schourup 1985: 55)

　どんな流暢な話し手でも，常に流動的に進められる会話の場において，自

---

[2] qo は 'topicalizer; if, when' として働く不変化詞．

分の思うところをどのように言葉で表現してよいかと戸惑い，言葉の選択に迷うことはあるはずだ。そのような場合には，'so to speak' や 'as it were'（「言わば」），さらには 'well'（「ええと」）といった言い回しがしばしば利用される。こうした表現に加えて，もともと「類似性」を表し，ひいては「不確定性」を含意しうるようになった like もまた，自分の言いたいことを正確に伝える表現の選択に迷っているという，「不確定な状態」を表すのに適しているというわけである。

　以上，本節では Schourup (1985) が論じた談話マーカーとしての like の用法を概観し，その出現を可能にした「類似性」と「不確定性」の意味関係について考察した。新用法 like は会話における沈黙の気まずさを埋めるための単なるごまかし的要素ではない。会話のパートナーとして会話を持続させる意思はあるのだが，自分の頭の中にある考え (thought) をどのように言葉にしたらよいか分からず思案しているところだという，話し手の心的態度を伝達する。このような心的態度表出機能の発達は，Traugott and Dasher (2002) の言うところの主観化 (subjectification) の一例と考えられる。同時にこの機能は，コミュニケーションの場における聞き手の存在を意識することにその根源的本質を持つことに注意したい。これは対相手意識の強化，すなわち間主観化 (intersubjectification) の例でもある。

　しかし，本節で述べた like の談話マーカー用法は，直喩由来の談話マーカーが持つ機能や含意の一部でしかない。次節では日本語の新ぼかし表現「みたいな」の実例を織り交ぜながら，直喩由来談話マーカーが他にも様々な意味合いを伝達しうることを確認しよう。

5.7　「みたいな」が表しうる話し手の心的態度

　引用句導入の「みたいな」は，適切なイントネーションで発話されると，どこか冗談めかしたユーモラスな含みを伝達することがよくある。筆者は主に雑誌やインターネットに掲載されたインタビュー記事から「みたいな」例を収集したが，「みたいな」文の後ろに「(笑)」と記されているケースにたびたび遭遇した。

(37)　(ある映画の撮影を終えたばかりの俳優が，これからも映画の仕事
　　　 が数多く舞い込むのではないかと指摘されて)
　　　 いやあ，僕のところには来ないでしょう。とにかく終わったときは

二度とやるまいと思っていました。「ざけんなよ！」みたいな。(笑)
(『週刊朝日』2008年11月28日号)

同じような含みは英語 like でも感じられることがあるという(Fleischman and Yaguello 2004: 130)。また，(38)にあげる仏語 genre ('like') 例は，補文化詞 que が共起している点で，英語 like，日本語「みたいな」の例と全く同列に扱うべきではないかもしれないが，ここでも冗談めかした解釈が可能であるという。

(38) Il me dit: "Tu vas te planter au brevet," genre que je vais me laisser impressioner.
"He says to me: 'You're gonna screw up on the brevet exam.' Like I'm going to be upset by that!"
(Fleischman and Yaguello 2004: 130)

談話マーカーとしての「みたいな」が伝達しうる含みは他にもある。Suzuki(2000)があげる以下の具体例を考えてみよう。(39)では，大学におよそふさわしくない服装をする学生たちに対して批判的な話し手の心的態度が伝達されている。加えて，「ファッションショー」という語が特殊な意味合いで使用されている印象をうけるが(Suzuki 2000: 70)，これは，(32)で見た like のケースと同じである。

(39) (AとBは仲間の大学生について話している最中である)
A: 明らかに場違い。
B: (笑)っていうか，大学生らしくないよ，なんか。
A: うん。
B: 何も大学こなくてもいい人たちなんじゃないの。
A: 大学(間をおいて)ファッションショー，みたいな。
(Suzuki 2000: 61)

「みたいな」例と同じように，(40)にあげる英語 like の例でも，話し手の「違和感」「心理的乖離」を感じ取ることができる。(40)は，サンドイッチチェーン店のサンドイッチを中心にした食事メニューで大幅減量に成功した

男性の講演を聞いた，肥満に悩む中学生による発話である。

(40) And it's kind of hard, because I can't afford to like go there every single day and buy sandwich like two times a day. And that's what he's talking about.
(Morgan Spurlock, *Super Size Me* (2004), p. 76)

「講演者が勧めるように，一日に二回もサンドイッチを買いに行くなんて自分には無理だ」という趣旨の発言に like が二度にわたり現れているが，ここでは二回目の like に注目してみよう。このような数詞の前におかれる like は本来，'approximately' の意に解釈されていたが，やがて，その数字が「適正でない」とする話し手の判断を表すようになった(Fleischman and Yaguello 2004: 133)。数字の表す数・量が不適正という違和感は，その数字が厳密に正確な数量を表しているわけではないと認識することが出発点であり，結果として，その数量から話し手が心理的に距離を置いていることが伝達される。すなわち，心理的乖離の一種である。

　談話マーカーとしての「みたいな」が心理的乖離と相関している証拠としては，「自己疎外化(self-alienation)」もあげられる。ここで，直喩由来表現以外の表現を使って，自分の発話により明示される事柄から話し手が心理的に距離を置いていることを示す例を見ておこう。Maynard(2005: Chapter 2)は，日本語を母語とする若者に最近見られるようになった言語現象として，以下のような自己疎外化表現をあげている。

(41) a. お酒あんまり飲めないって言ってなかった？
　　　――うん。でもホントは，結構飲めたりして……
　　b. ご職業は？
　　　――一応，銀行員です。　　　　(Maynard 2005: 27-28)

(41a)の「たりして」は，話し手が直接的明言を避けたい際に使う表現である。「結構」は本来，ある事物の度合いが当初想像されていた以上であることを表すが，これが話し手自身の事柄について使われると，自分自身の事柄について述べているというよりは，誰か他者の事柄について話しているかのような効果をもたらす(Maynard 2005: 162)。また(41b)では，「一応」とい

う句が文頭に挿入されているため，話し手自身による話し手の身分評価ではなく，他者による話し手の身分評価が述べられているかのごとく響く。

　引用導入機能を果たす「みたいな」も，話し手自身の考えや感情を，あたかも他者の考えや感情であるかのように伝達することがある。これは，「みたいな」により導入される引用内容と話し手との間に，心理的乖離が存在することを示唆する（Maynard 2005: 332）。「みたいな」に先行する部分はしばしば上昇イントネーション（(42)では↑で表されている）で発話されるが，この事実も，話し手が自分の発話内容にある種の心理的離齬を感じていることを示唆する。

(42)　ねえ，今度の連休どうする？
　　　——彼氏と思いっきり遊ぶ↑みたいな。　　　（Maynard 2005: 333）

「新ぼかし表現」の使用に関するアンケート調査の回答（5.3）に，「（新ぼかし表現は）無責任な感じがしてよくない」というものがあったが，この回答は「みたいな」文が伝達しうる「他人事であるかのような響き」に起因するのだろう。英語 like の引用導入機能についても，引用内容に対する話し手のコミットメントを減ずる効果が指摘されている（Romaine and Lange 1991: 243）。このような話し手の心的態度表出は，直喩由来の引用導入要素に特有なものではなく，引用機能を持つ言語表現に広く見られる現象である。例えば Suzuki(2007) は，日本語で他人の発話を引用する形式である「って」（例：「彼女は急病で休むってさ。どうせ仮病だろうよ。」）が，「伝達される情報に関して話し手である自分は距離を置く」という態度を表しうることを論じている。引用機能と責任性回避の相関関係は，日本語・英語に限らず，通言語的に観察される。証拠性（evidentiality: ある発言がどのような情報に基づいているのかを表す文法カテゴリー）の問題を通言語的に分析した Aikhenvald (2004: 136) によれば，報告に関わる証拠性（reported evidentials）は「話し手の責任を免除する」効果を持つことがあるという（p. 136）。彼女は中南米の絶滅危機言語の一つであるタリアナ語（Tariana）からその具体例をあげている。

(43)　hĩ-pidaka　　　　di-uka　　　wa-dalipa-se
　　　 DEM:AN-REC.P.REP　 *3sgnf-arrive*　 *1pl-near-LOC*

'This one (her ex-husband) has come to us, I am told.'

(Aikhenvald 2004: 136)

(43)は，言いつけを守れなかった夫のことを実父に言いつけねばならなくなった妻による発話である。reported evidential（の直近過去形）である'pidaka'が使われており，「何が起こっているのか自分には理解できない」，「自分には関係ない」，「自分の過ちではない」といった話し手の心的態度が伝達されているという。このように，reported evidential の使用は，「伝達される内容の情報源が，話し手である自分にあるわけではない」と聞き手に明示することで，伝達内容から心理的に距離をおこうとする話し手の心的態度の表明につながりうる。

　以上，本節で見た直喩由来表現「みたいな」の用法についてまとめておこう。「みたいな」文ではユーモラスな冗談めかした解釈が得られることもあれば(37)，嘲笑的・アイロニー的解釈が引き出される場合もある(39)。さらには，話し手のどこか投げやりな態度が感じられる自己疎外化用法(42)もあるが，なぜそのような「無責任」な感じが生まれるのかについては，類似性概念から派生する心理的距離という概念で既に分析したので，ここでは直喩由来表現に見られる「冗談めかした解釈」と「アイロニー的解釈」について補足しておこう。アイロニーがしばしばユーモラスな印象を与えうることや，アイロニーおよびユーモアの解釈がいずれも何らかの認知的乖離を含んでいることは，先行研究でしばしば指摘されてきた。例えば辻(2001)は，(44)のようなアメリカ人による発話例をあげて，ユーモア解釈のメカニズムを説明している。

(44)　日本人はお詫びで話を始め，アメリカ人は冗談で始めると言います。みなさん期待なさっているかもしれませんが，今日の私の話には冗談はありません。初めにお詫びしておきます。　　（辻 2001: 55)

なぜ(44)にユーモアが感じられるのだろうか。(44)の話し手は＜日本人 = お詫びで始める／アメリカ人 = 冗談で始める＞という図式をまず提示しておいて，アメリカ人である自分がお詫びで話を始めてみせることで，提示した図式との乖離を意図的に作り出している。さらに(44)の発話自体が冗談となることで元の図式に収まり，表面的にはお詫びに見える発話が実は冗談で

あると言う二重のズレを作り出している (辻 2001: 56)。このように，ある種の認知的なズレはユーモアに結びつきうることが分かる。

「みたいな」や英語 like 表現に見られるユーモアやアイロニーにつながる認知的齟齬・乖離は，類似性概念に由来する。「AとBが類似している」ことは，AとB間のズレの存在を含意しうるからである。実際，文末に現れる「みたいな」の新用法を分析した Suzuki (2000) は，「みたいな」の持つ様々な意味が乖離 (distancing) と関係していることを論じている。不適切性，責任性の回避という含みと同様に，ユーモア用法やアイロニー用法に見られる話し手の心的態度表出に際しても，心理的乖離が基盤になっていることが分かる。

5.8　ヘッジと間主観化

5.3および5.4において我々は，「お箸のほう，お付けしますか？」などの新接客表現や，「ちょっと，難しいですねえ」などの，断定調をやわらげるヘッジ表現の考察を通して，ぼかすことで聞き手との距離が保持されること，その結果，丁寧度や改まりの増加が感じられることを確認した。一方，5.7では，「みたいな」の談話マーカー用法が伝達しうる話者の心的態度には，発話形式と発話文脈の乖離とでもいうべきものが絡んでいることをみた。しかし，「みたいな」の乖離は，新接客表現の場合と異なり，「相手に近づかない」配慮に帰結するわけではない。

「みたいな」を含む「新ぼかし表現」は，「相手に近づく配慮」，すなわちポジティブ・フェイスに関わっているように見える。その証拠の一つとして，「みたいな」が伝達しうる冗談めかした含み（例えば(37)参照）が挙げられる。また，「みたいな」だけでなく，それが導入する引用表現の形式そのものにも，「相手に近づく配慮」に貢献すると思しき特徴がある。Brown and Levinson (1987) はポジティブ・ポライトネス・ストラテジーとして15の下位ストラテジーを立てているが，その中の一つに「相手への関心をより強いものにする (intensify interest to H)」(p. 106) がある。具体的には，聞き手がその場にいるかのように臨場感を持たせる描写的現在 (vivid present) があげられる。この下位ストラテジーに合致する日本語の具体例として，滝浦 (2008) は(45)を提示している。

(45)　「朝起きて時計見たら9時すぎてんの。やべっ！って超ダッシュで

家出て駅着いたら，『本日は休日運転のため……』とか言ってて。
それって祝日じゃん，マジ信じらんね〜！」　　　　（滝浦 2008: 35）

相手と事柄を共有しているかのように，例えば過ぎ去った過去の出来事をあたかも「いま・ここ」の時空にあるかのように表すことは，相手との心理的距離を縮めることにつながる(滝浦 2008: 37)。直接話法の使用は相手に近づく方策の一つというわけである。直接話法を使って臨場感を出すという手法は，引用導入用法の「みたいな」にまさに当てはまる。

(46)　(自著エッセイに掲載する写真として自宅クローゼットを許可なく撮影されたタレントが，インタビューに答えて)
「え〜？撮影するなら言って！」みたいな。だって，カバンとか，別の撮影で持っていっちゃってた時で，棚がスカスカでしょ？ショボ！みたいな。
(http://books.rakuten.co.jp/RBOOKS/pickup/interview/kanda_u/)

英語 like についても，同趣旨の指摘がなされている(例えば Romaine and Lange(1991: 240)を参照)。直接話法の形でしか引用できないという点も同じである。

(47)　?He was like that he wanted to leave early.　　(Schourup 1985: 44)

「みたいな」に見られる，話し手と聞き手の連帯感を高めるための配慮は，他のぼかし表現についてよく指摘される，相手に近づかない配慮と，どのような関係にあるのだろうか。この問題を考えるにあたっては，言語表現に見られる「配慮」とは何かを押さえる必要がある。滝浦(2001)は近年取りざたされた「新表現」として，「〜じゃないですか」のような新しい疑問文用法や，挿入的な「半クエスチョン」を論じているが，これらの用法では話し手側が一種「ポライトな」表現として用いている感覚があることを指摘している(p. 31)。ここでいう「ポライトな」表現とは，円滑なコミュニケーションを図ろうとする人間の社会的言語行動に関係するものである。それは必ずしも日本語のいわゆる敬語体系を指すわけではなく，むしろコミュニケーションの場における話し手・聞き手間の関係構築・維持を指向した総合的な

配慮表現と呼ばれるのがふさわしい(cf.宇佐美 2003: 128-129)。

　話し手は，自分という主観に始終固執するのではなく，言語コミュニケーションのパートナーである聞き手の立場に常に配慮しながら，時には必要な調整を行いつつ会話を進める。その調整には，相手の領域を侵犯することを回避しようとするネガティブ・ポライトネス・ストラテジーもあれば，相手との共有要素を増やして聞き手のポジティブ・フェイスに配慮しようとするストラテジーもある。このような配慮に基づく話し手と聞き手の関係は，間主観性の問題である。ポライトな表現の発達とはつまるところ，間主観性の強化として捉えることができよう。

5.9　おわりに

　本章では，「直喩＞引用導入」という文法化経路の例として，「みたいな(＜みたいだ)」表現の機能拡張について考察した。英語 like 句と日本語「みたいな」節には多数の共通点が見られる。まず，日英語いずれのケースでも，類似性概念から派生する「厳密な意味での同一性の欠落」が，新しい用法を生み出すのに重要な役割を果たしている。また，類似性に関連付けられる一種の「乖離」は「ぼかすこと」「心理的に距離を置くこと」につながるが，これはユーモアから皮肉，自己疎外化まで，様々な解釈をもたらしうる。

　「みたいな」のみならず，一般にヘッジ表現は，ある種のズレが存在しうることを含意する。この含意の結果，もたらされるものが「相手に近づく配慮」であろうと，「相手に近づかない配慮」であろうと，そこにあるのは交話者たちの主観と主観の相互作用，すなわち間主観性の問題である。Tomasello(2003)の「共同注視(joint attention)」を引き合いにだすまでもなく，人間の言語コミュニケーションは，個々の会話参与者の意識(自我)が相互作用を及ぼし，共通認識を成立させる点に基盤がある。そこで様々な対人的調整が起こりうることは言うまでもない。「新ぼかし表現」の発達は，一般的なヘッジ表現とは異なり，ネガティブ・フェイスではなく，ポジティブ・フェイスに関わるストラテジーに結びつく点で特異に見えるかもしれない。しかし間主観性の強化という観点から考えれば，他のヘッジ・ぼかし表現と同じように，言語の史的変遷と人間認知の関係を探る手がかりを示しているのである。

第6章
複合動詞の歴史的拡張
―― ポライトネスから文法化へ ――

6.1 はじめに

　歴史言語学がトピックにしている現象を認知言語学の枠組みで考えると，基本的認知能力が言語変化において，いかに巧妙に，かつ重要な役割を担っているかを理解することができる。また，歴史言語学は言語変化の中心課題を音韻変化と形態・統語変化に集中し，相対的にではあるが，意味変化については活発な議論を行なってこなかったように思える(Harris and Campbell 1995)。本章では，歴史言語学があまり取り上げることがなかった分野にも着手し，文法化と主観性の枠組みから，語彙の融合から成る複合動詞の創発と拡張のプロセスに焦点を当てて，言語変化のダイナミズムを詳しく見ていくことにする。

　日本語のコミュニティでは，複合動詞のスキーマ「動詞(前項要素)＋動詞(後項要素)」は十分に定着している。このような複合動詞への関心は高く，かなりの研究がなされてきている(関 1977, 森田 1990, 姫野 1999, 金丸 2004, 松田 2004, 菊田 2008, 廣瀬 2006)。複合動詞が十分に定着していることに加えて，その共時的・通時的拡張は殊に注目される。例えば，通時的な研究では，大島(1996)は現代日本語と平安時代中期の代表的な作品『源氏物語』での複合動詞の各構成要素間の関係性について対照的に調査している。それに基づくと，複合動詞化は後項要素が接辞へと変化する文法化現象の一例と見なされる。なぜならば，複合動詞の文法化に伴い後項要素が音韻と形態との両面で縮約・縮小を受けることがあることを一つの理由として挙げることができるからである。例えば，動詞の連用形に動詞が付加された複合動詞の分析では，後項要素が補助動詞化し，接辞化することから様々な段階に分けることができる。複合動詞の文法化によって後項要素が接辞化する現象は構成要素の意味の希薄化と見なされ，これは動詞の意味との比較から

論じることができる（石井 2007，斉藤 2004，寺村 1984）。

　日本語学の分野では様々な理論的枠組みから複合動詞が考察されている。例えば，「思い込み」はカテゴリー拡張の一例で複合動詞「思い込む」から「思い込み」へと複合名詞化している。「思い込む」は抽象的な思考動詞「思う」と物の内部への移動を表す空間移動動詞「込む」が結合した複合動詞である。「思い込む」は「深く信じること」，「心に固く決めること」を意味し，その思考から抜け出せないことから「込む」は「思う」という思考活動をより深く強調する役割を担う後項要素と分析される。よって，歴史的には「込む」は本動詞から形態素へ文法化された接辞と分析できる。

　また，認知言語学の視点から見ると「思い込む」は容器のメタファーと関係する。「込む」は対象物を容器の外から中へ入れる具体的な行為を意味する。よって，容器と見立てた人間の頭もしくは心の中へ「思い」，「考え」，「信念」，「意見」などをより深く収納するという精神活動が強調されている。例えば，ある対象を「取り込む」，「囲い込む」という具体領域から「思い込む」のような思考活動を意味する抽象領域へと写像されたと捉えることが可能である。

（１）　中国がタイへの支援に積極的なのは，高速鉄道網が整備されれば，昆明からベトナム，ラオス，タイ，マレーシア，シンガポールに至る縦断鉄道の実現性が高まり，大量輸送による ASEAN との貿易拡大が見込めるためだ。

　　　　　　　　　　　　（下線部付加）（『読売新聞』平成22年9月10日朝刊）

「見込む」も使用頻度が高い複合動詞である。（１）の「見込める」から中国がこの先，貿易拡大に大きな期待を抱いていることが分かる。「見込む」は「この先のことについて考える・予測する」ための判断材料を字義通り「見る」ことによって，得られた情報から「予測・期待」できるものを頭の中に保存しておくと捉えることができる。換言すると，視覚を通じて出来上がったこれから先，「予測・期待」できる対象を心という容器に収納するメタファー的な意味を表している。これは，また，主観性に関わる現象でもある。

　容器のメタファーは具体性から抽象性へのイメージ・スキーマ変換に動機づけられている。「込む」を構成要素とする複合動詞は感覚機能を表す動詞

と融合してメタファーにより創発されている。身体性に基づく境界(boundary)のイメージ・スキーマが複合動詞「～込む」の歴史的な拡張を動機づけている。

　複合表現を下位区分すると，例えば，「名詞＋名詞」，「動詞＋動詞」，「外来語名詞＋日本語名詞」とに分別される[1]。「動詞＋動詞」を認知言語学の観点から分析すると，イメージ・スキーマの形成と変容，図・地の反転，焦点連鎖とスキャニング，メタファー／メトニミー的拡張などの認知プロセスが相互に関係していることが分かる。動詞は文法の重要な位置を占める。単一動詞と再分析される定着度の高い複合動詞は複雑な拡張の認知プロセスを展開する。ある「動詞（前項要素）＋動詞（後項要素）」が定着して，その定着の歴史が長ければ，その分だけ複合動詞を単一の動詞として容易に捉える傾向が強くなる。そして，個々の動詞に分けて意味を理解するプロセスは背景化される。しかし，定着してからの歴史が浅くても，使用頻度が高ければ容易に単一動詞として再分析される(Hopper and Traugott 2003, Kanasugi 2009, Winters et al.(eds.)2010, Yamanashi 2010)。すなわち，拡張のプロセスの認知的な動機づけを一つ，一つ整理・整頓することができれば，「言語」の定着と拡張の真のプロセスに近づくことができる。

6.2　複合動詞の構成度

　認知言語学の観点から「動詞」全般を考察すると，言語の歴史的変化の動機づけがより明確に理解される。複合動詞の文法化は主観性の強化により動機づけられていることが言語の経済性と利便性の観点から複合動詞の拡張を分析することからも理解できる(Kanasugi 2005, 2007, 2009, 金杉 2009)。

　認知言語学は構成度に段階性を認めている。複合動詞についても構成性から非構成性への段階性が認められ，分析の上で重要である。複合動詞のそのような段階性，換言すると，分析可能性はメタファー及びメトニミーの認知作用に依拠している。複合動詞の文法化では主体が前項動詞と後項動詞のどちらを焦点化しているかが重要である。さらに，文法化は形態そして音韻にも変化をもたらす。この変化はメトニミーの一例として位置づけられ，前項要素と後項要素の隣接性に基づく図・地効果(metonymic figure/ground

---

[1] 自国語以外の言語が起源となっている合成語，例として，ギリシャ語起源＋ラテン語起源の組み合わせで，日本語体系に十分，定着している複合語は混成語と呼ばれる。また，自国語起源＋異言語起源の複合語を擬似混成語と呼ぶことにする。

effect)の形態統語的拡張に他ならない。そのような図・地効果については日本語の古典では，本動詞から補助動詞への脱カテゴリー化を例に挙げることができる。例えば，「たまふ」は四段活用であれば，「尊敬」の，下二段活用のときは「謙譲」の意味となる。その他，「きこゆ」，「たてまつる」，「はべり」という動詞が他の動詞に下接するプロセスを経て，自らは自立性を喪失し，敬語の補助動詞として前景化する。一方，本動詞の役割は背景化することにより，図と地との反転がそれらの言語構造に映し出されている。

　複合動詞の意味が各構成要素の総和に還元される可能性についてはどうであろうか。構成要素の意味上の緊密度によっては，個々の構成要素の意味から全体の意味が予測可能である。一般的に，前項要素が後項要素の「様態」，「並列」，「原因」，「手段」そして「補文」の意味を表す5種類へ分類される。意味と形式の一対一対応に基づくと，前項動詞であれば，連用形が，後項動詞であれば，基本形がそれぞれ相当する。同じ形式が成り立つ以上，この特徴は意味的な関係によって動機づけられている。ただし，要素還元主義意味論での総和による意味の創発ではなく，複合動詞の中には高度にスキーマ化されたゲシュタルトを形作っている例がある。これは主体の主観性の強化によるものである(Nunberg 1978, Gibbs 2005, Langacker 2008)。

6.2.1 「〜つける」の分析可能性

　「つける」は多義性と多機能性を持つ動詞へと歴史的に拡張している。他動詞「つける」は下一段活用で，自動詞「つく」は五段活用である。自動詞から他動詞への脱カテゴリー化は普遍的なもので，例えば，古語の四段活用動詞「つく」から，古語の下二段活用動詞「つける」へと変化している(山口・秋本(編)2001)。そして，そのような「つける」も本動詞から補助動詞的な機能へと文法化している。例えば，「〜つける」の前項要素が名詞であれば，「つける」は前項要素を強調する補助的な役割を担うことがある。

（2）「後期高齢者」当面は維持──老健の復活断念　新制度を策定
　　民主党内には，政権交代を印象づけるため，現行制度の早期廃止を目指す意見もある。それには老健復活が前提となるが，長妻厚労相としては，全国の自治体や医療関係者の反対が強い旧制度復活は現実的でないとして，時間をかけて新制度を策定し，移行する方針を固めたものだ。（下線部付加）(『読売新聞』平成21年10月4日朝刊)

(2)の「印象づける」の「づける」は「政権が交代したことを強く世論に知らせる」ための補助的役割を担っている。つまり、形態・音韻上の変化、「つける」が濁音化して「づける」になっていることから、「つける」が補助動詞化していることが確認できる。

「貼りつける」、「打ちつける」、「塗りつける」、「擦りつける」、「巻きつける」そして「結びつける」の例から、「〜つける」は分析可能性が高く、創発性も高くなっていることが分かる。次の「取りつける」では、「(物を)取って(来て)そして(ある場所に備え)つける」のように換言できる。

(3) a. 雅夫は机のシールをカバンに取りつけた。
　　 b. 雅夫は机のシールを取って(そして)カバンにつけた。

(3a)から(3b)へ言い換えることができるので、「取って(そして)つける」は「取りつける」が複合される以前の過渡的段階と見なせる。そして、「取って(そして)つける」の使用頻度が増すと、接続助詞「そして」が背景化し、「取ってつける」から複合動詞「取りつける」へと創発したと推測される。

(4) 二つの事故は理念のない対策を繰り返し、失敗を取って付けたような言い訳で取り繕う文化庁の体質を象徴している。
　　　　　　　　　　　(下線部付加)(『読売新聞』平成18年5月4日朝刊)

(4)では「取ってつける」が「取って付けたような」へと拡張し、形容詞の役割を担っている。つまり、動詞と動詞との並列表現「[取って](そして)[つける]」から「[取って][つける]」へ複合された後、「[取って付けた]ような」へと再分析され、複合形容詞へと拡張している[2]。

(5) a. 今年の夏、日立のエアコンを居間の壁に取りつけた。
　　 b. 今年の夏、日立のエアコンを居間の壁に備えつけた。

また、(5a)と(5b)はパラフレーズの関係にあることから、「取りつける」が

---

2 「[取りつけ]+名詞」の生産性は高い。「[取りつけ]工事」、「[取りつけ]家具」、「[取りつけ]騒ぎ」(預金の取り戻しを図る預金者が一時的に店頭に殺到し、混乱をきたすこと)、「[取りつけ]構造」がある。

多義的であることが分かる。ここでは,「取りつける」の「取り」は字義通りの意味から,接頭辞へと文法化され,「取る」の意味が希薄化されたと捉えられる。すなわち,起点と到達点との間の経路が背景化され,「居間の壁」は焦点化された到達点と見なすことができる。(5a)の「取りつけた」は図1Bによって表され,「起点―経路―到達点」のイメージ・スキーマは起点と経路の部分が変容して到達点のみが前景化されている。(5a)では前項要素が地に反転し,前項・後項要素の隣接性によるメトニミー的な図と地の反転効果により,主観性が強化されている。

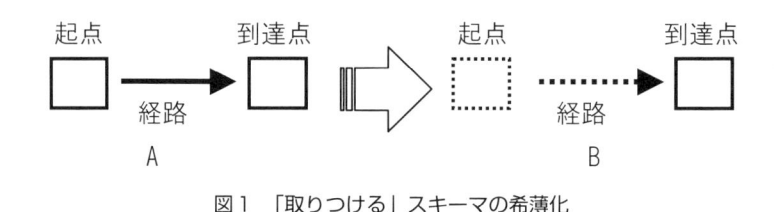

図1 「取りつける」スキーマの希薄化

歴史的に「取りつける」は抽象レベルへとさらに拡張している。「取りつける」はある対象が取りつけられる場所への移動を意味するレベルから,さらに,(6)の「取り付ける」へと拡張し,分析可能性は低下する。

(6) 在沖縄米海兵隊グアム移転協定の締結で,政府はオバマ米新政権が現行の在日米軍再編計画を維持することの確約を<u>取り付ける</u>ことができた。　　　（下線部付加）(『産経新聞』平成21年2月17日朝刊)

(6)では「取り付ける」が「確約」という抽象名詞を目的語に据えるまでに抽象化している。

(7) 日ごろ<u>取り付けている</u>酒屋　　　（下線部付加）(『明鏡国語辞典』)

また,(7)の「取り付けている」では分析可能性が著しく低下している。この「取り付けている」は「お酒を<u>買い付けている</u>」を意味するまでに変容し,著しく文脈に依存している。(7)では,「酒屋」が重要な役割を担っていて,「取り付ける」が「買い付ける」にまでメタファー的に拡張し慣用化

されている。この点に関しては，Fillmore の「フレーム」の枠組みから「買い物のフレーム」を設定することが有効である(Fillmore 2009)。(7) の「取り付けている」は店から商品を自宅へ配達してもらうことで，その商品を購入するという意味である。このように，複合動詞「取りつける」は語用論的な多義性を持つレベルにまで拡張している。

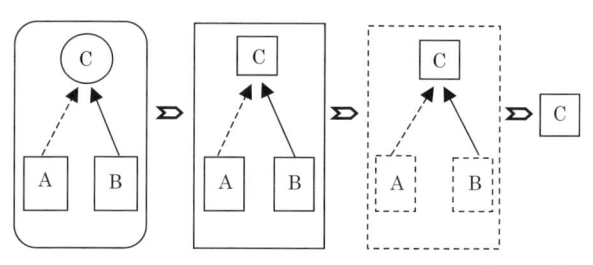

Langacker(2000: 38)

図2　非構成化のプロセス

図2は左端のレベルが最も分析度が高い構成体で右から2番目のレベルが分析度がかなり低い構成体を示している。右端は十分に慣用化されたイディオムの例で，分析不可能な構成体を示す[3]。(5a)では，「取りつけた」の前項要素のスキーマが主観性の強化により既に希薄化しているので，分析可能性は低下している。よって，(5a)は図2の左から2番目のモデルが妥当である。(6)の「取り付ける」については起点から到達点への空間移動を表しているのではないので分析可能性が低下している。よって，左から3番目のモデルが妥当である。そして，(7)の「取り付けている」については分析可能性の余地がなく，右端のレベルが妥当であると考えられる[4]。

複合動詞「打ちつける」の分析可能性についてはどうであろうか。これは「貼りつける」と同様に，分析可能性が極めて高い。「打つ」は対象と対象が「引っついて」両者が固定される状態を表すことができる。「打ちつける」は対象Aと対象Bを釘などで打ち，両者を付け合せる行為を表す。この場合，

---

[3] 「名詞+(を)つける」で意味的に分析不可能なイディオムには「糸目をつけない」，「色をつける」，「目星をつける」，「こじつける」などがある。中でも「こじつける」は「故事つける」からのメトニミー的拡張による。

[4] 一般的にこのような「〜つける」の多義性を図2で導入した Langacker のモデルに適用すると，最も分析可能性が高い「貼りつける」，「巻きつける」，「縫いつける」，「縛りつける」，「擦りつける」，「塗りつける」が左端のモデルに適応する。

図2では左端の極めて高い分析可能性のレベルに相当する。

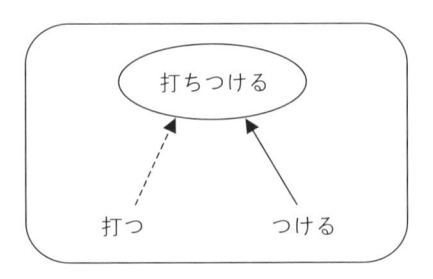

図3　「打ちつける」の分析可能性

したがって，Langackerのモデルであれば，図3のようになる。

(8) a. クライマーは鎌状の登攀(とうはん)器具「アイスバイル」と足に付けたアイゼンの刃を固い氷に打ち付けながら，氷壁にスプレーで描かれた難しいルートをよじ登っていった。
(下線部付加)(『産経新聞』平成21年1月20日朝刊)
b. 2人は片方の肩を交差させるようにして格子をつかんでぶら下がる。足を振り上げて勢いを付け，戸に背中を打ち付ける。
(下線部付加)(『毎日新聞』平成21年3月9日朝刊)
c. さらに世界選手権で日本選手トップ，メダル獲得で北京五輪行きが決まる。蒸し暑い大阪は世界との距離がせばまる。粘り強さが取りえの30歳にはうってつけの舞台だ。
(下線部付加)(『東京新聞』平成20年2月18日朝刊)

(8a)はアイゼンの刃が硬い氷に頑丈に固定されている状態を描いている。物理的接触である。打って変わって，(8b)では「つける」の行為の具体性が希薄化する。何故ならば，(8a)の「打ち付けながら」とは異なり，人の背中が戸に打ちつけられて，体が戸に固定された状態を描写しているのではないからである。本動詞「つける」の意味が希薄化している。これは，本動詞から補助動詞への脱カテゴリー化の例である。使用頻度が増すにつれて，「つける」の意味が磨り減り，新たに接辞へと文法化している(cf. 例文(2))。(8c)の「うってつけ」は再分析の例で，複合動詞から複合名詞へ脱カテゴリー化している。つまり，「打ち」が接頭辞としての「うって」へと

文法化し,「つける」は文法化による音韻縮小を伴い,「つけ」へと変容している。

6.2.2　接辞への文法化

　使用頻度が高くなり始めるにつれて,言語単位の意味,機能,形態そして音韻までもが変容し始める。複合動詞の構成要素が接辞へと文法化するのもその一例である。文法化に伴いこのように音韻と形態との両面で縮約・縮小が認められるのは世界の各言語間に見られる現象でもある (Hopper and Traugott 2003)。接辞化は構成要素の意味の希薄化から論じられる (石井 2007,斉藤 2004,寺村 1984)。動詞の連用形に動詞が付加された複合動詞では,後項要素が補助動詞化し,接辞化することから様々な分析段階に分けられる。一般的には後項要素が補助動詞を経ずに接辞にまで文法化することがなければ,「取り決める」,「突っ込む」,「こみ上げる」,「でっち上げる」,「作り上げる」,「言い通す」,「かき回す」のように前項要素が接頭辞化し,意味が希薄化することもある。

　寺村 (1984: 164) は後項動詞の接辞化をアスペクトから分類している。

(9)
(A)　時間相　開始:「～はじめる」,「～かける」,「～だす」
　　　　　　　継続:「～つづける」,「～つづく」
(B)　空間相　上下:「～あげる」,「～あがる」,「～おろす」,
　　　　　　　　　「～くだす」,「～さがる」,「～さげる」,「～おちる」
　　　　　　　内と外・周囲への方向性:「～こむ」,「～こめる」,
　　　　　　　　　　　　　　　　　　　「～だす」,「～まわす」
　　　　　　　ある目標に向かっての動き:「～かける」,「～かかる」,
　　　　　　　　　　　　　　　　　　　「～つける」,「～つく」,
　　　　　　　　　　　　　　　　　　　「～かえす」,「～あう」
(C)　程度・密度・強さ・完成:「～ぬく」,「～きる」,「～こむ」,
　　　　　　　　　　　　　　「～とおす」,「～つめる」,「～つくす」

これらの分類から,後項動詞が意味を希薄化させていることが分かる。すなわち,後項要素が程度の上昇を示す補助動詞化,さらに接辞化への変化が単方向であれば,複合動詞がどの程度,文法化されているかの基準を定めるこ

とができる。その一つはテンスとアスペクトに関係する動的述語から状態性への意味拡張である（第2章参照）。

複合動詞のカテゴリー拡張は様々であり，形容詞の役割を果たす述語へと拡張している点は注目される。

(10) 新進の雑誌を第100号にまで漕ぎつけているその出版社から連絡があった。

(11) 普段から自分の考え方を見つけている人は戸惑うことはない。

後項要素に続いて「～テイル形」が用いられる動詞群がある。これらの場合，連体修飾で「～タ形」が一般的であるが，「～テイル形」に拡張された後でも動詞本来の意味は残されている。「その出版社」，「人」を修飾するこのような述語は性状規定的な述語と呼ばれる。後項動詞が補助動詞化し，前項動詞の意味が焦点化されると，全体的に性状規定的な述語へと拡張する。さらに，「～テイル形」へと文法化が進行し，形容詞の役割を担うようになる。複合動詞が性状規定的な形容詞へと拡張するプロセスは連続的である。しかも，この連続性はカテゴリー拡張と共通する極めて重要な言語変化のプロセスである（第1章参照）。

放射状カテゴリーの連続性には境界性が存在する。複合動詞の文法化においても同様にカテゴリーの境界性が存在する。このカテゴリーの境界性は認知言語学の重要なテーマの一つでもある[5]。複合動詞のカテゴリー拡張の連続性は他と同様に経験基盤の主観性の強化に動機づけられている（第4章参照）。

6.2.3 会話のストラテジー

語用論はコミュニケーションの観点から心理的かつ文化・社会学的に言語を考察する分野である。近年では言語変化の語用論からの分析がより積極的に取り組まれ，その結果，語用論的強化，語用論的推論，誘導慣習含意という主観性の強化からの言語分析がなお一層，活発化している（吉村 2001，堀

---

[5] 「言語」という記号を通じて意味を表すとき，構造言語学の観点からの分析では境界性の概念が成立することはあり得ない。その代表的な物差しが意味素性と呼ばれているもので，言語を通じてこのように現実世界を切り取る方法はデカルト主義に基づく言語学へと陥る危険性を潜在させるものである。

江 2003, 籾山・深田 2003, 名塩 2009, 山梨 2009)。

　Grice は科学哲学の観点から「会話(コミュニケーション)」の理想的な成立の条件として「協調の原理(cooperative principle)」を提案する。そしてこの条件の下に「会話の格率(maxims)」を設定する。最初に会話で要求されるのは「正確」さである。「協調の原理」と「会話の格率」は「正確」に照準を合わせている。これは, いかに効率よく会話を推し進めることができるかについての原則である(Grice 1991)。Grice の原理と格率から逸脱しない会話は理想的な状況である。しかし, Grice の原理と格率にそぐわない会話の流れであるにもかかわらず, 実際には同じような会話が反復して生じる。これらは原理と格率が抑制する言語行為(speech act)を損なわず, Grice の諸原則に違反しているのである[6]。もし, 聞き手が話し手のいうことをそのまま真実として全て受け入れる「字義通り性」という性癖を持っていれば, Grice の質の格率は極めて重要な原則となる。事実を徹底的に無視する虚偽のでっちあげによる誹謗と中傷の背後に潜む心理的な情動は, 会話の格率を根底から損なうものである。コミュニケーションの自然性は効率の良さとは別の次元にあることは重要である。会話の流れの中で自然性を保つ要因の一つは対人配慮のストラテジーである。

6.3　主観性とポライトネス

　Grice, Searle, Levinson に代表される古典的な語用論研究に基づく対人コミュニケーションを重視した研究がある。Brown and Levinson(ブラウン&レビンソン)の「ポライトネス原理」である。これは文法化, 主観性の強化による言語変化を説明するときにも応用できる可能性を示唆する原理である[7]。Brown and Levinson のポライトネスのストラテジーは円滑なコミュニケーションを推進する上で語用論的推論と類推がいかに重要な役割を担っているかを説いている[8]。また, そこでは, 社会・文化的な要因が大きな役割を

6　実際の会話では会話の格率の中で話し手が質(quality)に違反することは往々にしてある。このような話し手が聞き手に対して侵害する心理的抑圧は会話の流れを著しく損なうものである。

7　Grice(1971)の論考は語用論的考察の土台を確認することに関して重要である。Grice は言葉の意味は会話の流れ(conversational flow)の中でこそ決まるという。日常の会話の中に埋め込まれている認知主体が発信する意味の内容と意図の伝達が相手に正確に理解されるとはどういう状況にあるのかについて論を展開している。

8　Brown and Levinson(1987)は1970年代初頭には早くも変形生成文法が文法制約(grammatical constraint)によってその理論が雁字搦めの状態に陥っていることを鋭く指摘している。

担っていることが示されている。そして，文法化，主観性の強化の分析で取り扱われることが少なかったポライトネス原理は我々に言語運用の考察の新しい切り口を与えてくれる。さらに，第5章の「新ぼかし表現」の拡張についても(間)主観性の強化とそれに深く関わるポライトネス原理の視点から体系的に説明がなされている。ポライトネス原理は心理学と文化人類学の知見を基礎に発展した認知言語学の基本概念を反映している。

6.3.1 心の理論──認知神経科学

　Tomaselloは言葉による対人コミュニケーションが人間にのみ可能なのは対象と対象との関係を理解する能力が哺乳類の中でも最も優れているところにあると主張する(Tomasello 2003)。これは「心の理論(Theory of Mind)」，すなわち，コミュニケーションを論じる場合に最も注目される分野である(Tomasello 2003, Mithen 2005, 金杉武司 2007, 金杉高雄 2007, 児玉・野澤 2009, 村上 2010)。「心の理論」は意図・意志，信念，欲求という基本概念が他人にも明確に認められ，それらを理解する能力を所持するのが人類であると位置づける。人間は社会的行動を全うする基本的な能力により文化を学習することができるのである。Tomaselloは人類がこのような認知能力を持っているからこそ，発展的に「言語」を変化させることができたのだと述べている。歴史の時間軸に沿った言語変化の考察は文化に動機づけられた語用論の分野として位置づけられる。聞き手は話し手の伝達内容とその背後に潜む伝達意図を可能な限り正確に把握することが要求される。Tomaselloは文化を学習することを通じて，人類は言語を歴史的に拡張させてきたと考えている。言語運用と言語変化は表裏一体で，そこには「心の理論」が必要不可欠である(坂井 2008)。

　「心の理論」の重要性は音声の研究分野でも同じように認められている(小田 1999)。Tomaselloは幼児の言語習得のプロセスに注目し，「他者の意図を理解すること」と「共同注視(joint attention)」を重視している。幼児が

　　...but more tentative partial pragmatic functionalisms are to be found in work stemming largely from the Lakoff's and scattered through issues of the Chicago Linguistic Society papers and in Cole and Morgan(1975)

(Brown and Levinson 1987: 256)

　　変形生成文法による規則依存性に伴う誤った抽象化を戒めると同時に，コミュニケーションを基盤にした語用論を言語現象の解明に導入する機会を増やすことを示唆している。

「他者の意図を理解すること」と「同一の対象に向けて注意を向けること」が可能になると，自分が置かれている生活環境の中で，対象の存在とその存在意義を理解するようになる。このようなプロセスにおいて，社会的認知能力が発達するにつれて，幼児は言語を習得するようになる。語用論的推論及び類推を基盤にした幼児の言語習得のプロセスは言語変化，発話行為論と並行して論じることが可能である。言葉の創発，言語習得そして，言語変化はそれぞれ，認知能力の環境への適応とそれに伴う高度な言語運用能力に動機づけられている。コミュニケーションの本質は話し手の意図を聞き手に伝えることである。そのような意図を正しく解釈するためにはコミュニケーションが円滑に展開される必要がある。経験基盤に基づく社会性は社会的身体性とも呼ばれている。新しい表現が慣習化されるための「心の理論」は他者理解を中心とした社会的身体性に動機づけられている。

歴史的にも，文化的にも，人類は基本的認知能力を駆使しながら，ここで取り扱うような複合動詞を創発させ，そして主観性の強化によりそれを拡張させている。そして，語用論的推論，慣習的含意，語用論的圧力を伴って，社会的身体性により複合動詞の歴史的拡張を理解することができる。「心の理論」を通じて言語と文化が世代を超えて引き継がれ，蓄積される。

6.3.2 ポライトネスから創発性へ

言語の創発性は対人コミュニケーションに動機づけられている。ポライトネスに配慮するストラテジーにより新しい表現が創発されることから，言語変化もポライトネスのストラテジーと密接に関係しているのである。ここでは，言語変化が相手のフェイス(face)に深く関係していることが提案される。ポライトネスは相手と自分との距離感の大小を伝達する手段である。主体は距離感を修正することから理想的な語用論的状況へと自らをその中に置く。相手のフェイスに関係している例として，敬語の創発，イン・グループ内での表現がある(第7章参照)。俗語の創発，メタファー，メトニミーによる豊かな表現方法の蓄積，それに加えて，複合名詞，そして複合動詞の創発もポライトネス原理の視点から説明が与えられる。新語の創発は基となる語からの創造もあれば，複合動詞のように脱カテゴリー化を伴いながらより幅広い意味へと拡張する例もある。ポライトネス原理は社会的身体性から言語行為をどのように施行するかに関与するものである。また，社会的関係をより正確に表現しようとする試みから，ポライトネス原理はイメージ・スキー

マの変換を伴いながら既存の言語表現を如何に拡張させてきたかを歴史的に問い直す基礎となる。

　Brown and Levinson(1987)は「欲求修正(face redress)」が文法構造に及ぼす影響が多大であるとし，そのような影響を機能的圧力もしくは語用論的圧力と呼んでいる(Hopper and Traugott 2003)。言語変化に及ぼす影響には内的圧力(internal pressure)と外的圧力(external pressure)とがある。ポライトネスや語用論的推論による言語変化は外的圧力による。欲求修正によって語用論的圧力が作用し，言語変化が引き起こされている。しかし，外的な語用論的圧力のみが文法構造に影響を与えているわけではない。人間の基本的な認知能力に基づく内的圧力も見逃すわけにはいかない(金杉 2005a, b, Kanasugi 2007, 2009)。ポライトネス原理は対人コミュニケーションの中でも言語の「経済性」に最も深く関与していると考えられる。Tomaselloと Brown and Levinson，Hopper and Traugottの言語研究に見られる共通認識は社会的，文化的な要因と基本的認知能力が言語習得と言語変化で大きな役割を担っている，という点である。これは特記すべき点である。重要な共通のキーワードは「コンテキスト(context)」である。語用論的推論と共同注視による同一対象への焦点化は幼児の言語習得では基本的概念で，コンテキストは第一義的なものとして位置づけられる。社会的な動機づけが言語変化に根づいていることが明らかになると，言語習得及び欲求修正による文法構造への影響，そして，言語変化には「会話の含意」が重要な役割を担っていることが理解される。

6.3.3　文法化とフェイス概念

　文法化により後項要素が接辞化するとその複合動詞は多義性を呈する。ポライトネスの「欲求を保つ(face-preserving)」ことが文法の変化や言語変化の要因と仮定すれば，複合動詞の文法化は相手の意図を重視することに動機づけられた言語変化と捉えることができる。ポジティブ・ポライトネス，ネガティブ・ポライトネスの「欲求」によって創発された言語単位の一つが複合動詞と捉えることができる。そのプロセスから心理学，神経心理学，社会学，文化人類学，哲学での日常に即した社会的身体性によるものが「言語変化」であることが理解できる。

　Brown and Levinson(1987: 181, 279)は社会的身体性に根ざすポライトネス原理に通じる日本語の言語現象の中で，Yamanashi(1974)の語構成につい

ての語用論的分析に注目し，日本語の発話行為の語用論的推論と慣習的含意が文法の変化と語形成で重要な役割を担っていることについて論じている。人類学と社会学との両分野での呼称や敬語の現象は儀礼論的枠組みに比較的収まりやすい。既に触れたように，Brown and Levinson は対人関係での言語行為を人類学・社会学を基盤にしたフェイス概念を用いて分析することを提案している。このフェイスはポライトネスの対人的な配慮に向けられるもので，人間の基本的欲求と捉えられ対人コミュニケーションの中で自他のフェイスに配慮する様々な認知的側面を体系化している[9]。Brown and Levinson は言語行為での相手・自分のフェイスを侵害する行為を「フェイス侵害行為(face threatening act(FTA))」と呼んでいる。会話では常にフェイス・リスク(face risk)を伴う。そのようなリスクを計る一連の指針として，(i) 話し手と聞き手との「社会的距離」，(ii) 聞き手の話し手に対する「力」，(iii) ある行為がその文化の中でどの程度，負荷になるかという「負荷度」を挙げている。フェイス・リスクはこの3要素が加算的に作用して決定される[10]。Brown and Levinson はポライトネスを相手に伝達する手段のことをストラテジー(strategy)と呼んでいる。これは円滑なコミュニケーションを推進するための手段であり，合理性にかなった判断をするために必要とされる。話し手は自分の意思の伝達を明示的に行うように努めると同時に基本的に聞き手のフェイスを侵害することがないように配慮する。しかし，日常会話では配慮が少ない直接的な表現はリスクを伴うが伝達の確実性は向上する。その一方で，(12)のように，配慮が多くなされている場合ではリスクは少ないが伝達の確実性は相対的に低下する(滝浦 2008)。

(12) (A) 直言(bald on record)：

---

9 Brown and Levinson はフェイスの概念を Goffman(1982)に委ねている。人々が対人コミュニケーションの場面で浮かび上がらせる肯定的な自画像が Goffman のいうフェイスである。このフェイスの概念は二種類の基本的欲求から成り立っている。
　ネガティブ・フェイス：他者に邪魔されたくない。他者に踏み込まれたくない。
　ポジティブ・フェイス：他者に受け入れられたい。他者に好感を持たれたい。
このように，同じ相反する欲求を持った人間が対面しているのがコミュニケーションの状況であると規定している。
10 フェイス・リスクを考えるときに3番目の要素はかなりの影響力を持つものとされる。同じ言語行為であっても文化が異なればその影響力，「負荷度」は著しく異なると予測されるからである(宇佐美 2001)。

意志伝達を明示的に行う。フェイス・リスクの軽減をしない。
(B) ポジティブ・ポライトネス：
意志伝達を明示的に行う。フェイス・リスクの軽減を明示的に行う。
(C) ネガティブ・ポライトネス：
意志伝達を明示的に行う。フェイス・リスクの軽減を明示的に行う。
(D) ほのめかし（ぼかし表現）(off record)：
意志伝達を非明示的に行う。フェイス・リスクの軽減を明示的に行う。
(E) 行為の回避 (don't do the FTA)：意志伝達を行わない。

Brown and Levinson の五つのストラテジーで「直言」は全く相手に配慮を施すことはなく，心理的・社会的距離が極めて近い間柄，上下関係の下，話し手から聞き手へ伝達される場合，そして緊急に事態を相手へ伝える場合である。「直言」の対極にあるのが「行為の回避」である。この場合，相手のフェイスを侵害することはない。これら両極端のストラテジーを排除すると，何らかの形で程度に差異が存在するが，FTA が行われていることになる。FTA が行われる可能性が最も高いのが「直言」であるとすれば，対人的距離感は相対的には短いので，FTA が行われるために伝達する内容を付加的に言い足すことになる。一般的には副詞を共起させることで，各構成要素を基本的意味から付加的意味へと拡張させることが可能である。複合動詞であれば，前項要素の接頭辞化，及び後項要素の補助動詞化から文法化がさらに進んだ段階での接辞化が相当する。複合動詞の構成要素によるカテゴリー拡張から新語を創発させることが多義性の一部であるならば，語（句）の多義性は語用論的に動機づけられた言語変化である。

　慣習化された表現について歴史語用論から考察を進めることは主観性に関係してくる。主観性の強化による言語変化は社会的圧力 (social pressure) に根を張るもので，社会的圧力と言語との関係で際立ちを見せるのがフェイスである。対人コミュニケーションで，フェイスをいかに保持するかは重要なテーマとなる。このフェイス概念から様々な言語変化が生じる。既に述べたように，Brown and Levinson が焦点を当てている Yamanashi(1974) では日本語の敬称について談話的環境を踏まえた分析が行われている。話し手の側にとって，注目されるのが第三者，すなわち，話題の人物をどの位置に据えるかの問題があって，それは言語表現に反映される。日本語の敬称の場合，

第三者に対して敬称を使用するか使用しないかの問題は聞き手と第三者との人間関係で相違が生じる。特に象徴的なのが聞き手よりも話し手に心理的に近い人物であれば，話し手よりも目上であっても敬称を省略することである。日本語の談話のストラテジーは話し手よりも聞き手の側に基準を置いている。これは身内に対する敬称に関わることで，一般的には相対敬称性と呼ばれている。

6.4 主観性の強化による創発

イン・グループとアウト・グループに対しての敬称の取り扱いには使用上の変換が生じる。日本の社会ではイン・グループでの敬称の取り扱いは社会的圧力によりかなり敏感になる。すなわち，上司と部下，同僚同士であれ，よほど特殊な人間関係を除けば，かなり親しい間柄でもお互いに敬称を使用するが，ある会社の営業マンがアウト・グループに属する顧客との会話の中で，その営業マンが上司の名前を呼ぶときに敬称を略すことが一般的である。我々は「イン」と「アウト」との間に存在する敬称の使用上の違いを認識する。顧客の立場にたって，イン・グループの社員の敬称を略して呼ぶことは顧客に対するポジティブ・ポライトネスの結果である。メタファーとメトニミーによる言語変化に加えて，言語運用の側面が変化することも感覚情報に動機づけられた主観性の強化による視点の変換である。視点の据え方の違いによる言語変化は多く認められる。

複合動詞の後項要素が補助動詞化し，さらに接尾辞にまで意味が希薄化する文法化も語用論的圧力に動機づけられた現象である。ここで，Brown and Levinson のポライトネス原理から複合動詞の歴史的拡張を捉える可能性を探る。五つのストラテジーを基盤に複合動詞を分析すると，前項要素と後項要素が接頭辞化，補助動詞化そして接尾辞化する動機づけになっていることが分かる。これは敬語とポライトネスとの関係に共通するものである。基本的には「他者からプラスの感情もしくは評価」を得たいという他者評価の欲求を配慮するのがポジティブ・ポライトネスである。ポジティブ・ポライトネスは相手との距離を縮めることから共感と連帯感を作り上げるためのストラテジーである。Brown and Levinson はポジティブ・ポライトネスについて下位ストラテジーを設定している。そのうちの一つに「相手の関心・欲求・必要・所有物に気付いて注意を向ける」(Notice, attend to H, his interests, wants, needs, goods)がある。

ポジティブ・フェイスに配慮することと関係が深い複合動詞に「ひきつける」が考えられる。

(13) オバマ氏の主導で，米国は今や，世界が直面する気候変動問題でより建設的な役割を演じている。民主主義と人権は強化されよう。オバマ氏ほど，世界の注意をひきつけ，よりよい未来に向けて人々に希望を与えた人はめったにいない。
（下線部付加）(『読売新聞』平成21年10月10日朝刊)

第44代アメリカ大統領，バラク・オバマ氏はノーベル平和賞を受賞した。(13)はその受賞理由の一部である。「ひきつける」の「つける」は物理的付着の意味が希薄化している。関心の程度を高めるために「つける」がメタファー的に複合されている。オバマ氏の言動が他者からプラスの感情もしくは評価を得たい，という目的が意図されているのであれば，「ひきつける」はポジティブ・フェイスへの配慮を高めるための表現と考えることができる。ポジティブ・ポライトネスは連帯と共感のストラテジーである。しかし，話し手と聞き手が実際に知識を共有することでもある。あるいは，行為を共有するという状況のみではなく，聞き手が話し手の意図を読み取って，話し手が希望するようなことを実際に実現することができた時の肯定的な表現にもこのストラテジーが生きている。例えば，「〜つける」の複合動詞であれば，「駆けつける」がこれに相当する。

(14) 橋下知事のパーティーに東国原知事が駆けつけるなど両知事は親密。　　　　（下線部付加）(『毎日新聞』平成21年6月27日朝刊)

(14)の「駆けつける」は連帯感・親密感の意味を伝える点ではポジティブ・フェイスに配慮している例と考えられる。この「つける」では本来の物理的「付着」を表す具体的意味は全く背景化している。

　複合動詞の創発から拡張へのプロセスは動的な側面を持つ。構成要素の品詞のカテゴリーを変容させることで，歴史的に拡張を続けることができる。

(15) 仙谷刷新相ら4人——「嫌われ役」押し付け合い 1日の記者会見では「やっぱり財務相，戦略相が主導権を持つのでは」と弱音を吐

き，慌てた首相周辺が内閣官房副長官補室の職員を刷新相の補佐役に回すことを決める一幕もあった。こうした現状に，「これでは押し付け合いだ」とあきれる声もあがっている。
(下線部付加)(『読売新聞』平成21年10月3日朝刊)

(15)の「押し付け合い」は複合名詞である。「押し付け合い」が創発するまでの拡張のプロセスは複合動詞「押しつける(付ける)」を起点とする。「押しつける」の「つける」が「つけ」へと名詞化すると，新たに複合名詞「押しつけ」が創発される。

(16) 今の人たちが自然と受け入れてくれるような，押しつけやお説教のない，家族や親子を新しい感覚で描いた漫画を探しまわりました。
(下線部付加)(『毎日新聞がわかる』平成21年9月25日)

「押しつけ」は使用頻度が高まるにつれて，単一の名詞に再分析される。(15)に関しては，その後，前項要素が名詞の「押し付け」と後項要素が動詞の「合う」とから複合動詞「押し付け合う」が創発されている。構成は「［押し付け］(単一名詞) + ［合う］(動詞)」である。複合名詞「押し付け合い」は「［押し付け］(単一名詞) + ［合う］(動詞)」の「合う(動詞)」が名詞の「合い」へと脱カテゴリー化することで，創発されたと推論できる。すなわち，「［押し付け］(単一名詞) + ［合う］(動詞)」から「［押し付け］(単一名詞) + ［合い］(名詞)」への変化である。このように，複合語の創発はかなり動的な側面を持っている。再分析による脱カテゴリー化が無限の複合体を歴史的に創発させている。

　ポライトネス原理から「押し付け合う」を考えてみる。ポライトネスは相手・自分へのFTAを軽減することを配慮した言語のストラテジーである。(15)では嫌われ役となるのが嫌な民主党議員が何とかその「依頼」を回避しようとしている様子が描かれている。「依頼」は相手のネガティブ・フェイスを侵害する言語行為である。「押し付け合い」はネガティブ・フェイスに配慮しない言語行為への非難を表すために創発された複合名詞と捉えられる。

6.5 複合名詞への拡張

言語運用能力による豊富な表現力を開拓する人間の表現拡張性には，目を見張るものがある[11]。

(17) 2010年度から基幹ポストの基準を国内外のグループで統一する「人材の見える化」を始めるなど，組織風土の改革に乗り出している。
（下線部付加）(『読売新聞』平成22年3月15日朝刊)

(18) 報告書では「見える化」の推進を掲げ，すべてのODA事業の進行状況や，過去の事業の成功例，失敗例の評価などを外務省などのホームページで分かりやすく公開するとした。
（下線部付加）(『読売新聞』平成22年6月29日朝刊)

複合名詞「見える化」が一般の言語コミュニティで「定着」しているか，と問われれば，大変，疑問である。しかし，「見える化」は使用頻度が高くなってきている。「見える化」を簡潔な表現で言い換えるとすれば，諺の「論より証拠」が最も近い意味を持つ。いろいろと話を聞いてもらった上で，物事を判断するよりも，実際に目で見てもらう方がより明確に相手に伝わりやすいという，コミュニケーションの効率化を向上することが動機づけとなって，創発された表現である。より具体的には社内でのプレゼンテーション時により明確に内容を伝えることを目的としたプレゼンテーションの内容を図，グラフさらには色の使い分けをより豊富に取り入れたそのような視覚化を「見える化」と言うこともできる。「見える化」は動詞「見える」に名詞を創発する接辞「化」が付加された表現で，もし，このパターンが定着するならば，「動詞＋化」で新しいパターンの複合名詞を定着させるスキーマが個々の認知主体に定着する。しかし，このような身体性に基づく拡張には認知的制約がある。五感に関わる表現を見るだけでも，予測がつく。例えば，「見える」は拡張しているが，その一方で，「聞こえる」，「話せる」，「味

---

[11] 現代英語の造語にも圧倒される。例えば，助動詞に動詞が付加されると，全く異なる品詞へと脱カテゴリー化される。海外の新聞等で特に，目立つのが「助動詞＋動詞」＝「形容詞」のパターンである。平成22年7月5日付け Chicago Tribune から「Chicago's must-try dishes」(シカゴで絶対，食べて欲しい料理)，「must-see exhibits」(必見の展示物)，「must-read novel」(必読の小説)，「must-win game」(絶対に勝たなければならない試合)がある。さらに，「must-item」(絶対に持っておいた方がよい商品)のように助動詞の must のみが形容詞へと脱カテゴリー化している例もある。

わえる」も類推により将来，同様に複合名詞化されるか，というと甚だ，疑問である．しかし，文脈が十分に整っていると，その可能性は大きく飛躍すると考えられる．

6.6 おわりに

　日本語の複合動詞の創発は，語用論的な要因に動機づけられた言語変化と考えられる．言語体系が異なれば，経験のゲシュタルトもそれに応じて多様性に富み，様々な視点からの切り口が要求される．複合動詞の研究も認知心理学，認知人類学からの知見を取り入れて，言語接触，科学哲学的な知見をよりラディカルに反映することができれば，より体系的で奥の深い考察となるに違いない．複合動詞の前項要素と後項要素とが語彙項目としての地位を保存し続けることは基本的なことではある．語彙項目の地位は保っているのは確かではあるが，その意味内容が本来の基本的なものから歴史的変化により大幅に逸脱している例もある．前項要素もしくは後項要素が意味の希薄化を受けて補助的な意味へと変化する例である．もちろん，意味の希薄化で言語変化が完了するのではない．意味の希薄化がさらに進行することにより，語彙項目が文法項目へと変化する．すなわち，使用頻度の観点から見ると，親密性の程度が増大すれば，それだけ前項要素と後項要素が接辞化し，複合動詞がさらに文法化された言語単位へと歴史的に拡張する．さらに，Brown and Levinson に代表されるポライトネス原理を取り入れることによって，より語用論的な状況に動機づけられた拡張のプロセスを浮き彫りにすることが可能となる．

第 7 章
名詞句の語用論的解釈
—— 主観性の強化が織り成す複合名詞の諸相 ——

7.1 はじめに

　文法化の研究は，歴史言語学が取り上げてきた言語変化のトピックを認知言語学の枠組みから捉え直す分野である。従来，歴史言語学が文法化現象を取り扱うとき，言語変化に密接に関わる文化的背景，人類学，心理学，哲学，脳科学からの知見を積極的に取り入れることは殆ど皆無に等しかった。これに対して，認知言語学では言語変化の研究を見直すとき，各分野からの知見を組み入れながら体系的に考察を行う。本章では，認知言語学の観点から，文法化，主観性の強化そしてフレーム理論の概念に基づき，複合名詞を中心にその創発と拡張の歴史について考察していく。

　長谷川　櫂氏は言う。古典日本語から現代日本語へ語彙，文法はかなり変化を遂げてはいるが，全くの異言語へ生まれ変わったわけではない（長谷川 2007）。現代日本語と古典との間には連続性が認められる。このような連続性は文法カテゴリーの形式と意味の側面に限られたことではない。長谷川氏は今も昔も変わらない人間の感情的な「情」が古典の「文」に含まれていることを主張する。源氏物語で光源氏が老いてゆく自分を見つめて語る場面に，「さかさまに行かぬ年月よ」がある。これは現代に生きる人々にも通じる心情である。このように何百年以上の昔の作者，登場人物と我々は時空を越えて対話をすることができる。「文」を通じて古の人々の心を理解できることが古典に触れる悦びの一つに違いない。いつの世にも言語はコミュニケーションの大切な手段であることには変わりはない。そのような言語を通時的・共時的に研究することは大変，意義深いことである。『徒然草』の著者，吉田兼好は古の良き時代を回顧し，言葉の移り変わり，生活習慣の変化について語っている。『徒然草』は鎌倉時代末期の作品である。当時，兼好は既に奈良時代，平安時代を通じて言葉が確実に移り変わっていることに興

味を抱いていたことが分かる。

　コミュニケーションを円滑に推し進めるために，認知主体は言語の効率性，経済性を最大限に考慮しようと努力する。日常の生きた文脈で，語用論的圧力を背負う認知主体は推論，再分析，類推，焦点化，スキャニングそしてメタファー・メトニミーに動機づけられた言語変化の担い手となっている(金杉 2005a, b)。言語の発話と理解，言語変化では主体の主観性の強化が最も重要な役割を担う。主観性の強化については脳科学の分野に携わる研究者からも興味深い陳述を得ることができる。脳は単に周囲の世界を映し出すだけの装置ではない。得られた映像を脳の中に映し出した上で，これを様々な形に加工していく。その究極の形が「意識」である。この「意識」こそが実は「主観」に他ならない(第 2 章，第 4 章参照)。脳における視覚情報処理は外の世界が内なる意識，主観の世界に変換されていくプロセスと言える(吉村 2001，2011，窪薗 2002，堀江 2004，池上 2006，坂井 2008，山梨 2009，籾山 2010，中村 2011)。

　歴史言語学を認知言語学の観点から捉え直すとすれば，それは認知主体の主観性の強化に基づいて言葉の移り変わりを考察する分野である(Winters et al.(eds.) 2010)。よって，言語変化の考察において文法化及び主観性の強化と密接に関係する用法・基盤モデル及び使用頻度は非常に重要である(Lakoff and Johnson 1999, Hopper and Traugott 2003, Bybee 2003, Kanasugi 2009, Yamanashi 2010, 児玉・野澤 2009)。

　科学誌 Nature の第449号で Pagel et al.(2007) は現代の言語科学研究の手法が科学的にも妥当であることを実証している。用法基盤モデルに基づいて，初めてインド・ヨーロッパ語族の言語変化を論証しているところが斬新である。Pagel et al.(2007) では，Langacker, Bybee, Tomasello が共に主張する動的用法基盤モデルが子供の言語習得及び言語変化において高い説明力を与えていることが論じられ，語彙と文法スキーマに関わる「使用頻度」が子供の言語習得，言語変化で重要な役割を担っていることが経験科学的に証明されている。ただし，生まれ育った環境，哲学的背景，ハイパー・スキーマの定着度，言語運用能力は個人によって様々であることから，新しい言語単位がコミュニティに定着するにはかなりの時間を費やさなければならない(William Labov and Elizabeth C. Traugott: personal communication)。

　第 6 章に続き，言語単位が新たに創発し，そして拡張する例として複合語を取り上げる。日本語の複合語の中には名詞と名詞，動詞と動詞さらに，異

なる言語を起源とする名詞と動詞の組み合わせ等がある。複合語は主観性の強化によって創発され，文法化する。新たに創発された複合語によっては分析可能性が皆無に等しく，字義通りの意味以上の意味をもたらすことがある。

大阪の四天王寺に「天王寺七坂」という名勝がある。「天王寺七坂」は天王寺界隈にある七つの坂を総称して創られた複合名詞である。内訳は「源聖寺坂」，「真言坂」，「口縄坂」，「愛染坂」，「清水坂」，「天神坂」そして「逢坂」の七坂である。「天王寺七坂」の由来は人生で遭遇する様々な苦難を首尾よく乗り越えるためにこれらの七坂を上ることによって，それらをうまく乗り切ることを願って定められたところにある。よって，「天王寺七坂」の言外の意味を容易に理解するためにはその地域に密着し，文化的，心理学的，そして人類学的な背景知識を持ち合わせていることが必要不可欠となる。「天王寺七坂」はその点において分析可能性が皆無に等しい。このような文化，心理学，そして人類学の観点から言語を分析する試みは認知言語学の重要な骨組みを成す研究理念となっている。

生きた文脈の中で，人生の機微を生々しく伝える演歌「夫婦善哉」の歌詞に「笑顔，笑顔を忘れず憂き世七坂乗り越える」，「寒い夜には相合い酒で憂き世七坂，夫婦善哉」がある。複合名詞「憂き世七坂」は様々な苦労をしながら世間を渡って行く人生の機微を意味するメタファーである。「憂き世七坂」の「憂き世」は「はかない世の中」や「つらい世の中」を意味している。前項要素を「憂き世」，後項要素を「七坂」とすれば，「七坂」が補助的な役割を担っていると考えられる。後項要素の「七坂」だけでは「つらい世の中」，「はかない世の中」という意味はゲシュタルト的にも創発され得ない。「七坂」と「憂き世」との組み合わせが可能であるのは「人生の苦労を伴う登り坂を上がって行く」という，メタファーに動機づけられたゲシュタルト的な意味が備わっていると考えられるからである。「憂き世七坂」は構成要素の総和だけでは意味が不透明であることからゲシュタルト的な複合名詞といえる[1]。さらに，このような伝統的な複合名詞に「七草粥」がある。七

---

[1] 「なにがあっても夫婦善哉，笑顔千両で生きて行く」の「笑顔千両」も後項要素の「千両」が強調の意味を添えている。「千両」は文字通りの「お金の金額」を指しているのではない。「千両」が「非常に価値あるもの」へ拡張している。よって，「笑顔千両」は「非常に大事で，価値のある笑顔」という意味である。「笑顔千両」も構成性の原理からでは説明が困難で構成要素の総和以上の意味がある。

草粥は正月七日に人々が無病・息災を念じて食するもので，日本全国に定着している。春の七草は，セリ，ナズナ，ゴギョウ，ハコベラ，ホトケノザ，スズナ，スズシロである。しかし，「天王寺七坂」，「憂き世七坂」と同じように，「七草」と「お粥」を総和しても複合名詞「七草粥」の伝統的な意味を理解することはできない。すなわち，「七草粥」も地域の人々の主観性の強化と身体性に基づく複合名詞で，意味の上での分析可能性は皆無に等しい(Lakoff 1987, Lakoff and Johnson 1999)。このように，「天王寺七坂」，「憂き世七坂」，「七草粥」さらには，「七転び八起き」という複合名詞には数字の「七」が共通項として含まれている。特に，七草粥を正月七日に食することの，「七日」にも数字の「七」が含まれていることは示唆的である。基本的に，日本語の「七」を含む複合名詞の意味には人生の波乱万丈を首尾よく乗り超えることへの願いが込められている例が豊富に存在する。

　大阪市西成区に「天下茶屋」という地名がある。「天下」と「茶屋」との複合名詞である。これは豊臣秀吉が住吉神社に参詣した途中，この地で一服の茶を所望したことに由来する。「天下茶屋」は元々，「殿下茶屋」であった。「殿下」の文語的な読みは「テンガ」で，意味は皇族の総称である。やがて，室町時代初期に入り摂政，関白にも「殿下」が使われるようになる。「殿下茶屋」は後世になって，秀吉が天下統一を果たしたことから「殿下」を「天下」と読み替えたことに由来している。「殿下」から「天下」への読み替えは「豊臣秀吉」と歴史的に際立った「偉業」との密接な概念的隣接性による造語転換と捉えることもできる。「殿下茶屋」から「天下茶屋」へと造語転換したことから，「天下茶屋」は概念的隣接性からのメトニミー写像による拡張の一例となっている。

7.2　複合名詞の創発と文法化

　複合名詞は認知主体の主観性の強化により創発される。日本語の複合名詞の創発には衝撃を伴う語彙が非常に多い。例えば，若い世代のイン・グループ的な新語は的を射ている(第6章参照)。若い世代，年輩の世代によって視点・観点，百科事典的な知識が異なる。新しい複合語は各構成要素がゲシュタルト的に組み合わされて，認知・化学反応(cognitive chemical reaction)を引き起こしているかのようである(山梨 2009, 金杉 2008)。ここで言う認知・化学反応とは個々の構成要素から全体の意味を予測することが不可能なレベルにまで変容することを指す。よって，ゲシュタルト的な複合名詞を構

成性の原理(principle of compositionality)から説明することは困難を呈する。

　基本的認知能力の一つである焦点化に伴う言語変化は広範囲に及ぶ。例えば，存在構文での図と地の反転(Talmy 1978)，参照点構造に基づくイメージ・スキーマの形成及び変容による言語変化を挙げることができる。存在構文と同じく，複合名詞の創発では主観性の強化が重要な役割を担っている(第1章参照)。

　ルビンの杯に代表される図と地の反転は認知心理学の重要概念である。認知言語学においても図と地の反転はカテゴリー化，プロトタイプ理論の中心概念となっている(Rubin 1958)。主語，直接目的語，間接目的語は焦点化された関係にあり，「際立ち」の相対性によって文の語順が決定される。基本的に，主語はプライマリーな焦点で，トラジェクター(trajector)である(Langacker 1999a, b, 2009)。目的語は際立ちが希薄な対象で，ランドマーク(landmark)となる。このように，主語のトラジェクターはプライマリー，目的語のランドマークはセカンダリーに焦点化された構成要素として捉えられる。この線状的焦点化は発話と理解の重要な基本的認知能力であり，複合語の創発と文法化において，大きな役割を担っている。

　図と地の反転で最も興味深い現象の一つは対称性と非対称性の分布である(山梨 2009)。認知言語学は文法関係を参与者(participant)と設定(setting)の観点から見直す。図と地の反転は参与者と設定の反転現象の一つである。参与者と設定の反転現象は基本的には両表現共に，同じ意味内容を表す。同一の状況として事態を認知して，参与者と設定のどちらが，焦点化されて図となるか，地となるか，その違いが語順の相違となって表れる。

(1) a. NHKホールが観客で一杯になっている。
　　 b. 観客がNHKホール，一杯になっている。
(2) a. 楽屋がファンで溢れている。
　　 b. ファンが楽屋に溢れている。

(1a)では設定が主語の位置に図として焦点化されているが，(1b)では参与者が主語の位置に図として焦点化されている。

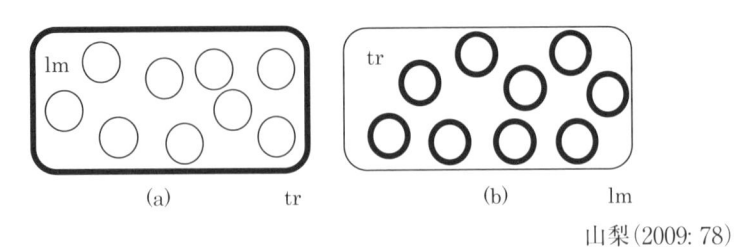

図1　集合の設定と参与者の反転

山梨（2009: 78）

図1では設定と参与者の反転について，図と地の反転の対称性をトラジェクターとランドマークを用いて視覚的に説明している。図の(a)と(b)は左右対称となっていて，(a)では設定が，(b)では参与者がそれぞれ，焦点化されていて太線の枠と丸で示されている。

参与者と設定の反転の対称性は保たれているようではあるが動詞の種類によっては非対称性となる。

（3）a. 箱庭が赤いバラで色づいている。
　　 b. 赤いバラが箱庭に色づいている。
（4）a. 海が白い船々で映えている。
　　 b. 白い船々が海に映えている。

(3a)は設定としての「箱庭」全体に参与者の「赤いバラ」が映えている，と解釈することが可能だが，(3b)は「赤いバラ」が「箱庭」全体に映えている，と必ずしも解釈することはできない。同じ発話・理解の認知プロセスが(4)にも当てはまる。このような図と地の非対称性は図2のトラジェクターとランドマークの反転の非対称性として提案される。

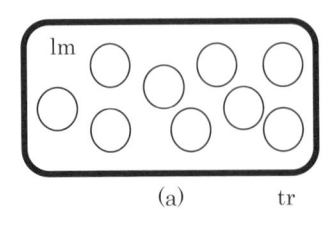

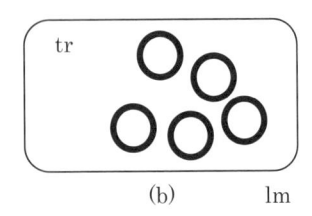

山梨（2009: 79）

図2　図と地の反転の非対称性

(3b)の事態が図2の(b)に示されているように「赤いバラ」が「箱庭」の一部のみに映えるように咲いていても矛盾文とはならない。よって，(3)，(4)のタイプの対は図・地の反転の認知的な意味のレベルだけではなく，状況レベルにおいても必ずしもパラフレーズの関係ではない。

　図と地の反転と焦点連鎖から複合名詞の構成性，非構成性を捉えることができるとすれば，言語現象を掌る上でこの基本的認知能力は高い汎用性を持っていることの証となる。複合名詞が創発されるプロセスも認知主体が構成要素を前景化・背景化する視点のシフトに深く関わる現象で主観性の強化による現象と換言できる。

7.3　複合名詞のフレーム

　Fillmoreのフレーム理論は言葉の発話と理解を具体的な場面，文脈との相対化と捉えている(Fillmore 2009:59)。Fillmoreが言葉の発話と理解で「意味は場面に相対化している(meanings are relativized to scenes)」と述べているのは示唆的である。フレームはスキーマによる百科事典的な経験知識を必須とする。意味の相対化は語用論的推論，語用論的強化，語用論的圧力そして主観性の強化と深く関わっている。

　複合名詞の前項要素あるいは後項要素が焦点化された場合，その意味は場面・状況に依存する(第6章参照)。構成要素の焦点化は場面・状況などの特定性と関係している。そこで，複合名詞の創発と拡張をFillmoreのフレームの概念から考察すると，興味深いことが分かる。フレームには経験知識とそれに伴う事態が概念化され，スキーマとして組み込まれる。そして，状況に応じてそれらのスキーマが活性化される。フレームは経験のゲシュタルトに基づいて成り立っている。

　経験のゲシュタルトにより言語使用は空間と時間という認知環境に影響を受けている。知覚対象の重要な部分を焦点化することでその部分を分節化し，これを言葉という記号に置き換えることから，コミュニケーションは語用論的環境に支えられており，認知主体は伝達したい部分に焦点を当てて言葉によって記号化する。このように対象の一部分を記号化することで事態を認知している。よって，「全体と部分」のメトニミーは重要である。メトニミーは対象に付随する空間的，概念的隣接性及び，共存性によるもので時間的関係，因果的関係に動機づけられている。

（5） The *ham sandwich* is waiting for his check.

Lakoff and Johnson（2003: 35）

（5）はレストランで食事をしているお客を描写している。レストランのフレームとして考えると，ハムサンドはお客が注文した料理で，ハムサンドを agent にすることによって「食事の主体としてのお客」が精算を待っているという行為を描いている。この場合，ハムサンドはそのお客の特性，特徴を表しているのではなく，レストランで食事をする agent に偶然，関わっているに過ぎない。この場合，際立った存在としてハムサンドが焦点化されている。

7.3.1 メトニミーと主観性の強化

　メトニミーによる拡張は日本語にも広く認められる。メトニミーによって製品が命名されるプロセスを考察する（Lakoff and Johnson 2003）。ここで取り上げる複合名詞「～カレー」は日本語体系に定着し，その創発は活性化の一途を辿っている（山梨 2000，瀬戸 2005）。さらに，類推と再分析の認知プロセスを容易に受け，使用頻度が極めて高いことから極度の拡張性を持つスキーマとなっている。

（6）　用途，味…華麗なる新商品：レトルトカレー
　　　調理の手間がかからないレトルトカレーは定番の人気商品だ。
　　　カレー各社は新商品の開発に力を入れている。
　　　　　　　　　（下線部付加）（『読売新聞』平成21年6月29日朝刊）
（7）　「カレー職人」（税別130円）と「LEE」（250円）をレトルトカレーの主力ブランドとして展開する江崎グリコ。このうち「カレー職人」の5月の出荷額が前年同月比30％増と突然跳ね上がった。
　　　　　　　　　（下線部付加）（『読売新聞』平成21年7月4日朝刊）

例えば，（6），（7）の「レトルトカレー」は日本語の体系に定着しており，認知主体の主観性の強化が大きく関与している。その「レトルトカレー」であるが，他の「ビーフカレー」，「チキンカレー」，「ベジタブルカレー」，「マーボーカレー」と果たして，同一の認知プロセスにより創発された複合名詞であるかどうか，が興味を引く点である。「ビーフ／チキン／ベジタブル／マーボーカレー」の「カレー」は「カレーソース」ではなく，「カレー

ライス」である。よって,「ビーフカレーライス」,「チキンカレーライス」,「ベジタブルカレーライス」,「マーボー豆腐カレーライス」とパラフレーズされる。これらの例では,「カレーライス」の「ライス」が完全に背景化されている。さらに,「マーボーカレー」では「マーボー豆腐カレーライス」から「豆腐」と「ライス」の2要素が背景化されて,なお一層,主観性が強化されていることが分かる。それでは,「レトルトカレー」の「カレー」も「カレーライス」の「ライス」が完全に背景化された形であろうか。そうではない。「レトルトカレー」の意味はレトルトの容器に入った「カレーライス」ではなく,「カレーソース」である。

　複合名詞「〜カレー」が創発される認知プロセスは複雑である。「カレーソース」,あるいは「カレーライス」のどちらであるかを決める上で重要な役割を担っているのが前項要素である。これは焦点化の認知プロセスの相違とフレームの異なる設定に基づいている。例えば,「通信販売」と「カレー専門店」のフレームを設定してみる。前項要素が食材に関係していなければ,「カレー」は「カレーソース」と解釈される。よって,「パックカレー」,「缶カレー」であれば,それぞれ,「パックカレーソース」,「缶カレーソース」と正確に予測することができる。「パックカレー」と「缶カレー」では前項要素が容器を意味している。「缶カレー」はカレーソースが保存されている容器の種類を意味するので,メトニミー的な拡張による命名である。ところが,「レトルトカレー」の「レトルト」は実は容器の意味ではなく,「レトルト釜」の「レトルト」に由来している。圧力をかけて高温で殺菌するのがレトルト釜で,「レトルト」はカレーソースを保存する「釜」の名前である。よって,「レトルトカレー」は「製品」とその製品を<u>製造する釜</u>との隣接性に基づくメトニミーにより拡張された複合名詞となっている。しかるに,「缶カレー」と「レトルトカレー」との創発のプロセスはこの点で全く異なっている。

7.3.2　前項要素の多様性 —— 空間・時間・五感

　「〜カレー」では前項要素の意味が注目される。例えば,「バーモントカレー」,「ジャワカレー」,「インドカレー」,「タイカレー」そして,「秋田名物　神代カレー」,「北海道　札幌スープカレー」,「五島軒　函館カレー」,「麻布十番ビーフカレー」,「銀座カリー」,「三田屋カレー」,「大阪　岸和田なにわカレー」,「ゆとりのキッチン　うちのカレー」,「時間待ちの繁盛店カ

レー」のような「空間／場所」，そして，「朝カレー」，「真夜中のカレー」，「100時間かけたカレー」，「100年前のビーフカレー」，では「時間」の概念が表されている。

（8）　健康カレー本舗は，「朝カレー習慣」の提唱者であり，「カレーを食べると病気はよくなる(マキノ出版刊)」や漢方・健康に関する著書を多数執筆されている，日本薬科大学教授の丁宗鐵(てい・むねてつ)氏を商品開発アドバイザーに迎え，カレーの"さらなる可能性・魅力"を引き出す研究を続けています。
　　　　　　　　　　　　　　　　　（下線部付加）(『健康カレー本舗』)
（9）　カレーを朝食べる習慣が注目を浴びたのがシアトルマリナーズのイチロー選手を特集したテレビ番組。イチロー選手が毎朝カレーを食べている習慣が放送されると数々のメディアがこぞって"朝カレー"を紹介。　　（下線部付加）(『All About』平成21年5月31日)

「〜カレー」では前項要素の意味が「空間」から「時間」へ，「時間」からより抽象的な概念領域へ広がりを見せている事実は興味深い。前項要素の意味が「ビーフカレー」，「チキンカレー」，「ポークカレー」のように「食材」が基本であると仮定すると，「バーモントカレー」，「ジャワカレー」，「インドカレー」，次に「パックカレー」，「真空冷凍　チキンカレー」のように「空間・場所」，「容器」，「調理法」の意味へ，さらに，「とろけるカレー」，「こくまろカレー」，「鳥肌の立つカレー」へと感覚を表す領域にまで意味が多様化しているのが分かる。「とろける／こくまろカレー」に至ってはカレーを食べた時の食感とそのような感覚の源となる対象物(カレー)との隣接性概念によるメトニミーによってこれらが創発されたと捉えることができる。さらに，注目すべきは「北海道ホワイトカレー」，「博多　ナイル黄金カリー」，「京都祇園　黄金カレー」のように前項要素が五感の中でも重要な色彩感覚を意味していることである。「北海道ホワイトカレー」はカレーソースの色が白であることから，「博多　ナイル黄金カリー」は色がこがね色で，ナイル川の太陽に照らされた黄金色に輝くという所から，そして，「京都祇園黄金カレー」は黄金色の薬味，一味と沖縄原産の黄金色のウコンからメタファー的に命名されている。

　認知言語学がその骨組みの一つとしているのが認知人類学である。認知人

類学はフォーク・セオリーを重要視する。「カレー」を構成要素に含む複合名詞の創発は視点を換えると，人々の生活と命名との密接性を反映していると捉えることも可能である。さらに，例を挙げると，「カリー屋カレー」は「人気のカレー屋さんの評判カレー」という内容を消費者に伝えるために創発され，「野菜ソムリエのカレーレシピ」は「野菜のプロである「野菜ソムリエ」と作りあげた野菜のおいしさ」を味わうために作られたカレーという意味がある。「地中海カレー」は食材の質にこだわり，スパイス感を満喫させるためにカレーソースの素に地中海に面する国々で採れた果物類を使用していることから創発されている。いずれの例も隣接性概念によるメトニミー的拡張と捉えられる。「ゴールデンカレー」は質の良さ，おいしさ，本格的な高級イメージ，「ディナーカレー」は高級感のあるカレーというイメージのために創発されたことから，これらの例も概念的な隣接性によるメトニミー的拡張と捉えることも可能である。

　Lakoff and Johnson (2003)はその地域とその地域の特徴となっている「象徴化・象徴体系(symbolism)」はメトニミーによる拡張を可能にしている特殊な例であると主張している。さらに，彼らは文化と地域(性)はメタファーによる拡張を首尾良く，成し遂げるための基本的な「概念体系」でなければならないとしている。Lakoff and Johnson のいう象徴的メトニミー (symbolic metonymies) は我々の経験基盤と文化及び地域(性)に動機づけられたメタファー体系に強い整合性を与えている。基本的に象徴的メトニミーは日常経験に根ざしているからこそ，文化及び地域というものを容易に理解する手助けとなっていることが分かる。

　重要なのは象徴的メトニミーによる拡張を動機づけている地域である。Lakoff and Johnson はこの「地域」について英語のメトニミー拡張を基に分析を行なっている。詳しく調べてみると，象徴的メトニミー拡張は日本語にも存在する。それは上述したように，その土地の名前に基づいて命名をすることである。

(10)　「日本一のカレーになれる理由は十分ある」。11日，鳥取大での公開講座。明治大商学部の山下洋史教授は，"鳥取カレー"を名物にし，全国展開できる可能性を力説した。カレールーの一人当たり消費量日本一の鳥取県。男女共働き率が日本有数の土地柄で，手軽なカレーが好まれるという。さらにつけ合わせのラッキョウは特産だ。

(下線部付加)(『読売新聞』「大学・地域と歩む(上)」平成22年6月16日朝刊)

(10)から「カレー」という日常的な食品を通じて，地域の活性化を計ろうと試みる鳥取県の姿が窺える。「カレー」にご当地の地名,「鳥取」を付けて命名することは「鳥取」という地域が持つ文化，あるいは特産農産物(ラッキョウ)と「カレーライス」との密接な関係により，隣接的メトニミーの効果もあって,「鳥取カレー」が創発されたと考えることも可能である。

次の(11)はさらなる拡張の動機づけの例と考えることができる。

(11) a. 店の奥のカウンター席に座ると,「『ツインカレー』はチキンカレーからお召し上がり下さい！」という札が。早速，注文した。黄緑色のチキンカレーと赤茶色のビーフカレー。ご飯をはさむように盛りつけられ，見た目にも鮮やか。
(下線部付加)(『読売新聞』平成22年9月26日朝刊)
b. 「松屋」は5月にルーをマイルドな味わいに改良し，6月には鶏肉などの具材を大きくした「具だくさんチキンカレー」など2種類を発表した。
(下線部付加)(『読売新聞』平成23年7月28日朝刊)
c. ハウス食品は加熱不要のレトルトカレー「温めずにおいしいカレー」を8月22日に発売する。今夏限定で温めず食べられる「夏のカレー」を6月に売り出したところ，好評だったため，通年で販売する製品を出して，一層のヒットを目指す。
(下線部付加)(『読売新聞』平成23年7月28日朝刊)

(11a)の「ツインカレー」は「食材」,「調理者」,「空間」,「時間」などのメトニミーにより創発された複合名詞とは異なる。「ツイン」は容器に盛られているカレーソースが対になって置かれているその形状からメタファー的に創発された複合名詞と考えるのが妥当である。このようなイメージ・スキーマに基づく形状からのメタファー的拡張は「～カレー」の複合名詞ではむしろ，稀な例である。

これらの例から，「～カレー」は必ずメトニミーかメタファーによる動機づけがあって創発されたと捉えることができたのであるが，(11b)の「具だくさんチキンカレー」では既存の「チキンカレー」があって，新たに前項要

素の「具だくさん」がそのまま付加された複合名詞となっている。さらに，「具だくさん」が意味しているのは具材を大きくして，内容量を増やしているので「具だくさん」は従来からの「食材」，「調理者」，「空間」，「時間」に基づくメトニミーもしくはメタファーからの拡張ではない。(11c)に至っても同じようにメトニミーもしくはメタファーによる名詞句表現の拡張とは捉えられず，調理方法がそのまま反映された商品名となっている。さらに，「～カレー」の創発はかなり複雑な側面を内包する。例えば，「大馬鹿ヤローカレー(馬肉と鹿肉の煮込みカレー)」のように食材と人間の感情を表す表現とがゴロあわせ的に命名され商品名まで創発されている。我々の周りに存在しながら，その表現の拡張プロセスを探る多くの機会に恵まれないのは身近な印象が強すぎるためである場合が多い。「～カレー」もかなり身近な複合名詞でありながら，認知言語学の視点に基づく分析の対象となることはほとんど今まで無かったに等しい。

7.4 助詞「の」の文法化

　形態・統語変化のプロセスに関わる研究は文法化研究，言語類型論，言語接触の分野でもかなり綿密になされている。日本語学においても「形態・統語変化はどのような要因で起こり，どのような方向性を持つのか」，という問題意識を有する研究が活発に展開されてきている(堀江・パルデシ2009: 152)。主観性の強化による形態・統語変化の中でも文法化は用法基盤による一つの言語変化である。言語変化は曖昧性のあるコンテキストから漸進的に始まり，コンテキストとの相互作用による言語使用のボトム・アップの結果として捉えられる。また，文法化と主観化は隣接性のメトニミーによる言語変化と位置づけることもできる。特に，文法化は単方向性と経路を中心とする語彙もしくは構文の拡張を捉える(第4章参照)。文法化の程度は時代により異なり，同じ語彙項目であっても文法項目としての性質は異なる場合がある(Bybee, Perkins and Pagliuca 1994)。その基本的な特徴は外面的には語彙の長短(shortness)で，内面的には語彙が多義性を帯びることにある。

　「～カレー」では前項要素が空間・場所(「インドカレー」，「ジャワカレー」，「金沢カレー」)，時間(「朝カレー」)，人物(「シェフカレー」，「総長カレー」)のような構成が考えられる。この場合，前項要素と後項要素との間には何らかの構成要素の存在を推論することができる。一つの候補としては助詞「の」の存在が考えられる。つまり，「インドカレー」は「インドのカ

レー」であり，「NP₁ の NP₂」が本来の形式と考えられる。
　西山(2003)は助詞「の」が背景化される以前の「NP₁ の NP₂」の「の」を「の」格名詞として言及している。「の」格名詞句は多義性を持ち，複数の用途に組みかえられる。現代日本語の助詞「の」は様々な用法へと拡張し現代に至っている。

(i) 主格　　　(a) 大宮のいとゆかしげにおぼしたるもことわりに，心苦しければ，なほやがてこの殿にてせさせたてまつりたまふ。　　　　　（下線部付加）（源氏物語）
　　　　　　　(b) 河原の院の面白く作られたりけるに，京極の御息所一所の御曹子をのみして渡らせ給ひにけり。
　　　　　　　　　　　　　　　　　　　　　（下線部付加）（大和物語）
(ii) 連体修飾格 (a) うき世をも，かけはなれなば，いる月は，山こそついのすみかなるらめ。　（下線部付加）（源氏物語）²
　　　　　　　(b) 天王寺と住吉との堺のあひだの事。
　　　　　　　　　　　　　　　　　　　　（下線部付加）（古今著聞集）
(iii) 同格　　 (a) 白き鳥の嘴と脚と赤き，鴫の大きさなる，水のうへに遊びつつ魚をくふ。　（下線部付加）（伊勢物語）
　　　　　　　(b) 男・女をば言はじ，女どちも，契りふかくて語らふ人の，末までなかよき人かたし。
　　　　　　　　　　　　　　　　　　　　　（下線部付加）（枕草子）
(iv) 準体法　 (a) 夕月夜のをかしこきほどに出だし立てさせたまひて，やがて眺めおはします。
　　　　　　　　　　　　　　　　　　　　　（下線部付加）（源氏物語）
　　　　　　　(b) 草の花はなでしこ。唐のはさらなり，大和のもいと

2　連体修飾格「の」の例(a)に挙げた出典「源氏物語・巣守」は現代に伝えられる「源氏物語」54帖には存在せず，古い注釈書に巻名だけが残っている。「源氏物語」は平安中期に書かれ，後から付け足されたとされる「巣守」は鎌倉初期の作品である。尚，「巣守」は平成21年11月2日付の読売新聞朝刊で初めて，その存在の確認が発表されている。
　連体修飾格「の」に関係して，助詞「の」，「が」は本来，体言につく連体格用法であった。しかし，拡張に伴って，用言の後に続くことが定着し始めると，主格としての意味を持つようになる。
　　この翁はかぐや姫のやもめなるをなげかしければ。（竹取物語）
　　これらのひとのわらふをききて。（土佐日記）

めでたし。　　　　　　（下線部付加）（枕草子）
(v) 比喩　　(a) 世になくきよらなる玉の男皇子さへ生まれたまひぬ。　　　　　　（下線部付加）（源氏物語）
　　　　　　(b) その山のいやますますにこの川の絶ゆること無くももしきの大宮人は常に通はむ。
　　　　　　　　　　　　　　　　　　（下線部付加）（万葉集）

同格の「の」の代わりに「が」が用いられる場合がある。「が」は「の」と同じ機能を果たし，形状性名詞句を構成する(石垣 1955)。(12)の「の」は「が」と同じ機能を果たしている。

(12)　同じ中納言，かの殿の寝殿の前に少し遠く立てりける桜を，近く堀り植ゑけるが，枯れざまに見えければ。　　（下線部付加）（大和物語）

同格の「の」は現代日本語においても使用されることがある。ただし，(13)，(14)については容認性が下る。

(13)　人々から受け入れられるの社会貢献を促進してきた奈美代。
(14)　親が子を思うの心と子が親を思うの心とで，いかにその違いを計るかは無意味なことである。
(15)　ベルリンでの売れない画家時代，アドルフ・ヒトラーが残していた言葉に「うその作り話が大きければ，大きいほど，一般大衆はそれをすぐに信用しようとする。」がある。

日本語の古典文法にある「の」は当時，既に多義性を持っていた。「の」の用法と用法との間には存在論的な連続性(ontological continuum)がある(堀江 2001)。さらに，例を見てみる。

1.「属格」
　(16)　晴香の指輪，辰夫の机

2.「代名詞」
　(17)　テーブルの上に置いてあるパソコンは僕のです。

(18) その黄色いのを四つ，取って置いてください。

3.「補文辞」
(19) 坂本がセカンド・ライナーをダイビングキャッチするのを見た。
(20) 総選挙の結果，新内閣が誕生するに伴い首相が交代するのが分かった。
(21) 来年，今度は参議院の総選挙が行われるのを知った。

助詞「の」は「人(person)と物(thing)」，「出来事(event)」，「命題(proposition)」とを結びつける役割を担う。属格から代名詞，補文辞への文法化が例文により明らかである。属格から代名詞，補文辞への文法化から，「人と物」から「出来事」，「命題」へと家族的類似性を伴いながら変化してきている。助詞「の」に関わる形態・統語変化の連続性を示すものとして，連体形による直接名詞化「(Ø)」から「の」名詞化へのシフトがある。

(22) [手叩けば山彦の答ふる](Ø)，いと煩わし　　　（源氏物語・夕顔）
(23) [手を叩くとこだまが答える]のは，大変不愉快だ。

（堀江・パルデシ2009: 153）

直接名詞化「(Ø)」から「の」名詞化へのシフトは現代日本語において，現在も進行していると言われる。

(24) [天皇陛下が国会を開会する]のにあたってのごあいさつというのは，国事行為ではないが，それに準ずる行為
(25) [天皇陛下の国会開会式](Ø)にあたってのごあいさつというのは，国事行為ではないが，それに準ずる行為

現代日本語においても直接名詞化はかなり一般的である。
　西山(2003: 第1章)は「NP_1のNP_2」の多義性を構成要素の意味と機能との相互作用に起因するとしている。例えば，「広志のパソコン」を「広志が使用しているパソコン」と聞き手が解釈できるかどうかは発話状況による。「広志のパソコン」は「広志が販売しているパソコン」，「広志が独自に設計して作ったパソコン」などの複数の解釈が考えられる。

タイプ［A］：NP_1 と関係 R を有する NP_2
タイプ［B］：NP_1 デアル NP_2
タイプ［C］：時間領域 NP_1 における NP_2 の指示対象の断片の固定
タイプ［D］：非飽和名詞(句)NP_2 とパラメータの値 NP_1
タイプ［E］：行為名詞(句)NP_2 と項 NP_1
　　　　　　　　　　　　　　　　　　　　　　　　（西山 2003: 16）

多義構造「NP_1 の NP_2」ではタイプ［C］が興味深い。タイプ［C］では NP_1 が特定の時間領域を表すと，NP_2 の指示対象はその領域の中で固定される。「NP_1」は連体修飾，その修飾先である主要語 NP_2 は「時間」の制限領域を表す名詞句である。これは「の」本来の属格機能に相当するもので，NP_1 が具体性から抽象性へと拡張した例と考えられる。例えば，①「小学校入学当時の妹」②「晴れ着姿の当時の由実」③「昭和初期の大阪」④「仕事に没頭している時の父」⑤「全く根も葉もない無責任なうわさ話に巻き込まれている今の高志」⑥「ほら吹き，マニフェスト⁉ 自己陶酔の新与党」⑦「七・五・三の時の娘」⑧「端午の節句の時の倅」が該当する。NP_2 が指示詞付きの名詞，固有名詞，人称代名詞なので対象を明確に選別できる「定指示の名詞句」となる。よって，NP_1 は制限的な修飾語(句)である。このような名詞句は NP_1 が時間軸のある特定の部分を指示し，NP_2 の指示対象が存在している時間軸のある位置を占める「一時的」な状況／状態を切り取る働きをする。図と地の反転では図となる対象となっている。タイプ［C］は必ずしも NP_2 が固有名詞，人称代名詞とは限らない。例えば，「鳩山新政権の不安」，「政権移行の窓口」，「衆院選出馬の結論」がこれに該当する。

　タイプ［C］の観点から複合名詞「〜カレー」の拡張を捉えると，人間の基本的認知能力に関する多様で複雑な認知プロセスの存在が再認識される。上述の「朝カレー」ではタイプ［C］での前項要素が「時間」概念を制限する名詞となっている。例えば，「めざめるカラダ朝カレー」は複雑である。前項要素は複合連体修飾の「の」格が背景化された形と見なされるが，形容詞連体修飾との関係も考えられる。「めざめるカラダ朝」で連体詞の「の」が前景化すると，「めざめるカラダの朝の」となる。よって，「めざめるカラダ朝カレー」は本来，「めざめるカラダの朝のカレー」と推論できる。タイプ［C］の枠組みから捉えると，「めざめるカラダの」が付加された時間領域の NP_1「めざめるカラダの朝」が「カレー」を修飾することになる。すなわち，「めざめるカラダ朝カレー」は複雑な認知プロセスによって幾重に

も創発されたと考えられる。

　健康食ブームを反映して朝ごはんにカレーライスを食べることが病気の改善やガン予防に効果があるとの調査結果が報告されている。このような目新しい「健康ブーム」と「カレーライスの摂取」との密接な関係から，「NP_1のNP$_2$」構造の解釈がより複雑化している。

(26)　めざめるカラダ朝カレー
　　　「イチローのカレー」にひらめいて10か月，秋が深まるころ，2人の想定する試作品ができあがった。量は通常のレトルトカレーの半分以下，75グラムだった。

（下線部付加）（『読売新聞』平成21年9月19日朝刊）

アメリカ大リーグのイチローは毎朝，カレーを食べることで一時，注目を浴びていた。「イチローのカレー」は際立つ表現である。助詞「の」はどのような機能を担っているのであろうか。問題の「イチローのカレー」は幾通りかの語用論的解釈が考えられる。これは今までのタイプ［C］ではなく，タイプ［A］に属する。よって，自然な解釈は「イチローが作ったカレー」，「イチローが販売するカレー」である。しかし，興味深いことに「イチローのカレー」は「イチローが作ったカレー」，「イチローが販売するカレー」のいずれでもない。すなわち，デフォルト的な正しい解釈が得られない。

(27)　直美の派手な傘

タイプ［A］の典型例(27)を考えてみる。「直美の派手な傘」の最も自然な解釈は「直美が所有している派手な傘」あるいは「直美が今，さしている派手な傘」である。文脈によっては「直美が手に持っている派手な傘」，「直美が買いたがっている派手な傘」，「直美が別注で作ってもらった派手な傘」が考えられる。「直美の派手な傘」では数ある派手な傘の中から特定の傘を選び出すために限定を与えているのがNP_1「直美の」である。「直美の派手な傘」は傘の集合の真部分集合である。ところが，「イチローのカレー」はこれとは異なる。数あるカレーの中から特定のカレーを選び出すために限定を与えるのが「イチローの」ならば，「イチローが作ったカレー」，「イチローが販売するカレー」，「イチローが発案したカレー」のような意味に限定され

るべきである。よって,「イチローのカレー」は「直美の派手な傘」と比べると,最も自然な解釈を規定するのが困難である。タイプ [A] に属する以上は何らかの関係 R が定まらなければならない。この場合,R に「健康を維持するために食しているもので,その時間帯は朝」であるという両者間の関係を見つけ出すことができれば,最も適切な語用論的解釈を定めることができる。主観性の強化の問題である。「イチローのカレー」はコンテキストの中に埋め込まれても意味を特定するのに困難を伴う例である。よって,(26)のコンテキストの内容理解に加えて,イチローの朝の食生活のコンテキストにも配慮することができた時,「イチローのカレー」は主観性の強化によって,「イチローが食べる朝のカレー」から「イチローのカレー」のように意味を特定することができる。

7.4.1 倒置指定文の意味と機能

Fillmore のフレーム理論から「朝食」のフレームを設定してみる。

(28) 朝ごはんの王様は,カレーだ。(指定文)
(29) カレーは,朝ごはんの王様だ。(倒置指定文)

例えば,(28)は指定コピュラ文で,「朝ごはんの王様は何かと考えれば,そうそう,最近の健康食ブームからそれはカレーだ」という意味である。すなわち,「朝ごはんの王様」は「X が朝ごはんの王様だ」と表すべき変項名詞句で「カレー」がその変項 X の値を占めている。この場合,「朝ごはんの王様」のように述語が述語名詞になっている点が注目される。さらに,(28)は(29)の倒置指定文によってパラフレーズされる。

(30) 朝ごはんはカレーが王様だ。

(30)は(28),(29)の「朝ごはん」と「王様」の関係も,「カレー」が「朝ごはんの王様」という変項名詞句の変項の値になっている関係も共に有している。(30)は「朝ごはん」を主題にした有題文である。よって,「X について,[Y が Z だ]」という「属性」を表題している。「朝ごはんについて [カレーが王様だ] という属性を表すことから,この意味で措定文である(第 1 章参照)。

(31) 「先発，完投，朝カレー。これからはハウス，めざめるカラダ朝カレー。朝はカレーだ。」

(テレビCM『ハウス食品　めざめるカラダ朝カレー』)

ハウス食品のテレビCMに「朝はカレーだ」がある。しかし，「朝はカレーだ」は本来，意味を成さない。よって，日本語学習の初心者にとっては意味解釈に困難をきたすものと予測される。

(32) 朝はカレーだ。
(33) Morning is curry.

(32)の「朝はカレーだ」は(33)の「Morning is curry」を意味することになり，「朝」の意味する対象物が「カレー」という食べ物を指すことになる。一般的には，「カレー」の代わりに例えば，「朝は早起きが一番だ」，「朝は一日の始まりだ」が考えられる。

「朝はカレーだ」はコピュラ文である。問題の「朝はカレーだ」の重要点は倒置指定文としての意味と機能である。

(34) 幹事は，ほらぁ，あそこに座っている岡田氏だ。
(35) 芙美子の仕事はその学校説明会の受け付けだ。
(36) この論文のレフェリーはあのフレミング博士だ。
(37) 次のオープンキャンパスは10月の第一日曜日だ。
(38) 今夏，大阪の甲子園代表校は窓から見えるあのPL学園だ。
(39) 2009年，世界陸上，男子100m決勝で驚異の世界新記録，9秒58で優勝したのはジャマイカのボルトだ。
(40) 2009年，柔道の世界選手権。女子48キロ級決勝を制して金メダルに輝いたのは初出場の福見だ。
(41) 自民党政権に対して，国民が新たな選択をしたのは民主党だ。

例えば，(34)で「幹事」は一体誰かと，探してみると，ちょうどあそこに座っている岡田氏がそうです，と指定している。倒置指定文「XはYだ」の主語Xはある対象を特定する働きを持つのではなく，指示性は無いことに注意しなければならない（上林1988，西山2003:第7章）。すなわち，倒

置指定文のXは変項を含む変項名詞句である。

「朝はカレーだ」の「朝」は「Xが朝である」となるが，これだけでは意味が不十分である。しかし，「カレー」という変項から活性化されて「Xが朝ごはんである」となると，解釈がよりスムーズになる。そこで，朝食のフレームを設定すると，変項名詞句のXには，例えば，「納豆とみそ汁」，「トーストとベーコンエッグ」，「クロワッサンにコーヒー」，「たまごご飯」，「ご飯とお新香」，「お茶漬け」，「350円のモーニングサービス」などが相当する。

倒置指定文「XはYだ」で朝食のフレームの語用論的制限を外して，変項Xに「朝」を当てはめてみる。「朝」が指す対象は「陽が昇ってお昼の12時頃までを指す時間帯」とすると，「朝は陽が昇ってお昼の12時頃までを指す時間帯だ」とするのが最も基本的な叙述述部を含む名詞句と解釈される。また，主観性の強化度によっては，「XはYだ」では「朝は散歩だ」，「朝はラジオ体操だ」，「朝はジョギングだ」，「朝はウォーキングだ」，「朝はクラブの練習だ」のような身体運動を表す述部が食事のメニューよりも容易に想起される。加えて，「朝はカレーだ」よりも「朝は散歩だ」，「朝はラジオ体操だ」，「朝はジョギングだ」，「朝はウォーキングだ」，「朝はクラブの練習だ」の方が容認度は高くなる。これは語彙の意味それ自体に拠るのではなく，身体性と主観性の強化によるところが大きい。これは「朝」と結び付きやすい語彙が「散歩」，「ラジオ体操」，「ジョギング」，「ウォーキング」，「クラブの練習」であることから「朝」とこれらの活動が我々のコミュニティに深く定着していることが改めて理解される。よって，「朝ごはんにカレーライスを食べると健康的な生活を送れる」ことが仮に，全国民に定着してくると，「朝はカレーだ」の容認度が確実に上昇するものと予測できる。

7.4.2 指定文における助詞「は」の意味と機能

助詞「は」の意味と機能は従来，日本語学の中心課題の一つとして，長い間注目され，多くの研究がなされてきた。助詞「は」の認知機能の一つに「は」が担う語用論的役割がある。それは話題化に関係する現象で，話題をマークする「は」の基本的な役割のうち，「所有者と所有物」，「主体と属性」が代表的である。

(所有者と所有物)
(42) a. あの新人は国内外での学会発表が多い。
b. 大輔は軽井沢の別荘がすばらしい。

(主体と属性)
(43) a. 花子は性格が実にいい。
b. あの女学生は頭がいい。

「は」のマークする領域はそれぞれ,「所有物」に対する「所有者」,「属性」に対する「主体」となっている。名詞句が指示する対象は異なっている。参照点構造の観点から考えると,「は」がマークする主語名詞句はいずれも参照点となり,この主語名詞句を介して「所有物」,「属性」がターゲットとして定まる。また,「は」は指定文との関係においても重要である。

(44) ピアノソナタはベートーヴェンが心地良い。
(45) ベートーヴェンはピアノソナタが心地良い。

(44)のような文は有題文としてではなく,基本的には指定文として解釈される。(45)はいわゆる「象は鼻が長い」構文の一種である。助詞「が」の解釈は指定的な読みが可能となる。これは名詞句の語用論的な意味解釈の問題である。例えば,「X が心地良い」の変項 X を「ベートーヴェンが作曲した作品の集合体」で探索すると,「ピアノソナタ」がその値となる。そして,そのことについてベートーヴェンという作曲家を叙述している。すなわち,(42),(43)と同様に,(45)は「は」がマークする主語名詞句「ベートーヴェン」が参照点となる。また,変項 X は支配域としての役割を担っていて,ターゲットは「ピアノソナタ」になっている。

(45)の「は」を「が」に置き換えた文について考えてみる。

(46) ベートーヴェンがピアノソナタが心地良い。

(46)は「ピアノソナタが心地良い作曲家は誰かといえば,ベートーヴェンである」という解釈が可能な指定文となっている。つまり,「ベートーヴェンが」は指定,「ピアノソナタが」が中立叙述である。そこで,(46)の「ピア

7.4 助詞「の」の文法化　209

ノソナタが」を文頭に取り出して，「が」を「は」に替えると(44)となる。「ベートーヴェンが」が指定の意味を持つことには変わりない。しかし，「ベートーヴェンが心地良い」はひとまとまりの述語とは見なされない。文頭の「ピアノソナタは」は後続文に対する付加的要素であり，「ピアノソナタ」を取り上げてみれば，というような意味を表している。ところが，(46)は「ピアノソナタが心地良いのは誰かといえば，それはベートーヴェンである」という意味になる。「ピアノソナタが心地良い」全体が1項述語であり，その変項の値を「ベートーヴェン」が充当する関係になっている。よって，(46)は指定文になる。

ここで，再びテレビCMでまことしやかに放送されている「朝はカレーだ」を取り上げ，別の視点から考察する。

(47) a. 朝はカレーだ。
　　　b. 朝はカレーが良い。

例えば，(47a)をパラフレーズすると，(47b)となる。このような解釈は「Xが良い」の変項Xの値に相当するのが「朝食のメニュー」で探索すると，「カレー」がその値となる。つまり，(47b)は「カレー」という食事メニューについて朝の時間領域を叙述するものである。

助詞「は」の機能はより抽象的なレベルにまで拡張している。

(48)　東京電力福島第一原子力発電所の事故は，沈静化を目指して，懸命の作業が進められている。

　　　　　　　　　　　　　(『読売新聞』「社説」平成23年3月21日付)

「は」は文レベルの他，談話レベルでの解釈もある。(48)の「は」が担う役割は特殊な意味的・語用論的な談話において辛うじて解釈され得る(尾上1981，西山2003)。(42)，(43)，(48)は共に「XはYがCだ」という項構造を持ちながら，(42)，(43)と(48)とは性質が互いに異なっている。例えば，(48)では概念的隣接性に基づくメトニミーが起動している。概念Aを「原子力発電所の事故」，概念Bを「懸命の作業」と仮定すると，概念AとBとの間には意味的連続性が認められる。そうすると，概念A「原子力発電所の事故」が参照点となり，概念B「懸命の作業」がターゲットと捉えるこ

とが可能である。「は」が作用する参照点構造について，次節の照応現象との関係からより詳しく見てみる。

7.4.3　助詞「は」の参照点構造

　文法の中心を成すものに照応現象がある。照応現象はメトニミーと深く関係している。メトニミーによる指示対象が後続の照応現象の先行詞としての機能を果たしている場合は特に注目される。Langacker(2009: 58) は Yamanashi(2003)のメトニミーについての考察に言及する。［容器―中身］の空間における隣接関係のメトニミーである。例えば，「ドンブリができたので，すぐに {それを／∅} 食べた」を挙げて，このようなメトニミーが関わる照応現象は認知主体の中核を成す参照点能力(reference point ability)の観点から規定することが可能であると説明している。「ドンブリ」それ自体はこれに後続する照応詞，「それ」もしくはゼロ照応詞「∅」と直接には同一指示の関係にあるわけではない。このメトニミー表現では後続の照応詞に直接的に呼応する先行詞は存在しない。しかし，「ドンブリ」を参照点として，ターゲットの「食べ物」の意味へのアクセスが可能となっている。このターゲットが後続の照応詞の先行詞として同一指示の機能を果たしていることが分かる。Langackerはある対象を直接的に指示する代名詞，例えば，上述した例の後続する照応詞「それ」もしくはゼロ照応詞が同一指示の関係にないことを不確実性(indeterminacy) の一例として挙げている。参照点とターゲットのダイナミックな認知プロセスに基づく照応現象の先行詞と代名詞の同一指示は次の図3に示される。

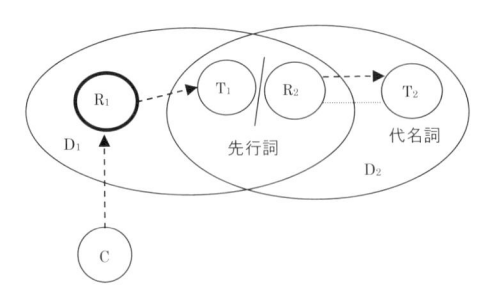

図3　先行詞と代名詞の同一指示の認知プロセス

　図3のR₁は参照点としての「ドンブリ」，T₁はこの参照点を媒介して認

知されるターゲット，つまり容器の中身「食べ物」．T_2はこのターゲットを次の参照点 R_2 として認知される代名詞を指している．R_2 と T_2 を結ぶ点線の矢印は先行詞の R_2 と代名詞の T_2 が同一指示であることを表している．発話と理解では，メトニミー的な参照点構造が多数，存在している．よって，メトニミー的に曖昧な文脈がかなり重要となる．曖昧性に動機づけられた再分析を可能にしている間接的な要因は隣接構文からの類推である．

　倒置指定文と参照点構造との関係では助詞「は」が重要な役割を担っている．倒置指定文が「は」によって導かれる名詞(句)を構成するので，名詞(句)が参照点の役割を担うことになる．主体は最初に参照点に注意を向け，それによって喚起される支配域の中からターゲットを選別する．そして，ターゲットに注意が移行し主体によって心的接触がなされる．

　山梨(2000: 第5章)ではメトニミーの下位分類としてトポニミーとパートニミーが提案されている．

　　　A：トポニミー：　空間／場所の近接関係
　　　B：パートニミー：部分／全体の近接関係

トポニミーは空間と空間との近接関係を指す．

　(49) a.　ポストにハガキを入れる．
　　　　　(ポストの中の囲まれた区間内部近接領域)
　　　b.　夜，寝るときに蚊よけのカヤに入る．
　　　　　(カヤに囲まれた空間内部)

パートニミーは部分と全体との近接関係を表している．

　(50) a.　足をねんざした．(足全体ではなく，足首の領域)
　　　b.　男は部屋の暖房を入れた．(男がスイッチを入れる行為に関係するのは男の手に関係する身体部位の領域)

これらを焦点化の観点から捉えると，パートニミーの(50)では「足」，「暖房(器具)」の部分が参照点としてプロファイルされ，この参照点を介してターゲットの「足首」，「暖房のスイッチ」が理解される．

参照点構造と深く関わるのが「活性領域／プロファイルのずれ」である（Langacker 1999a, b, 2008）。語句が指示する対象がプロファイル（profile），指示する対象のうち，所与の関係に最も直接的，決定的に関係する部分が活性領域（active zone）である。それ故，述部が描写する状況では，実際に関わっているのはプロファイルされている部分ではなく，ターゲットの部分である。実際の状況に関わるこの種のターゲットの部分が活性領域である。活性領域とプロファイルとのずれが典型的に多く現れているのがパートニミーである。

(51) a. ハト胸がトラックをかけ回っている。
 b. いかり肩が重い材木を持ち上げた。

(51)では身体部位の一部としての「ハト胸」，「いかり肩」がプロファイルされ，これらを参照点としてターゲットの人物が活性領域として理解される。「ハト胸」，「いかり肩」が参照点となって「ハト胸」，「いかり肩」の人物がターゲットとなる認知プロセスである。

(52) あっ，ポットが沸いた。
(53) 小夜はその電話に応対した。

また，(52)では「ポット」がプロファイルで，「水」が活性領域となる。(53)では，「電話」がプロファイルで，「電話での話の内容」が活性領域となる。すなわち，「活性領域／プロファイルのずれ」はメトニミー現象と見なされる。さらに，この現象は焦点連鎖にも関わる。主語名詞(句)が第一焦点で，述語が第二焦点である。活性領域とプロファイルとのずれが関係する動的な認知プロセスではこの活性領域を介して主語と目的語が意味的に関係づけられる。図4では，右端のサークルが目的語に相当する。ただし，目的語にはプロファイルと活性領域とのずれが関わっていない。

7.5 体制化による構成要素の複合　213

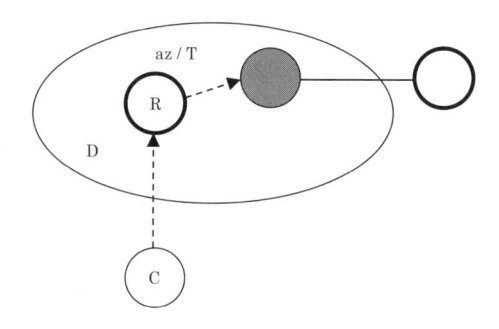

図4　プロファイルと活性領域のずれ

(54)　男は暖房を入れた。(男は暖房のスイッチを入れた。)

(54)では，主語「男」と目的語「暖房」との両方に活性領域とプロファイルのずれが関係している。主語の参照点からターゲットに至る認知プロセスと目的語の参照点からターゲットに至る認知プロセスとが互いに動的に関係している。

　既に見てきた「朝はカレーだ」はパートニミーと捉えることも可能である。主語の「朝は」は複数の意味解釈を想起させる名詞句である。これは意味論というよりも語用論の問題であった。「朝は」がもたらす意味は「毎朝，仕事として行う日課」，「毎朝，仕事ではなく自分に課している日課」，「毎朝摂る食事のメニュー」，「朝に対するイメージ」などが考えられる。このように，「朝は」は不明瞭な主語名詞句である。「朝は」が複数の意味解釈を持ち合せ，それらの意味が参照点としてプロファイルされる。全体と部分との関係から捉え直すと，例えば，全体としての複数解釈から，これを介して部分としてのターゲットである「毎朝摂る食事のメニュー」が理解される。すなわち，「毎朝摂る食事のメニュー」が活性領域となるので，活性領域とプロファイルのずれとして「朝はカレーだ」を挙げることもできる。図4では太字のサークルRが「朝は」がもたらす複数の意味内容で，灰色のサークルが「毎朝摂る食事のメニュー」となり，右端のサークルが述部の「カレーだ」に定まる。

7.5　体制化による構成要素の複合

　日本語の言語コミュニティで「〜ライス」は十分に定着している。もは

や，外来語として意識に昇ることは殆どない。「〜ライス」の異常なまでの創発性には驚愕する。「〜ライス」が外来語であるためか，前項要素も異なる言語からの借用語彙であることが多いことは注目に値する。これはゲシュタルト心理学の体制化の認知プロセスと密接に関わっている。

　複合名詞「〜ライス」の創発性はかなり高い。後項要素「ライス」と複合される前項要素は借入語，外来語が多い。このような傾向は何に依拠しているのであろうか。連続する音素がスムーズに音声処理されるか，否かの音韻的な問題も十分に考えられる。これに関係するゲシュタルト心理学の中で最も重要な概念の一つに体制化がある[3]。体制化は知覚経験の対象を可能な限り，全体としてひとまとまりの簡易な構成体へと整える強い傾向のことをいう。その要因に類似性がある。この類似性が複合名詞の創発に関わっていると考えられる。知覚の類似性の領域から言語の類似性の領域へメタファー的に写像されている。

　（55）　東京のオフィス街にも馴染みの「シュウマイ」がある。シュウマイ４ヶ，小スープ，ザーサイそしてお替り自由のご飯がセットの「しゅうまいライス」にはどれ位お世話になったことだろうか。

（『サラリーマンの昼飯談義』）

「しゅうまいライス」は「ライス」の上に「しゅうまい」がのせられている，のではない。「しゅうまい」と「ライス」とはそれぞれ，別の器に入って並んでいる。にもかからず「しゅうまい」と「ライス」がまとまった並列複合体として捉えられる。仮に，後項要素の「〜ライス」を「〜ご飯」(「〜飯」) に置き換えると，「〜ご飯」の創発性は下がる。例えば，「ラーメンライス／*ラーメン(ご)飯」，「ぎょうざライス／*ぎょうざ(ご)飯」，「ハンバーグライス／*ハンバーグ(ご)飯」のような対照性が成立する。同じ認知的制約から前項要素が日本語で後項要素が外来語であれば，例えば，「炊き込みご飯／*炊き込みライス」，「たけのこご飯／*たけのこライス」，「栗ご飯／*栗ライス」のような対立も可能である。ところが，前項要素が同じ日本語であれば，創発性はかなり高くなる。例えば，「たまご(掛け)ご飯」，「松茸ご飯」，「五目ご飯」，「加薬(かやく)ご飯」，「えんどうご飯」は既に定着してい

3　これはプレグナンツの法則としても知られている。

る．これに対して，「＊たまご（掛け）ライス」，「＊松茸ライス」，「＊五目ライス」，「＊加薬（かやく）ライス」，「＊えんどうライス」は相対的に容認度が低い．

7.5.1　スキーマの形成

「カレーライス」，「オムライス」，「カツカレー（ライス）」のように，「ライス」の上に「カレーソース」，「薄焼き卵」，「トンカツ／ビフカツ」が乗っている形状から抽出されるスキーマを「重ね」スキーマと仮定する．一方，これらの形状とは異なる「ぎょうざライス」，「しゅうまいライス」，「ラーメンライス」，「ハンバーグライス」については，「重ね」スキーマは抽出されない．

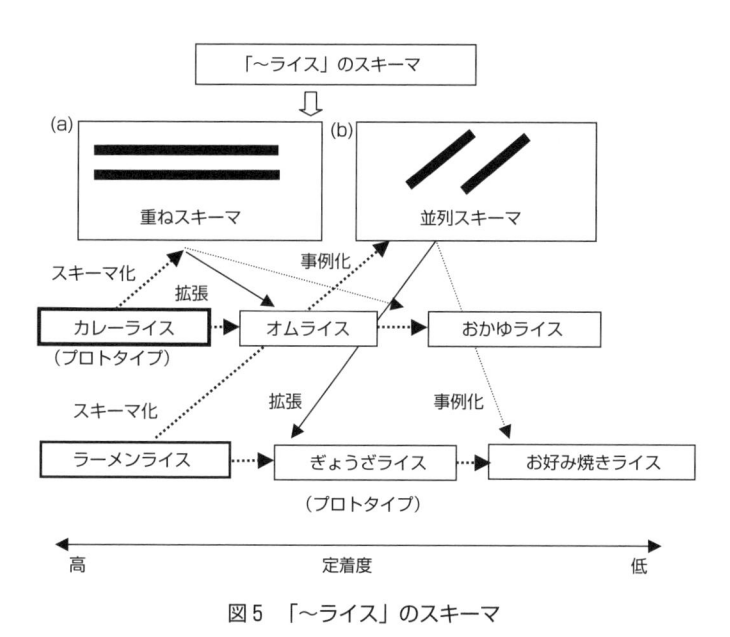

図5　「〜ライス」のスキーマ

「ぎょうざ／しゅうまい／ラーメン／ハンバーグライス」等では前項要素と後項要素が示す対象（「ぎょうざ／しゅうまい／ラーメン／ハンバーグ」と「ライス」）がそれぞれ，別々に隣接している．「〜ライス」の概念スキーマには「重ね」スキーマの他に「並置された」状態を表す概念スキーマが必要となる．それを「並列」スキーマと呼ぶことにする．図5はスキーマからの諸々の具体例から拡張事例までの定着度の段階性を描いている．定着度に

沿って新しい事例化(instantiation)の相対分布が示されている。複合名詞ではプロトタイプの判断基準を明確に定めるのは容易ではない。基本的には最も古い具体例が中心的成員と定められる。心理的な実在性が確認されると，新しい複合名詞がコミュニティに定着し，歴史的な定着順序に基づく判断がより論理的になる。新たに創発された語彙が中心的具体例になり，そこから古い具体例が拡張することは実在性に乏しく類像性の原理にも反する(Lakoff 1987, Kanasugi 2009)。

複合名詞「こんにゃくライス」はコミュニティに十分に定着していない。複合化されて間もない名詞句である。「おかゆライス」と同じように，「こんにゃくライス」は前項要素が日本語なので，稀な組み合わせである。ところが，ダイエットに勤しむ人々のコミュニティでは十分に定着している。「こんにゃくライス」はダイエット食品というわけである。「カレーライス」のように，「ライスの上にこんにゃくを載せた」のではなく，あるいは，「ラーメンライス」のように，「ライスとこんにゃくを横に並べた」状態でもない。米粒との形状類似に基づいたメタファーからの創発といえる。「こんにゃくライス」は「カレーライス」，「ラーメンライス」のように「ライス」が「白いご飯」を意味するのではないので，「こんにゃくライス」は重ねスキーマ，並列スキーマからの拡張とは見なされない。これはLangackerの調整(accommodation)の現象として位置づけられる。

複合名詞「〜ライス」の拡張プロセスには想像以上の動的な認知機構が渦巻いている。「〜ライス」の具体性から抽象性への変容は放射状カテゴリーと同じ拡張プロセスで，連続体を成している。拡張の連続性から捉えると，最も具体性が高いのは「ラーメンライス／ぎょうざライス／しゅうまいライス／ハンバーグライス」のような並列スキーマである。複合名詞「〜ライス」は「〜とライス」が原型であるので，「ラーメンとライス／ぎょうざとライス／しゅうまいとライス／ハンバーグとライス」が複合される以前の構成である。接続助詞「と」が含まれている構成レベル，「ラーメンとライス／ぎょうざとライス／しゅうまいとライス／ハンバーグとライス」から，「と」が背景化される。この段階では分析性の透明度は高い。構成性の原理が適用可能な範囲である。しかし，「こんにゃくライス」のように抽象度が上がると，慣用度が極度に高くなり，構成性の原理から正しい意味を推測することは極めて困難になっている。「こんにゃくライス」と並んで，「パールライス」も興味深い複合名詞である。「こんにゃくライス」と創発の認知プ

ロセスが類似している。そして，徐々に定着しつつある。「パールライス」は「白いご飯」の上に「パール(真珠)」がのせられている，あるいは「パール(真珠)」と「白いご飯」とを合わせた食品ではない。「パールライス」はパール(真珠)のような「つや」と「輝き」の視覚に基づいた形状類似のメタファー写像により創発された複合名詞である。

「～ライス」の複合プロセスは複雑さを極めている。しかし，我々はごく普通に発話・理解し，しかも，次々と新しい複合名詞「～ライス」を創発し続けている。言語運用能力の驚くべき認知的側面である。

7.5.2 主観性の強化による音韻変化

「オムライス」を考えてみる。「オムライス」の「オム」は英語のomeletに由来し，歴史的にはフランス語のomelette(薄焼き卵の総称)を起源とする。さらに，フランス語のomeletteはラテン語から拡張した名詞である。歴史的にはlamina(金属板)→lamella(小さい金属板)へと変化し，形状類似からメタファー写像によりlemelle(剣・刃)(フランス語)へと拡張している。その後，la lemelle → l'alemelle → alemelleへと変化する。しかし，再び，形状類似からメタファー写像により食物分野へと領域が拡張される。さらに，中期フランス語alumette(卵料理)へ意味が拡張するが，第一音節の音韻変化により，amelette から omellette を経て omelet へと変化のプロセスを経ている。

「オムライス」は「オムレツライス」(「オムレツ」+「ライス」)が本来の形態と予測される。「オムレツ」が一つのユニットとして焦点化されると，音韻縮小(phonological reduction)が進行する。また，「オム」は「オムレツライス」の「オムレツ」が接頭辞化した形と捉えることも可能であろう。基本的に分節音の連鎖が音声的に実現されていると考えてよい。しかし，音の連鎖は主観性の強化に拠るところが大きい。つまり，調音，強勢の分布，発話の経済性から隣接する子音，母音の一部が融合される例である。これは構成性の原理から予測できない音声の連続体である。本来の「オムレツライス」での音の連続が「オムライス」へとゲシュタルト的に音韻変換したと仮定できる。

本来，英語のomeletは「薄い卵焼きで包む」という動詞である。しかし，日本語を使用するコミュニティでは，「包む」の意味が想起されることはない。基本的に，「オムライス」は薄い卵焼きの中にケチャップなどで味付け

されたチャーハンが入っている。「オムライス」の「ライス」は分析が不可能なほどにまで慣習化している。名詞の「ライス」は「白いご飯」とデフォルト的に解釈される。ところが，「オムライス」の「ライス」は<u>白いご飯</u>を表してはいない。この「ライス」はケチャップで味付けされた<u>赤色のチャーハン</u>を指示対象としている。

　「ライス」が意味する「白いご飯」と「ケチャップで味付けされた赤色のチャーハン」とのずれは上述の活性領域の問題にも関係する(Langacker 1999a, b, 2008)[4]。「ライス」が「ケチャップで味付けされた赤色のチャーハン」を指示対象とすることを可能にしているのは類を持って種を表すメトニミーによる拡張のプロセスに他ならない。あるいは，シネクドキーによる拡張として捉えることもできる。例えば，「お花見の季節」の「お花」は「さくらの花」という種類を指している。もしくは，「今日の晩ご飯」の「ご飯」が主食の「白いご飯」を指すだけではなく，主食以外の惣菜などの副食をもまとめて指示対象としている。また，「オムライス」の「ライス」は「ケチャップで味付けされた赤色のチャーハン」を指すことから，「ライス」を様々な調理に使用される以前の上位概念と位置づけることも可能である。

　複合名詞「オムソバ」は新しい。薄焼き卵の中に「(ソース)焼きソバ」が入っている。「オムレツ(ソース)焼きソバ」が本来の表現と推定される。「オムライス」と同様に，「オムレツ」から「オム」へと音韻縮小が生じている。「ソバ」の意味的な分析可能性は低い。「ソバ」だけでは，一体，「和そば」か「中華そば」か，判断できない。さらにはどのように調理された「ソバ」なのかも予測が困難である。つまり，「オムソバ」の「ソバ」については，調理された「焼きそば」の意味は希薄化している[5]。よって，「お花見」の「お花」と同様に，「オムソバ」の「ソバ」もメトニミーと考えられる。

7.6　創発性のダイナミズム

　コミュニティサイトができるまでに定着している複合名詞「デパ地下」は

---

[4] 医学の分野では人間の神経回路網は基本ユニットとして3種類のシナプス結合が現在のところ確認がされている。この3種類の領域中，プレシナプス領域が「神経伝達物質」の放出機構を司っている。この「神経伝達物質」を放出する場が「活性領域」と呼ばれている。
[5] 別の観点から考えてみると，「和そば」であれ「中華そば」であれ，中身が「ソバ」なので「オムライス」からの類推(analogy)で「オムソバ」が合成語として創発されたと推論できる。

様々な複合名詞の拡張のプロセスに刺激を与えている。

(56)　大丸も昨年3月以降，横浜市とさいたま市の商業施設に，相次いで食品専門店を出店。和洋菓子の有名店のほか，豆腐や牛乳など日持ちがしない商品も充実させ，デパ地下とスーパーを合わせたような品ぞろえにした。(下線部付加)(『産経新聞』平成20年3月28日朝刊)

　本来，「デパ地下」はデパートの地階にある「売り場」，全体のことを総称する。しかし，「デパ地下」は「デパート地下食料品売り場」を指示対象とする。地下の全域が食料品売り場で占められていることが前景化して，「デパ地下」は「食料品売り場」という総称的な意味へと特殊化している。「デパ地下」が「食料品売り場」を意味することから概念的隣接性に基づく，メトニミー的拡張に他ならない。
　「デパ地下」の「地下」が「チカ」となり，複合名詞全体がカタカナ表記の「デパチカ」にまで変化する。これは慣用性の程度が上昇していることの証拠である。

(57)　大丸心斎橋店のKakiyasu Diningでおかずパックを購入しました。たまにはご飯作るのサボってデパチカ惣菜ってのも，いいでしょ？楽だし，なんと言ってもおいしし。

(下線部付加)(『Walkerplus』平成17年4月30日)

(57)には複合名詞，「おかず　パック」(日本語＋英語)，「サボ　って」(フランス語＋日本語)そして「デパ　チカ　惣菜」(英語＋日本語＋日本語)がある[6]。「デパチカ惣菜」は「デパチカ」の高度な慣用化により単一体と再分析される。「惣菜」が付加されたと仮定すると，[英語(デパ：デパートメントストアの縮約形)＋日本語(チカ：地下)＋日本語] から [(英語(デパ：デ

---

6 「ご飯作る」の「ご飯」はメトニミーと捉えられて，「朝ご飯」，「昼ご飯」そして「夜ご飯」の3通りの意味が考えられる。「サボってデパチカ惣菜ってのも，いいでしょ？楽だし，なんと言ってもおいしし。」という談話内容から推論すると，仕事を終えて自宅で夜ご飯の仕度をするというフレームが活性化される。「デパート」と同様に，日本語に定着している英語由来の外来語に「チケット」がある。「切符」と「チケット」は文脈によって使用が区別されている。例えば，電車の乗車券は「切符」となるのが通例であるが，映画の入場券は「チケット」であり，「切符」ではない。

パートメントストアの縮約形)+日本語)］+日本語へ，さらに［(日本語)+日本語］+日本語へと再び，再分析された認知プロセスを仮定することができる。もはや「デパチカ」は日本語の語彙として言語コミュニティに完全に組み込まれている。十分に慣習化されたこのような「デパチカ」は「デパチカスイーツ」，「デパチカ弁当」，「デパチカケーキ」，「デパチカお菓子」，「デパチカグルメ」，「デパチカリニューアル」，「デパチカファン」，「デパチカニュース」，「デパチカドットコム」，「デパチカ新定番100選」，「デパチカ女王選手権」へと，次々に拡張を重ねて放射状カテゴリーを形成している。

「デパ地下」の意味拡張は主観性の強化と密接に関係する。

(58) 「テレビで放映されたものを，もうすでに食べた」という優越感が欲しいのかしら？と思います。並んでまで買う気はしませんが，デパ地下を眺めて歩いて，お気に入りを見つけるのはファッションフロアを見て歩くより楽しいと，最近感じてます。

(下線部付加)(『円卓会議』平成21年4月4日)

「デパ地下」が「デパートの地下売り場」を総称する意味から特定的(specific)な場所表現「食料品売り場」へと意味が変化し，「食料品売り場」の意味が定着するにつれて，さらに，拡張することが予測できる。(58)の「デパ地下を眺めて歩いてお気に入りを見つける」は「お気に入りを見つける」と表現していることから，この「デパ地下」を「お惣菜」に置き換えることが可能である。そうすると，「デパ地下」は「(デパ地下で販売されている)お惣菜」という「食品」そのものにまで意味が特殊化していることが分かる。この拡張のプロセスは主観性の強化により「デパ地下」が「デパートの地下売り場」から「お惣菜」へと慣習化されたと分析できる。

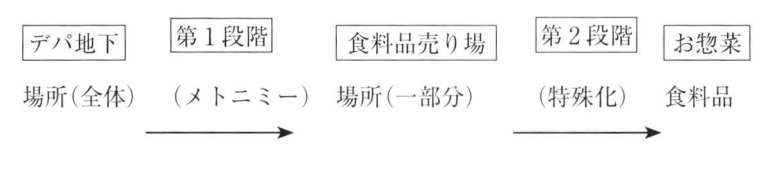

デパ地下	第1段階	食料品売り場	第2段階	お惣菜
場所(全体)	（メトニミー）→	場所(一部分)	（特殊化）→	食料品

図6 「デパ地下」の拡張

図6は「デパ地下」の意味拡張のプロセスを表している。第1段階は「地下」の総称的場所から「特定的場所」へのメトニミー的拡張を表している。第2段階は「特定的場所」から「食料品」への意味の特殊化を表している。また，「食料品売り場」から「お惣菜」への意味拡張は本来の意味が希薄化した現象と分析される。「デパ地下」が食料品を販売するスペースから，「デパ地下のお惣菜」の意味にまで特殊化する可能性も否定できない。

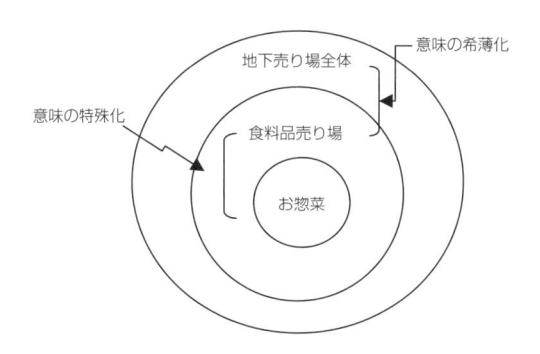

図7　「デパ地下」の内包的意味拡張構造

図7は「デパ地下」の内包的意味拡張を描いている。最終的には「デパ地下」が「お惣菜」を意味するまでに変容するという，意味の特殊化が説明されている。
　「デパ地下」はさらに，類推のプロセスにより動的に拡張する。

(59)　進む「デパ地下革命」デパ地下：百貨店の食料品売り場は地下階にあることが多いため，その通称として使われている。2007年11月に新装開業した大丸東京店が1階に菓子類を中心とした食料品売り場を設けたことをきっかけに，1階の食料品売り場を表す「<u>デパイチ</u>」という通称も広がりつつある。
　　　　　　　　　　（下線部付加）(『読売新聞』平成21年7月2日朝刊)
(60)　食の<u>デパイチ</u>盛況：百貨店の顔で，通常，化粧品やアクセサリー売り場に充てる1階を，和菓子など食品売り場にしたのが特徴。「女性に人気の高いスイーツは，ファッション性が高く，集客力も高い」(北上聖子広報担当課長)といい，珍しい＜<u>デパイチ</u>＞フロアが誕生した。　　　　　（下線部付加）(『読売新聞』平成21年9月16日朝刊)

「デパ地下」がコミュニティに十分に定着してから，かなりの年月が経っているというわけではない。「デパ地下」の創発は約20年前である。にもかかわらず，(59)，(60)の１階の食料品売り場を表す「デパイチ」，「珍しい＜デパイチ＞フロアが誕生した。」の複合名詞「デパイチ」の創発には全く驚かされる。「デパイチ」は最近になって創発されたばかりの複合名詞である。改めて，言葉の創造性に関わる認知能力のダイナミズムを再認識せざるを得ない。僅か，20年程で類推という認知プロセスにより「デパ地下」から「デパイチ」が創発されているのである[7]。このような「デパ地下」からの拡張のダイナミズムは「デパ地下」の濃密な語彙的親近性と極めて高い使用頻度を物語っている(Bybee 2003, Gibbs 2005, Kanasugi 2007, 2009)。一般的に言語の微妙な刻々たる変化を実感することはできない。このような変化は言語の文法体系もしくは語彙体系に変化を及ぼす大変化(例えば，中英語期における大母音推移もしくは動詞の強変化動詞と弱変化動詞が屈折語尾の水平化と共に簡略化し始めること)にも関わる。

　ここで，「デパ地下」の「地下」についてさらに，別の観点から考えてみる。「デパ地下」が相手にマイナスのイメージを与えることはない。むしろ，買い物客で賑わう華やかなプラスのイメージを与えることが一般的である。「地下」には①地面より下，②死後の世界，③表面には出ていないこと，④政治運動・社会運動などの秘かに行われる場などの意味がある。「地下」が与える意味はプラスのイメージというよりも，プラス，マイナスどちらでもない場合か，むしろ，マイナスのイメージを与えることが往々にしてある。定着度が高い「地下」を前項要素とする複合名詞には「地下侍(じげざむらい)」，「地下人(じげにん)」，「地下運動」，「地下経済」，「地下工作」，「地下政府」，「地下組織」，「地下アイドル」，「地下銀行」がある[8]。これらの複合名詞では構成要素の総和から本来の意味を正しく理解することはできない。これに対して，「デパ地下」はゲシュタルト的な複合名詞ではあるが，「地下運動」，「地下経済」などと比較すると，伝わるイメージが異なる。構成要素の総和以上の意味が与えるプラスとマイナスのイメージの差異を動機づけているものは何であろうか。「地下運動」に代表されるマイナス・イメージは陽の当たらない地域，「地下」を意味することから，メタファー的に「人目の

---

[7] 中英語期に生じた大母音推移は完了するまでに約200年もの歳月が費やされている。
[8] 「地下侍」は在郷の下級武士，「地下人」は昇殿を許されない官人の総称をそれぞれ，指す。

つかない場所」という意義素が抽出される。そうすると，例えば，「地下経済」は人の目に留まらない密室での経済(状態)という意味となる。ところが，「デパ地下」の「地下」はこのようなマイナスのイメージを与える要素はない。その理由の一つには「デパ地下」の「地下」が修飾する「デパ」の意味が「地下」のマイナス・イメージを排除するプラスのイメージが働いていると仮定することができるからである。つまり，経験基盤による主観性の強化から「デパ地下」の持つ華やかなプラス・イメージが活性化されていると考えることができるのである。

7.7 「計量」表現の認知歴史的変遷

　名詞句の意味の拡張は認知主体がコミュニケーションを図る途上で動的に展開される語用論的なプロセスである。そのような名詞句と同様に形容詞についても，意味の拡張は語用論的な解釈に根ざしたプロセスになっている。本来の意味からは逸脱しているのにもかかわらず，まことしやかに困難なく理解できる形容詞がある。「計量」を表す形容詞の歴史的な意味の拡張もその一例で，詳細に分析を試みると興味深い語用論的解釈を我々に提供していることが分かる。認知主体の主観性の強化に動機づけられたこのような語用論的解釈に基づく未来への歴史的意味拡張は幾重にも強化され無限に広がる。

　自宅近くに大阪市の公設市場があったのを鮮明に覚えている。小学1，2年生の頃，夕飯の時分になると，母にその市場まで，手を引かれてお供させられたものであった。夕飯の仕度のため食材を買いに，あちらへ，こちらへ，気ぜわしく移動する。そうこうしている内に，お肉屋さんの前で立ち止まる。母と店員さんとは顔なじみである。長年のお付き合いである。当時，食べ盛りの超絶頂期であった子供としては食肉を食する量は半端なものではなかった。家族構成は祖母，母，父そして妹の5人暮らしであった。

(61)　母　：牛肉，300グラム，豚肉，500グラム，それと，かしわを200グラム。
　　　店員：いつも，沢山，買いはるけど，特に今日は<u>多い</u>のと違う。お客さん，大勢来はるの。
　　　母　：いや，いや，家族だけの分よ。息子や娘がよう食べるわ。私らはもう，そんなに食べることはないけどね。

今でもそうであるが，当時，豚肉よりも牛肉の方が高かったので，牛肉を注文する量は豚肉よりも少なかった。当時，一晩で1キロも家族総出で全部，平らげていたことになる。

　店の前では何人かのお客さんが「100グラム200円」のような値札の付いた牛肉，豚肉あるいは鶏肉が盛られている銀色の長方形の皿を見ながら注文している。このような語用論的状況の中では本来，妥当ではないはずの表現が何の違和感もなく理解されていることに気がつく。例えば，次の母と店員さんとのごく日常的な会話の中にも妥当ではない表現であるはずのものが何の違和感もなく我々には理解されている。

(62)　店員：牛肉，300グラムやけど，えーと，ちょっと<u>少ない</u>わ（秤の目盛は290グラムを指している）。（店員さんが牛肉を新たに秤に盛る。すると秤が310グラムを指している），あぁ，今度はちょっと<u>多い</u>ね。10グラム，サービス。
　　　　母親：<u>多い</u>けど，かめへんのん。
　　　　店員：全然。毎度，おおきに。いつもすいません。

　得てして，母と店員さんとの会話での「多い／少ない」は本来の正しい記述的表現から逸脱していると，考えるべきではないであろうか。ここでは，食肉という物質の「重さ」を量るのであるから，例えば，300グラム注文して320グラムであれば，「20グラム，多い」ではなく，「20グラム，<u>重い</u>」と表現することが<u>記述的</u>には妥当であるはずである。また，300グラム注文して290グラムであれば，「10グラム，少ない」ではなく，「10グラム，<u>軽い</u>」が妥当な表現ではなかろうか。

　さらに，このような事実と関係する談話環境を銭湯のフレームに置き換えてみることにする。小学生の頃，友人同士で銭湯へ行くと10畳以上もあるような脱衣場に大きな置き時計に似た体重計が置いてあったのを今でも覚えている。当時の友人との会話を考えてみる。

(63)　泉谷：おぉー，2キロも痩せてるやんけ。何でやろう，俺。
　　　　紺屋：うわぁー，3キロもいつの間にか太ってるわ！！，何でやろ。またまた，<u>重た</u>なってもうた。
　　　　紺屋：金杉は？また，痩せたんちゃうか？

金杉：あぁ，俺，軽るなってる，また痩せてるわ。みんなと野球の
　　　　　しすぎや。

　上述の買い物のフレームと対照させてみると，次の点に気づく。「多い／少ない」と「重い／軽い」の対照性を考えて，例えば，「またまた，重たなってもうた」を「*またまた，多くなってもうた」と言い換えることはできない。そして，「俺，軽るなってる，また痩せてるわ」を「*俺，少ななってる，また痩せてるわ」と言い換えることもできない。しかし，食肉を量るとき，「多い／少ない」の表現はごく普通である。このような容認性の相違は対象を捉えるときの認知主体の主観性に拠ると考えられる。「体重」も「食肉」も共に，質量を量ることには何の相違もないはずである。

　一般的に「多い／少ない」の概念が最も深く関与しているのが「数」の概念である。買い物のフレームで，「重い／軽い」ではなく，「多い／少ない」が使用されるのに矛盾をきたさないのは計る対象物を「数を数える」という概念として捉えているためである。認知主体は食肉を一枚，二枚もしくは一個，二個と捉えて，数えている。予測したグラム数より下回っていれば，肉片を手に取って一枚か二枚，あるいはそれ以上を計りに乗せることになる。すなわち，認知主体が肉の塊を体積としてではなく，「数の多い・少ない」へとイメージ・スキーマ変換している。

　また，ブロックの形をした食肉を一塊，計量器の上に乗せたとき，期待していた量を上回っていたとしても，我々はやはり，「多い」と表現する。もしくは，「多い」でなければ，「大きい」であろう。「大きい」と表現するときは，体積の視点から捉えていることになる。そして，この時，小さいブロック状の食肉を探すことになる。小さなブロックに換えることで，数の概念を減少させていると考えることもできる。しかし，例えば，2000キログラムの重量制限のある貨物用コンテナに車のタイヤを制限以上に積んでしまったら，「重すぎる」と「多すぎる」では，どちらの容認性が高くなるのであろうか。車のタイヤを1単位として「数」の概念で数えているのであれば，「多すぎる」であるが，数の単位としてではなく，積み込まれたタイヤ全体を体積の視点から捉えるのであれば，「重すぎる」が容認される。例えば，100キログラムの重量制限のある小型貨物用コンテナに180キログラムの大型トレーラー用のタイヤ1個を積み込むと，「重すぎる」が容認性を著しく上昇させる。一方，同じ100キログラムの重量制限のある小型貨物用コンテナ

であっても，10キロのバイクのタイヤを18個，つまり重量制限以上である180キログラム積み込んだ場合，「重すぎる」の使用は日本語を母語とする認知主体には違和感を覚え，「多すぎる」が難なく使用される。あるいは，必要としているミネラルウォーター500ミリリットルのところに1000ミリリットルのミネラルウォーターが用意されると，「多すぎる」という表現が選択される。しかし，体積のことに言及するのであるから，「大きすぎる」あるいは，「重すぎる」が妥当な表現として選択されるはずである。確かに，計量計で重さを量る場合に500ミリリットルと1000ミリリットルとでは，「1000ミリリットルの方が重い」と表現する。基本的には「重すぎる」であるのに「多すぎる」へと表現が変換されているのは「量」から「数」へとイメージ・スキーマが変換されている証拠である。「数」へと変換される動機づけの経験基盤は飲料水として摂取する「量」の単位としての境界性が明確な「カウントできる量の単位」として，認知主体が捉えていることに他ならない。よって，同じ500ミリリットルと1000ミリリットルであっても，「多すぎる」よりも「重すぎる」が選択されるフレームもあるに違いない。500ミリリットルと1000ミリリットルのペットボトルを持ち運ぶ場合，持ち運ぶだけの力がない認知主体であれば，1000ミリリットルのペットボトルに言及して，「これは重すぎる」と表現し，「*これは多すぎる」のように「多すぎる」を選択することはない。これは飲料水を摂取するのではなく，手で持って運ぶのであるから，ペットボトルを手にしたときの体感感覚に動機づけられた表現である。体積を量るイメージ・スキーマは変換されてはおらず，「重さ」を量る基本的なイメージ・スキーマに基づいている。

　このように，体重計で重さを量った場合，「多い／少ない」が容認されない理由はどこにあるのか，とその説明を与えるキーワードを探ってみると，体感感覚に基づく主観性の強化が一つの選択肢として候補に上る。体重の増減は体重計に乗ってみて，初めて確認できるものである。最も，自分の体感から体重の増減に気づく場合もある。体重の増減で「*多い／少ない」が容認されないのは体重が主観性の強化による体感に大きく依存していることが理由として考えられる。計量する対象は同じようなものではあるが，食肉のように一枚，二枚と数を増減させていく捉え方は体重の増減には不可能になっている。このようなフレームでは「数」を数え上げるという捉え方を認知主体は行っていないことが理解される（第5章参照）。

　イメージ・スキーマ変換を伴うこのような「数」と「量」の概念はLangacker

の複製集合体(replicate mass)と密接に関わるものである。複数名詞は集合体をプロファイルする。集合体は一つ，一つの対象が集まったものとして捉えられる。複数名詞とは一つ，一つの対象物を複製して繰り返し寄せ集められた結果，出来上がった集合を指す名詞と捉えられる。よって，このような集合体を複製集合体と呼ぶ(Langacker 1991, 2008)。「複数」は集合体の個々の構成素がいわゆる，「個別化」されていることを強調するものである。個々に個別化されて散乱している構成素が寄り集まって出来上がるのが一つの集合体であるとすれば，線は点が横一列に連続し，集まって形成された集合体である。

これとは対照的に，非複数集合(non-plural mass)は非複製集合名詞(non-replicate mass noun)の個別化された構成素が寄り集まって出来上がった集合体，と捉えるのではなく，個々の構成素が連続した(non-discrete)一つの集合体として捉えられる。Langacker は名詞を3種類に分別する。

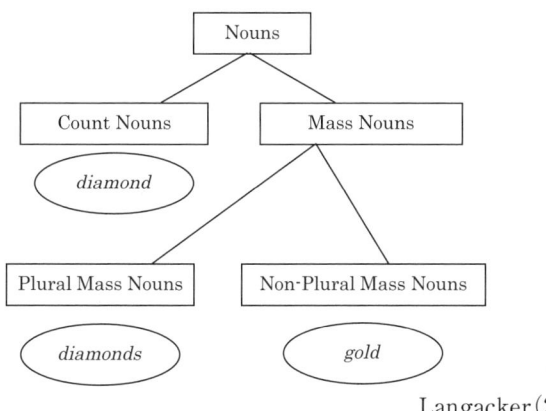

Langacker(2008: 130)

図8　名詞の分別化

すなわち，可算名詞(count noun)，複数集合名詞(plural mass noun)，非複数集合名詞(non-plural mass noun)である(Langacker 2008: 131)。可算名詞が対象(object)，集合名詞が物質(substance)にそれぞれ，対応していると仮定する。そうすると，可算名詞は対象の名前(diamond, cup, book, i-phone)，集合名詞は物質の名前(gold, meat, water, wood, coal, glue, beer, skin, steel, air, moisture, electricity, anger, complaining)に対応する。しかし，これらの例はごく基本的なプロトタイプに他ならない。

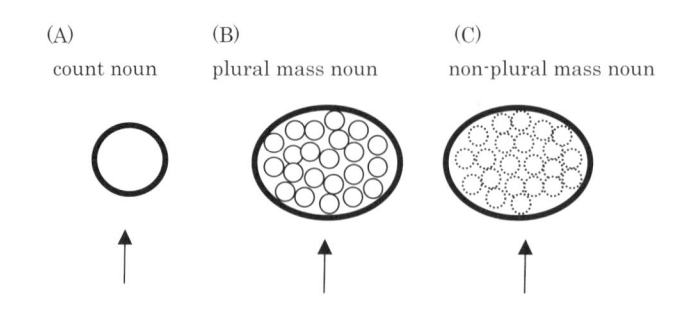

(A) count noun　(B) plural mass noun　(C) non-plural mass noun

（前景化される構成素）　（個々の構成素が前景化された集合体がプロファイルされている。）　（このような集合名詞（物質名詞）は個々の構成素が寄り集まった集合体が全体としてプロファイルされている。）

図9　名詞とプロファイル

　可算名詞は境界性のある個別化された物(thing)をプロファイルするのに対して，集合名詞が指示する対象は境界性を持たないといえる。そうなると，境界性を認知主体がいかに認知することができるかどうかが重要な役割を担うことになる。すなわち，集合名詞が指示する対象は個々の構成素が多数，集まっている，と認知主体が捉えることが不可能な程度に境界性が欠如していると捉え直すことができる。

　同じ集合名詞の中にあっても，複数形と非複数形との間に見られる対照性はプロファイルされている集合体の個々の構成素が認知主体によっていかに焦点化されたものとして捉えられているかに左右される。ここで，非複数集合体に属する名詞が指示する対象で注目されるのは個々の構成素が区別化されて一つ，一つが前景化されているのではなく，構成素が複数，寄り集まった包括的な一つの連続体として前景化されていると捉えられていることである。例えば，英語の *sand*(砂)は不可算名詞で非複数形集合名詞となっているが，「砂」を形成するためには個々の粒子(particle)が無数に寄り集まっていることが必要とされる。しかし，*sand* が非複数形集合名詞にカテゴリー化されていることから，前景化されている部分は「砂」を形成する個々の粒子ではない。無数の「砂」の粒子が寄せ集まった一つの全体的な集合体が前景化されている。すなわち，図9の(C)に当たる。

　ここでいう複数形集合名詞(可算名詞)と非複数形集合名詞(不可算名詞)と

の区別をする基準に関して，Langackerが例挙しているのは「個別」性がいかに際立っているかである。Langackerが指摘するそのプロトタイプ的な英語の名詞に board（可算名詞）と lumber（不可算名詞）との対照性がある (cf. five boards と *five lumbers)。長細い長方形の木材を指示する語彙として board と lumber がある。どちらも，長細い「製材」を指示する語彙としては同じと見てよい。しかし，可算性(countability)のある board については平たい木の板，一枚，一枚が際立ちを持つ。これとは対照的に可算性を持たない lumber は一つ，一つの製材が際立ちを持つと捉えるのではなく，むしろ，実際には同じ木から製材された一つ，一つの集合体として捉えられることから「個別」性は画然と，背景化されている。現実世界でのこのような対象の捉え方は，実に人間の基本的な認知能力があってこそ，説明が可能となる例で，非常に実感の沸く説明手法である。可算性の判断は認知主体の主観性の強化に依存する。非複数集合名詞が可算名詞へと変換される場合では可算名詞と不可算名詞との間には境界線がないのと同じである。これら2種類の名詞の間には連続性があって，ファジー・カテゴリーを形成していると考えざるを得ない。ある農家が果物を栽培し，そして収穫して出荷するときに，商品になる規格品と形が整っていない規格外の果物とでは個数を数える方法に変化が見られる。例えば，「桃」を出荷するのに箱詰めにする。そのとき，規格に合うような桃であれば，一つ，一つ丁寧に見て，箱に入れる。しかし，大きさ，色などが規格外であれば，一つ，一つ，カウントをするのではなく，箱に一緒くたに詰め込んで重さを量って出荷する。「桃」が規格外であれば，一つ，一つの「桃」がもはや，焦点化されることはなくなり，一つの箱に入った複数個の「桃」全体が一つの連続体として捉えられる。これは，Langackerの可算名詞から不可算名詞へのイメージ・スキーマ変換と並行性を保つ現象といえる。

　「大皿」と「大水」というごく一般的な表現がある。どちらも「大」が使用されているので，意味に相違はないはずである。しかし，「大皿」は「大きい皿」であるので同じように，「大水」の「大」を「*大きい水」と解釈することは不可能である。「大水」の「大」は「*大きい」ではなく，「多い水」の「多い」と解釈しなければならない。「大男」，「大人数」，「大量」であれば，「大男」が「大きい男」で「大人数」では「人数が多い」，「大量」は「量が多い」の意味と解釈される。例えば，「大枚を叩く」という慣用句の「大枚」は「多くのお金」という意味である。しかし，歴史的には「大

枚」の「大」は貨幣の大きさが「大きい」という意味で，その貨幣の「面積」を表していたのである。やがて，「大枚」の「大」は「数」を読み上げることへと変容する。このように現代語の「大」は多義性を内包していることが分かる。この「大」を接辞と捉えるのなら，それは「程度が著しい」ことを意味する役割を担う。形容詞「大きい」が面積，体積等の物理的な尺度を表すことから「大」が接辞としての意味を担うように歴史的に拡張をしてきたというプロセスを仮定すれば，この現象は文法化の基本的なケースに他ならない(第2章，第5章参照)。

(64) その人に名前あり，その人に母校あり，その人に恩師あり，学友あり大切にしたい同窓会。　　　　　　　　　　(下線部付加)
　　　　　(「京都大学総合人間学部 大学院人間・環境学研究科同窓会」)

(64)にある「大切に」は歴史的には漢語副詞「切に」に接頭辞にまで拡張した「大」が付加されたプロセスが仮定できる。注意すべきは，古典では基本的に「大きい」，「多い」も共に，「おほし」で表現する点である。上代語(奈良時代)では「おほき戸」のように形容詞「おほし」の連体形「おほき」が，名詞「戸」を修飾する用法においては「大きい戸」という意味になる。(65)の「おほき」も「大きい」を意味する。これに対して，「人々参る日おほし」のような形容詞述語文では「多い」を意味する。

(65) おほき海の，みなそこ深く，思ひつつ，もびきならしし，菅原の里。　　　　　　　　　　　　　　　(下線部付加)(万葉集)

「おほき」は名詞を修飾する用法にのみ限られているわけではない。

(66) 十一になりたまえど，ほどよりおほきに，おとなしうきよらにて，ただ源氏の大納言の御顔を二つに写したらむように見えたまふ。
　　　　　　　　　　　　　　　　　　　　(下線部付加)(源氏物語)
(67) おほきさよきほどなる人の，様体いときよげにて，髪のさがりば，頭つきなどぞ，ものよりことに，あなめでた，と見えたまひける。
　　　　　　　　　　　　　　　　　　　　(下線部付加)(源氏物語)

これに対して，名詞を修飾する形容詞としてではなく，「おほし」が述語としての機能を担うのであれば，「大きい」ではなく，「多い」と解釈される。

(68) 橘の花散る里の霍公鳥片恋しつつ鳴く日しぞおほき。
　　　　　　　　　　　　　　　　　　　　（下線部付加）（万葉集）
(69) また同じ言も，文と歌とにて，いひざまつづけざまのかはるべきもおほし。　　　　　　　　　　　　　　（下線部付加）（うつぼ物語）
(70) 夫世にある人，ことわざしげきふるまひにつけて，たかきいやしき品をわかたず，賢は徳おほく，愚なるは失おほし。
　　　　　　　　　　　　　　　　　　　　（下線部付加）（十訓抄）

平安時代中期から後期になると，少なくとも「おほし」が「大きい」の意味を表すことと並行するような形で，「大(おほき)なる家」のような「大(おほき)なる」という形容動詞が拡張され，定着しつつあったことが予測される。すなわち，「大なる」が名詞(句)を修飾する働きを持っていることは明らかで，「おほし」が「大きい」というもう一つの意味を徐々に背景化させる傾向にあったことが考えられる。

(71) おもしろく咲きたる櫻を長く折りて，大なる花瓶にさしたるこそをかしけれ。　　　　　　　　　　　　　　　（下線部付加）（枕草子）

平安時代中期の「枕草子」では「大きい」を意味する表現として「大(おほき)なる」が使用されていることは注目に値する。

(72) おもしろく咲きたる櫻を長く折りて，おほき花瓶にさしたるこそをかしけれ。

よって，上代であるならば，「大なる花瓶」が(72)のような「おほき花瓶」になると推論される。「おほし」が「おほく」の形で述語の用法として使用され，「多い」を意味するのは鎌倉時代中期までは変容することはない。

中古に入ると間もなく，「大なる」という形容詞が創発されることによって，上代の「おほし」が持つ多義性は徐々に無くなる方向へと向かっていたと仮定できる。「大きい」の意味では「おほし」は必ず，「おほき」の形式を

護っていた．よって，平安時代になると「おほき」から「おほきなり」という形容動詞が拡張する．

(73) こなたは，ただおほきなる対二つ，廊どもなむめぐりてありけるに，御修法の壇隙なく塗りて，いみじき験者集いて，ののしる．
(下線部付加)（源氏物語）
(74) また，ある人よめり．
桂川わが心にも通はねど同じ深さに流るべらなり
京のうれしきあまりに，歌もあまりぞ多かる．
(下線部付加)（土佐日記）

「土佐日記」は平安時代後期の作品である．この時期になると「おほし」から「多かり」という形容詞にまで拡張する．

(75) 世を捨てたる人の，万にするすみなるが，なべて，ほだし多かる人の万に諂ひ，望み深きを見て，無下に思ひたくすは，僻事なり．
(下線部付加)（徒然草）

形容詞としての機能はより明瞭になり，鎌倉時代の作品，「徒然草」では「多かる人」のように「多かる」が名詞「人」を修飾している．
　現代日本語の「大きい」は形容動詞「おほきなり」から拡張された形容詞である．これは，「暖かい」，「細かい」が「暖かなり」，「細かなり」と同じ拡張のプロセスを経たと推論できる．いわゆる，脱カテゴリー化である．
　現代日本語では「多い」が名詞を修飾する用例はなく，よって，「*多い人（が参加している）」は容認されない．しかるに，奈良時代では「おほし」の多義性は語順によって解消される．奈良時代の「おほし」だけを例にしてみれば，言語の分析性はかなり高かったといえる．

(76) 七夕祭るこそ，なまめかしけれ．ようよう夜寒に成る程，雁鳴きて来る頃，荻の下葉色付く程，早稲田刈り干すなど，取り集めたる事は，秋のみぞ多かる．　　　　　　(下線部付加)（徒然草）
(77) 物うち言ひたる，聞きにくからず，愛敬ありて，言葉多からぬこそ，飽かず向はまほしけれ．　　　　　　(下線部付加)（徒然草）

奈良時代では「おほし」は「大きい」と「多い」との間で多義性を示していた。そのため意味の区別は名詞を修飾する機能と述語として働く機能に依存していたのである。やがて，1300年頃の中世の作品，例えば，「徒然草」では「多し」という形容詞が語彙として拡張される。

「大きな」は形容詞としてではなく，連体詞に分類される。これは，指示詞「この」，「その」と同じカテゴリーに分類されているので，興味深い。もっとも，これらは指示連体詞として区別されることがある。連体詞に分類される理由は「大きな」は「大きだ」のように活用せず，連体修飾のみに使用されるからである。この「大きな」に対して「大きい」がある。歴史的には「大きな」は「おほきなり」にその拡張の起点を置くことができる。しかし，その後，「大きい」が定着すると「おほきなり」はその連体形「おほきなる」の使用頻度が急激に増加したことが原因で，やがて，使用頻度の上昇と共に「る」が脱焦点化され，「おほきな」へと拡張されたと考えられている（山口・秋本（編）2001）。

使用頻度の上昇と構文の縮約化との関係は英語の文法化現象と共に，日本語においても当てはまる。よって，「大きな」は元来，形容動詞であったことが理解され，「おほきなり」の「なり」は「おほきに + あり」から「おほきなり」へと拡張したと考えられるので，副詞に「あり」が付加された形と捉えることもできる。

7.8 おわりに

助詞もしくは形容詞の拡張及び計量に関する様々な語用論的解釈は決して無意味に創発された言語現象ではない。そのようなダイナミックな拡張のプロセス，新しい解釈の方法が始動する起点となるのは認知主体の主観性の強化に拠り，生活習慣，文化が大きな役割を担ってきた賜物といえる。

文法化理論と主観性の強化の研究が言語学で果たす役割は，年々，重要になりつつある。言語の進化が言語変化に代表されるとすれば，語用論的な状況を考慮に入れること無くしてはその進化の歴史を発展的に調べていくことが不可能である。複合名詞の拡張のプロセスを例に取ると，経験によって蓄積される日々の百科事典的知識が推進力となっていることが重要で，かつ明確である。本章で取り扱った数字「七」に関する複合名詞はその典型例として指摘することができる。ここではその数字のことを「不可思議な数字「七」(strange number 7)」と定義する（Miller 1956）。

本書において岡，米倉の両氏が考察の対象として取り上げているテンス，アスペクトおよびモダリティについても，認知歴史言語学から考察された拡張のプロセスは特に重要視される。

　いずれの研究分野においても日本語の歴史的な変化を認知言語学の視点から捉え直すことについては将来，多種多様にわたる画期的な論考が期待される。

参考文献

Abbot, Valerie, and John B. Black. 1986. "Goal-Related Inferences in Comprehension," in James Galambos, Robert Abelson, and John Black (eds.), *Knowledge Structures*, 123-142, Hillsdale, NJ.: Lawrence Erlbaum.

Aikhenvald, Alexandra. 2004. *Evidentiality*. Oxford: Oxford University Press.

Brinton, Laurel J., and Elizabeth Closs Traugott. 2005. *Lexicalization and Language Change*. Cambridge: Cambridge University Press.

Brown, Penelope, and Stephen C. Levinson. 1987. *Politeness: Some Universals in Language Usage*. Cambridge: Cambridge University Press.

Buck, Carl Darling. 1949. *A Dictionary of Selected Synonyms in the Principal Indo-European Languages: A Contribution to the History of Ideas*. Chicago: University of Chicago Press.

Bybee, Joan L. 2003. "Mechanisms of Change in Grammaticization: The Role of Frequency," in Janda Richard and Brian Joseph (eds.), 602-623.

Bybee, Joan, Revere Perkins, and William Pagliuca. 1994. *The Evolution of Grammar: Tense, Aspect, and Modality in the Languages of the World*. Chicago: University of Chicago Press.

Campbell, Lyle. 2001. "What's Wrong with Grammaticalization?," *Language Sciences* 23: 113-161.

Carey, Kathleen. 1995. "Subjectification and the Development of the English Perfect," in Dieter Stein and Susan Wright (eds.), *Subjectivity and Subjectivisation*, 83-102, Cambridge: Cambridge University Press.

Chafe, Wallace. 1976. "Givenness, Contrastiveness, Definiteness, Subjects, Topics and Point of View," in Charles Li (ed.), *Subject and Topic*, 25-55, New York: Academic Press.

Claridge, Claudia. 2007. "Conditionals in Early Modern English Texts," in Ursula Lenker and Anneli Meurman-Solin (eds.), *Connectives in the History of English*, 229-254, Amsterdam/Philadelphia: John Benjamins.

Coates, Jennifer. 1995. "The Expression of Root and Epistemic Possibility in English," in Joan Bybee and Suzanne Fleischman (eds.), *Modality in Grammar and Discourse*, 55-66, Amsterdam/Philadelphia: John Benjamins.

Cole, Peter, and Jerry Morgan (eds.) 1975. *Syntax and Semantics Vol.3: Speech Acts*. New York: Academic Press.

Comrie, Bernard. 1976. *Aspect*. Cambridge: Cambridge University Press. (山田小枝 (訳)『アスペクト』むぎ書房, 1988)

Cristofaro, Sonia. 2003. *Subordination*. Oxford/New York: Oxford University Press.

Cutrer, Michelle. 1994. *Time and Tense in Narrative and in Everyday Language*, Ph.D. Dissertation: University of California, San Diego.

Detges, Ulrich. 2000. "Time and Truth: The Grammaticalization of Resultatives and Perfects within a Theory of Subjectification," *Studies in Language* 24(2): 345-377.

Dickey, Stephen. 2000. *Parameters of Slavic Aspect: A Cognitive Approach*. Stanford: CSLI publications.

Drinka, Bridget. 2008. "Family Networks and the Development of the Perfect in Early Modern English," *Conference Handbook 2008*, 2-5, The Japanese Cognitive Linguistics Association.

Evans, Nicholas. 2007. "Insubordination and its Uses," in Irina Nikolaeva (ed.), *Finiteness: Theoretical and Empirical Foundations*, 366-431, Oxford: Oxford University Press.

Evans, Nicholas, and David Wilkins. 2000. "In the Mind's Ear: Semantic Extensions of Perception Verbs in Australian Languages," *Language* 76(3), 546-592.

Fillmore, Charles J. 2009. *Construction Grammar*. Chicago: University of Chicago Press.

Fischer, Olga, and Wim van der Wurff. 2006. "Syntax," in Richard Hogg and David Denison (eds.), *A History of the English Language*, 109-198, Cambridge: Cambridge University Press.

Fleischman, Suzanne, and Marina Yaguello. 2004. "Discourse Markers Across Languages: Evidence from English and French," in Carol Lynn Moder and Aida Martinovic-Zic (eds.), *Discourse Across Languages and Cultures*, 129-147, Amsterdam/Philadelphia: John Benjamins.

Frajzyngier, Zygmunt. 1991. "The *de dicto* Domain in Language," in Elizabeth Closs Traugott and Bernd Heine (eds.), *Approaches to Grammaticalization, Vol. I*: *Focus on Theoretical and Methodological Issues*, 219-251, Amsterdam/ Philadelphia: John Benjamins.

Fujii, Seiko. 2006. "Quoted Thought and Speech Using the Mitai-na '*Be Like*' Noun-modifying Construction," in Satoko Suzuki (ed.), *Emotive Communication in Japanese*, 53-95, Amsterdam/Philadelphia: John Benjamins.

Gibbs, Raymond W. 2005. *Embodiment and Cognitive Science*. Cambridge: Cambridge University Press.

Goffman, Erving. 1982. *Interaction Ritual*: *Essays on Face to Face Behavior*. New York: Pantheon Books.

Goldberg, Adele. 2006. *Constructions at Work*: *The Nature of Generalization in Language*. Oxford: Oxford University Press.

Goossens, Louis. 1992. "CUNNAN, CONNE(N), CAN: The Development of a Radial Category," in Günter Kellermann and Michael D. Morrissey (eds.), *Diachrony within Synchrony: Language History and Cognition*, 377-394, Frankfurt: Peter Lang.

Greenberg, Joseph H. 1966. "Some Universals of Grammar, with Particular Reference to the Order of Meaningful Elements," in Joseph Greenberg (ed.), *Universals of Language*, 73-113, Cambridge, MA: The MIT Press.

Greenberg, Joseph H.(ed.) 1978. *Universals of Human Language*. Stanford: Stanford University Press.

Grice, Paul H. 1971. "Meaning," in Leon A. Jakobovits and Danny D. Steinberg (eds.), *Semantics*: *An Interdisciplinary Reader in Philosophy, Linguistics and*

Psychology, 53-59, Cambridge: Cambridge University Press.
Grice, Paul H. 1991.(reprint version)*Studies in the Way of Words*. Cambridge, MA: Harvard University Press.
Haiman, John. 1978. "Conditionals are Topics," *Language* 54(3), 564-589.
Haspelmath, Martin. 1999. "Why is Grammaticalization Irreversible?," *Linguistics* 37 (6), 1043-1068.
Harris, Alice C. and Lyle C. Campbell. 1995. *Historical Syntax in Cross-linguistic Perspective*. Cambridge: Cambrdige University Press.
Heidegger, Martin. 1962. *Being and Time*. Oxford: Blackwell.
Heine, Bernd, Ulrike Claudi, and Friederike Hünnemeyer. 1991. *Grammaticalization: A Conceptual Framework*. Chicago: University of Chicago Press.
Heine, Bernd, and Tania Kuteva. 2002. *World Lexicon of Grammaticalization*. Cambridge: Cambridge University Press.
Heine, Bernd, and Tania Kuteva. 2005. *Language Contact and Grammatical Change*. Cambridge: Cambridge University Press.
Herring, Susan C. 1991. "The Grammaticalization of Rhetorical Questions in Tamil," in Elizabeth Closs Traugott and Bernd Heine (eds.), *Approaches to Grammaticalization, Vol.I: Focus on Theoretical and Methodological Issues*, 253-284, Amsterdam/Philadelphia: John Benjamins.
Higashiizumi, Yuko. 2006. *From a Subordinate Clause to an Independent Clause: A History of English* because-*clause and Japanese* kara-*clause*. Tokyo: Hituzi Shobo.
Hilpert, Martin. 2010. "What Can Synchronic Gradience Tell Us about Reanalysis?: Verb-first Conditionals in Written German and Swedish," in Elizabeth Closs Traugott and Graeme Trousdale (eds.), *Gradience, Gradualness and Grammaticalization*, 182-201, Amsterdam/Philadelphia: John Benjamins.
Hopper, Paul J. 1991. "Principles of Grammaticalization," in Elizabeth Closs Traugott and Bernd Heine (eds.), *Approach to Grammaticalization, Vol. I: Focus on Theoretical Issues*, 17-35, Amsterdam/Philadelphia: John Benjamins.
Hopper, Paul J., and Elizabeth Closs Traugott. 2003.(second edition) *Grammaticalization*. Cambridge: Cambridge University Press.
Ikegami, Yoshihiko. 1991. "'DO-language' and 'BECOME-language': Two Contrasting Types of Linguistic Representation," in Yoshihiko Ikegami (ed.), *The Empire of Signs: Semiotic Essays on Japanese Culture*, 285-326, Amsterdam/Philadelphia: John Benjamins.
Janda, Richard, and Brian Joseph(eds.) 2003. *Handbook of Historical Linguistics*. Oxford: Blackwell.
Jespersen, Otto. 1942. *A Modern English Grammar on Historical Principles, Part VI: Morphology*. Copenhagen: Ejnar Munksgaard, London: Allen and Unwin.
Johnson, Mark. 1987. *The Body in the Mind*. Chicago: University of Chicago Press.(菅野盾樹 他(訳)『心の中の身体』(復刊版)紀伊国屋書店, 2001)
Kanasugi, Takao. 2005. "A Pragmatic and Functional Pressure in the Pronominalization of Relative *that*," *17 th International Conference on Historical Linguistics: Conference Book*, 50, Amsterdam/Philadelphia: John Benjamins.

Kanasugi, Takao. 2007. "A Reanalysis Completed and in Progress towards Fully Structural Extension," *10 th International Cognitive Linguistics Conference: Book of Abstracts-General Sessions*, 116-117, Amsterdam/Philadelphia: John Benjamins.

Kanasugi, Takao. 2009. "A Metonymic Extension from Distal Demonstratives in English," an accepted abstract for a presentation at *11 th International Cognitive Linguistics Conference* (which was supposed to be held in University of California, Berkeley).

Lakoff, George. 1987. *Women, Fire and Dangerous Things*. Chicago: University of Chicago Press.(河上誓作, 池上嘉彦 他(訳)『認知意味論』紀伊国屋書店, 1993)

Lakoff, George, and Mark Johnson. 1980. *Metaphors We Live By*. Chicago: University of Chicago Press.(渡辺昇一(訳)『レトリックと人生』大修館書店, 1986)

Lakoff, George, and Mark Johnson. 1999. *Philosophy in the Flesh*. New York: Basic Books.(計見一雄(訳)『肉中の哲学』哲学書房, 2004)

Lakoff, George, and Mark Johnson. 2003.(new edition) *Metaphors We Live By*. Chicago: University of Chicago Press.

Langacker, Ronald W. 1968. *Language and Its Structure: Some Fundamental Linguistic Concepts*. New York: Harcourt, Brace and World.

Langacker, Ronald W. 1977. "Syntactic Reanalysis," in Charles N. Li (ed.), *Mechanism of Syntactic Change*, 57-139, Austin: University of Texas Press.

Langacker, Ronald W. 1987. *Foundations of Cognitive Grammar Volume I*. Stanford: Stanford University Press.

Langacker, Ronald W. 1991a. *Foundations of Cognitive Grammar, Volume II: Descriptive Application*. Stanford: Stanford University Press.

Langacker, Ronald W. 1991b. *Concept, Image, and Symbol: The Cognitive Basis of Grammar*. Berlin/New York: Mouton de Gruyter.

Langacker, Ronald W. 1993. "Reference-point Constructions," *Cognitive Linguistics* 4 (1): 1-38.

Langacker, Ronald W. 1998. "On Subjectification and Grammaticization," in Jean-Pierre Koenig (ed.), *Discourse and Cognition: Bridging the Gap*, 71-89, Stanford: CSLI Pubications.

Langacker, Ronald W. 1999a.(new edition) *Foundations of Cognitive Grammar: Theoretical Prerequisites*. Stanford: Stanford University Press.

Langacker, Ronald W. 1999b.(new edition) *Foundations of Cognitive Grammar: Descriptive Application*. Stanford: Stanford University Press.

Langacker, Ronald W. 1999c. *Grammar and Conceptualization*. Berlin/New York: Mouton de Gruyter.

Langacker, Ronald W. 2000. "A Dynamic Usage-Based Model," in Michael Barlow and Suzanne Kemmer (eds.), *Usage Based Models of Language*, 1-64, Stanford: CSLI publications.

Langacker, Ronald W. 2002.(second edition) *Concept, Image, and Symbol*. Berlin/New York: Mouton de Gruyter.

Langacker, Ronald W. 2008. *Cognitive Grammar: A Basic Introduction*. Oxford: Oxford University Press.

Langacker, Ronald W. 2009. *Investigations in Cognitive Grammar*. Berlin/New York: Mouton de Gruyter.

Li, Charles N., Sandra A. Thompson, and R. M. Thompson. 1982. "The Discourse Motivation for the Perfect Aspect: The Mandarin Particle LE," in Paul J. Hopper (ed.), *Tense-Aspect: Between Semantics and Pragmatics*, 19-44, Amsterdam/Philadelphia: John Benjamins.

Livnat, Zohar. 2002. "From Epistemic to Deontic Modality: Evidence from Hebrew," *Folia Linguistica Historica* XXIII/1-2: 107-114.

Matisoff, James A. 1991. "Areal and Universal Dimensions of Grammaticalization in Lahu," in Elizabeth Closs Traugott and Bernd Heine (eds.), *Approaches to Grammaticalization, Vol. II: Focus on Types of Grammatical Markers*, 383-453, Amsterdam/Philadelphia: John Benjamins.

Matsumoto, Yo. 1998. "Semantic Change in the Grammaticalization of Verbs into Postpositions in Japanese," in Ohori Toshio (ed.), 25-60.

Maynard, Senko K. 2005. *Expressive Japanese: A Reference Guide to Sharing Emotion and Empathy*. Honolulu: University of Hawai'i Press.

Miller, George A. 1956. "The Magical Number Seven, Plus or Minus Two: Some Limits on Our Capacity for Processing Information," *The Psychological Review* 63: 81-97.

Miller, Jim, and Regina Weinert. 1998. *Spontaneous Spoken Language: Syntax and Discourse*. Oxford: Clarendon.

Mithen, Steven. 2005. *The Singing Neanderthals: The Origin of Music, Language, Mind and Body*. London: Thames and Hudson.

Mizuno, Kazuho. 2008. "The Have/Be Perfect in Late Modern English," *Conference Handbook 2008*, 6-9, The Japanese Cognitive Linguistics Association.

Narrog, Heiko. 2005. "Modality, Mood, and Change of Modal Meanings: A New Perspective," *Cognitive Linguistics* 16(4): 677-731.

Nunberg, Geoffrey. 1978. *The Pragmatics of Reference*. Bloomington: Indiana University Linguistics Club.

Ohori, Toshio. 1994. "Diachrony of Clause Linkage: TE and BA in Old through Middle Japanese," in William Pagliuca (ed.), *Perspectives on Grammaticalization*, 135-149, Amsterdam/Philadelphia: John Benjamins.

Ohori, Toshio.(ed.) 1998. *Studies in Japanese Grammaticalization: Cognitive and Discourse Perspectives*. Tokyo: Kurosio.

Ohori, Toshio. 1998. "Polysemy and Paradigmatic Change in the Japanese Conditional Marker *Ba*," in Toshio Ohori.(ed.) (1998), 135-162.

Onodera, Noriko O. 2004. *Japanese Discourse Markers*. Amsterdam/Philadelphia: John Benjamins.

Onodera, Noriko O. 2007. "Interplay of(Inter)subjectivity and Social Norm," *Journal of Historical Pragmatics* 8(2): 239-267.

Pagel, Mark, Quentin D. Atkinson, and Andrew Meade. 2007. "Frequency of Word-Use Predicts Rates of Lexical Evolution throughout Indo-European History," *Nature* 449: 717-720.

Papafragou, Anna. 2000. "On Speech-Act Modality," *Journal of Pragmatics* 32(5): 519-538.

Rissanen, Matti. 1999. "Syntax," in Roger Lass (ed.), *The Cambridge History of the English Language: Volume III 1476-1776*, 187-331, Cambridge: Cambridge University Press.

Romaine, Suzanne, and Deborah Lange. 1991. "The Use of *Like* as a Marker of Reported Speech and Thought: A Case of Grammaticalization in Progress," *American Speech* 66(3): 227-279.

Rubin, Edgar. 1958. "Figure and Ground," in David C. Beardslee and Michael Wertheimer (eds.), *Readings in Perception*, 194-203, Princeton, NJ: D. van Nostrand.

Schourup, Lawrence C. 1985. *Common Discourse Particles in English Conversation.* New York/London: Garland.

Searle, John R. 1969. *Speech Acts: An Essay in the Philosophy of Language.* Cambridge: Cambridge University Press.

Shibatani, Masayoshi. 1991. "Grammaticization of Topic into Subject," in Elizabeth C. Traugott and Bernd Heine (eds.), *Approaches to Grammaticalization, Vol. II: Focus on Types of Grammatical Markers*, 93-133, Amsterdam/Philadelphia: John Benjamins.

Shinzato, Rumiko. 2006. "Subjectivity, Intersubjectivity, and Grammaticalization," in Rumiko Shinzato (ed.), *Emotive Communication in Japanese*, 15-33, Amsterdam/Philadelphia: John Benjamins.

Siepmann, Dirk. 2005. *Discourse Markers Across Languages: A Contrastive Study of Second-level Discourse Markers in Native and Non-native Text with Implications for General and Pedagogic Lexicography.* London/New York: Routledge.

Smith, Carlota. 1997. (second edition) *The Parameter of Aspect.* Norwel: Kluwer Academic Publishers.

Sperber, Dan, and Deirdre Wilson. 1995. (second edition) *Relevance: Communication and Cognition.* Oxford: Blackwell.

Stafford, Tom, and Matt Webb. 2004. *Mind Hacks: Tips and Tricks for Using Your Brain.* Sebastopol: O'Reilly.

Sugiyama, Keiko. 2003. "On Factual *May*," *English Linguistics* 20(2): 441-466.

Suzuki, Ryoko. 2007. "(Inter)subjectification in the Quotative *tte* in Japanese Conversation: Local Change, Utterance-ness and Verb-ness," *Journal of Historical Pragmatics* 8(2): 207-237.

Suzuki, Satoko. 2000. "A Study of the Sentence-final *Mitai-na*," *Journal of the Association of Teachers of Japanese* 29(2): 55-78.

Sweetser, Eve E. 1990. *From Etymology to Pragmatics.* Cambridge: Cambridge University Press.

Talmy, Leonard. 1978. "Figure and Ground in Complex Sentences," in Joseph H. Greenberg (ed.), *Universals of Human Language Vol. 4, Syntax*, 625-649, Stanford: Stanford University Press.

Thompson, Sandra A., and Paul J. Hopper. 2001. "Transitivity, Clause Structure, and

Argument Structure: Evidence from Conversation," in Joan L. Bybee and Paul J. Hopper (eds.), *Frequency and the Emergence of Linguistic Structure*, 27-60, Amsterdam/Philadelphia: John Benjamins.
Tomasello, Michael. 2003. *Constructing a Language: A Usage-based Theory of Language Acquisition.* Cambridge, MA: Harvard University Press.
Traugott, Elizabeth Closs. 1972. *A History of English Syntax.* New York: Holt, Rinehart and Winston.
Traugott, Elizabeth Closs. 1982. "From Propositional to Textual and Expressive Meaning: Some Semantic-pragmatic Aspects of Grammaticalization," in Winfred P. Lehman and Yakov Malkiel (eds.), *Perspectives on Historical Linguistics*, 245-271, Amsterdam/Philadelphia: John Benjamins.
Traugott, Elizabeth Closs. 1989. "On the Rise of Epistemic Meaning in English: An Example of Subjectification in Semantic Change," *Language* 65(1): 31-55.
Traugott, Elizabeth Closs. 1995. "Subjectification in Grammaticalization," in Dieter Stein and Susan Wright (eds.), *Subjectivity and Subjectivisation*, 31-54, Cambridge: Cambridge University Press.
Traugott, Elizabeth Closs, and Bernd Heine (eds.) 1991. *Approaches to Grammaticalization*, 2 vols. Amsterdam/Philadelphia: John Benjamins.
Traugott, Elizabeth Closs, and Richard B. Dasher. 2002. *Regularity in Semantic Change.* Cambridge: Cambridge University Press.
Underhill, Robert. 1988. "*Like* is, Like, Focus," *American Speech* 63(3): 234-246.
Winters, Margaret E., Heli Tissari, and Kathryn Allan (eds.) 2010. *Historical Cognitive Linguistics.* Berlin/New York: Walter de Gruyter.
Yamanashi, Masa-aki. 1974. "On Minding Your p's and q's in Japanese: A Case Study from Honorifics," *Papers from the Tenth Regional Meeting of the Chicago Linguistic Society*, 760-771.
Yamanashi, Masa-aki. 2003. "Anaphora and Reference-Point Ability," in Shuji Chiba et.al (eds.), *Empirical and Theoretical Investigations into Language: A Festschrift for Masaru Kajita*, 537-548, Tokyo: Kaitakusha.
Yamanashi, Masa-aki. 2010. "Metaphorical Modes of Perception and Scanning," in Armin Burkhardt and Brigitte Nerlich (eds.), *Tropical Truth(s): The Epistemology of Metaphor and Other Tropes*, 157-175, Berlin/New York: Walter de Gruyter.
Yonekura, Yoko. 2007. "The Role of Pragmatics in the Grammaticalization of Relative Constructions," *Bulletin of Nara University of Education: Culture and Social Science*, 56(1): 183-192.
Yule, George. 1996. *Pragmatics.* Oxford: Oxford University Press.
Vandelanotte, Lieven, and Kristin Davidse. 2009. "The Emergence and Structure of *be like* and Related Quotatives: A Constructional Account," *Cognitive Linguistics* 20 (4), 777-807.
Vendler, Zeno. 1967. *Linguistics in Philosophy.* New York: Cornell University Press.
浅利誠. 2008.『日本語と日本思想』東京：藤原書店.
荒木博之. 1983.『やまとことばの人類学——日本語から日本人を考える』東京：朝日

出版社.
安藤貞雄. 2005.『現代英文法講義』東京：開拓社.
安平鎬・福嶋健伸. 2001.「中世末期日本語と現代韓国語のアスペクト体系——アスペクト形式の分布の偏りについて」『筑波大学「東西言語文化の類型論」特別プロジェクト研究成果報告書　平成12年度Ⅳ』407-435.
飯田朝子. 2002.「＜新・接客表現＞はことばの乱れか変化か」『言語』31(9): 52-56.
池上嘉彦. 1981.『「する」と「なる」の言語学——言語と文化のタイポロジーへの試論』東京：大修館書店.
池上嘉彦. 2000.『「日本語論」への招待』東京：講談社.
池上嘉彦. 2006.「＜主観的把握＞とは何か——日本語話者における＜好まれる言い回し＞」『言語』35(5): 20-27.
石井正彦. 2007.『現代日本語の複合語形成論』東京：ひつじ書房.
石垣謙二. 1955.『助詞の歴史的研究』東京：岩波書店.
上林洋二. 1988.「指定文と措定文——ハとガの一面」『筑波大学文藝言語研究・言語編』14: 57-74.
上村幸雄. 1992.「琉球列島の言語(総説)」(編著)『言語学大辞典　第1巻下』771-814, 東京：三省堂.
宇佐美まゆみ. 2001.「談話のポライトネス——ポライトネスの談話理論構想」『談話のポライトネス』第7回国立国語研究所国際シンポジウム報告書：9-58.
宇佐美まゆみ. 2003.「異文化接触とポライトネス——ディスコース・ポライトネス理論の観点から」『国語学』54(3): 117-132.
大島悦子. 1996.「「複合動詞」構成要素間の関係性について——『源氏物語』における「複合動詞」の場合」『早稲田日本語研究』4: 26-38, 早稲田大学国語学会.
大野晋. 1953a.「日本語の動詞の活用形の起源について」『国語と国文学』30(6): 47-56, 東京大学国語国文学会.
大野晋. 1953b.「萬葉時代の音韻」澤潟久孝他(編)『萬葉集大成　第6巻　言語編』287-330, 東京：平凡社.
大野晋. 1964.「係り結びの起源とはどんなことか」『国文学解釈と鑑賞』29(11): 96-102.
大野晋. 1967.「日本人の思考と日本語」『文学』27(12) (大野晋. 2006.(再録)「日本人の思考と日本語」『語学と文学の間』93-131, 東京：岩波書店).
大野晋. 1977.「動詞アリの語源について」五味智英先生古希記念論文集刊行会『上代文学論叢——五味知英先生古希記念』471-478, 東京：笠間書院.
大野晋. 1978.『日本語の文法を考える』東京：岩波書店.
大堀壽夫. 1996.「言語的知識としての構文——接続構造のパラメータ」『認知科学』3(3): 7-13.
大堀壽夫. 2005.「日本語の文法化研究にあたって——概観と理論的課題」『日本語の研究』1(3): 1-17.
岡智之. 1997.「伝達動詞のシテイルについて」『Studium』24: 45-60, 大阪外国語大学大学院研究室.
岡智之. 1999.「存在構文に基づくテイル(テアル)構文——認知言語学的アプローチによる文法構文の研究」『EX ORIENTE』1: 113-131, 大阪外国語大学言語社会学

会.
岡智之. 2000.「存在型アスペクトとしての朝鮮語ユ／어 있다 |ko/eo issta| 構文──認知類型論と日朝対照の観点から」『EX ORIENTE』3: 159-184, 大阪外国語大学言語社会学会.
岡智之. 2001.「テイル(テアル)構文の認知言語学的分析──存在論的観点に基づくアスペクト論の展開」『日本認知言語学会論文集』1: 132-142.
荻原稚佳子. 2008.『言いさし発話の解釈理論──「会話目的達成スキーマ」による展開』横浜：春風社.
奥田靖雄. 1978a.「アスペクトの研究をめぐって(上)」『教育国語』53: 33-44.
奥田靖雄. 1978b.「アスペクトの研究をめぐって(下)」『教育国語』54: 14-27.
小田亮. 1999.『サルのことば──比較行動学からみた言語の進化』京都：京都大学学術出版会.
尾上圭介. 1981.「『は』の係助詞性と表現機能」『国語と国文学』58: 102-118.
尾上圭介. 2001.『文法と意味Ⅰ』東京：くろしお出版.
加賀野井秀一. 1995.『20世紀言語学入門』東京：講談社.
郭鋭. 2000.「過程と非過程──中国語の述語的成分の2つの外在的時間タイプ」于康・張勤(編)『中国語言語学情報2 テンスとアスペクト1』291-348, 東京：好文出版.
風間喜代三. 1998.『ラテン語とギリシャ語』東京：三省堂.
春日和男. 1968.『存在詞に関する研究』東京：風間書房.
片山龍峯. 1997.『日本語とアイヌ語 増補版』東京：すずさわ書店.
金杉高雄. 2005a.「前置詞定位の容認可能性に関わる関係詞の歴史的発達」『日本認知言語学会論文集』5: 208-218.
金杉高雄. 2005b.「歴史的機能漂白による関係詞の選択」『言語科学論集』11: 59-74, 京都大学大学院 人間・環境学研究科.
金杉高雄. 2007.「言語科学考察における哲学的意味」『太成学院大学紀要』8: 1-13.
金杉高雄. 2008.「ゲシュタルト構造の段階的分析可能性」児玉一宏・小山哲春(編著)『言葉と認知のメカニズム──山梨正明教授還暦記念論文集』375-388, 東京：ひつじ書房.
金杉高雄. 2009.「カテゴリー拡張に基づく英語指示代名詞の認知的分析──指示代名詞 that の歴史言語学的考察を中心に」山梨正明(編)『認知言語学論考 No.8』275-335, 東京：ひつじ書房.
金杉武司. 2007.『心の哲学入門』東京：勁草書房.
金丸敏幸. 2004.「言語の主体的側面に関する認知言語学的アプローチ──動詞「つける」を中心に」『日本認知言語学会論文集』4：221-231.
河上誓作(編著). 1996.『認知言語学の基礎』東京：研究社.
川端善明. 1973.『活用の研究Ⅱ』東京：大修館書店.
川端善明. 1976.「用言」宮地裕(編)『岩波講座日本語6』169-217, 東京：岩波書店.
菊田千春. 2008.「複合動詞「Vかかる」「Vかける」の文法化──構文の成立とその拡張」『同志社大学英語英文学研究』81: 115-165.
木村英樹. 1997.「動詞"了"の意味と表現機能」大河内康憲教授退官記念論文集刊行会(編)『大河内康憲教授退官記念中国語学論文集』157-179, 東京：東方書店.

木村英樹. 2006.「「持続」・「完了」の視点を超えて——北京官話における「実存相」の提案」『日本語文法』6(2): 45-61.
金水敏. 2006.『日本語存在表現の歴史』東京：ひつじ書房.
工藤真由美. 1995.『アスペクト・テンス体系とテクスト』東京：ひつじ書房.
工藤真由美(編). 2004.『日本語のアスペクト・テンス・ムード体系——標準語研究を超えて』東京：ひつじ書房.
工藤真由美・八亀裕美. 2008.『複数の日本語——方言からはじめる言語学』東京：講談社.
国広哲弥. 1985.「認知と言語表現」『言語研究』88: 1-19.
国広哲弥. 1987.「アスペクト辞「テイル」の機能」『東京大学言語学論集'87』1-7.
窪薗晴夫. 2002.『新語はこうして作られる』東京：岩波書店.
児玉一宏・野澤元. 2009.『言語習得と用法基盤モデル』東京：研究社.
小林隆. 2002.「日本語史から見た「日本語の乱れ」」『言語』31(9): 66-69.
小林隆. 2003.「繋ぐことばから閉じることばへ」『言語』32(3): 60-67.
小松光三. 1979.『国語助動詞意味論』東京：笠間書院.
斎藤倫明. 2004.『語彙論的語構成論』東京：ひつじ書房.
佐伯梅友. 1954.「「にあり」から「である」へ」『国語学』26: 1-6.
坂井克之. 2008.『心の脳科学』東京：中央公論新社.
渋谷勝己. 1993.「日本語可能表現の諸相と発展」『大阪大学文学部紀要』33(1): 1-262.
渋谷勝己. 2005.「日本語可能形式にみる文法化の諸相」『日本語の研究』1(3): 32-46.
渋谷勝己. 2006.「自発・可能」小林隆(編著)『シリーズ方言学2 方言の文法』47-92. 東京：岩波書店.
朱継征. 2000.『中国語の動相』東京：白帝社.
申鉉竣. 1999.「近代語可能表現の推移——「コトガナル」から「コトガデキル」へ」『國學院雜誌』100(4): 48-62.
陣内正敬. 2006.「ぼかし表現の二面性——近づかない配慮と近づく配慮」国立国語研究所(編)『言語行動における「配慮」の諸相』国立国語研究所報告123: 115-131. 東京：くろしお出版.
杉村博文. 1994.『中国語文法教室』東京：大修館書店.
関一雄. 1977.『国語複合動詞の研究』東京：笠間書院.
瀬戸賢一. 2005.『よくわかる比喩』東京：研究社.
梁継国・王信. 2006.「日本語における漢語副詞の語尾問題について」『茨城大学人文学部紀要コミュニケーション学科論集』19: 83-100.
宋敏. 1980.「韓国語と日本語の類似性」千寛宇・金東旭(編)『＜比較＞古代日本と韓国文化(上)』169-211, 東京：学生社.
高田博行・椎名美智・小野寺典子(編著). 2011.『歴史語用論入門』東京：大修館書店.
高橋清子・新里瑠美子. 2005.「タイ語と日本語の出現動詞の文法化」『日本認知言語学会論文集』5: 197-206.
滝浦真人. 2001.「＜敬意＞の綻び——敬語論とポライトネスと「敬意表現」」『言語』30(12): 26-33.
滝浦真人. 2005.『日本の敬語論——ポライトネス理論からの再検討』東京：大修館書

店.
滝浦真人. 2008.『ポライトネス入門』東京：研究社.
竹内史郎. 2007.「節の構造変化による接続助詞の形成」青木博史(編)『日本語の構造変化と文法化』159-179, 東京：ひつじ書房.
田村すず子. 1988.「アイヌ語」亀井孝・河野六郎・千野栄一(編著)『言語学大辞典 第1巻 世界言語編(上)』6-94, 東京：三省堂.
辻大介. 2001.「ココロの話法——アイロニー・ユーモア・諷刺を中心に」『言語』30 (7): 54-60.
辻幸夫(編). 2002.『認知言語学キーワード事典』東京：研究社.
坪井美樹. 1976.「近世のテイルとテアル」佐伯梅友博士喜寿記念国語学論文集刊行会(編)『佐伯梅友博士喜寿記念国語学論文集』537-560, 東京：表現社.
津波古敏子. 1989.「不完成相につきまとう臨場性——首里方言の場合」言語学研究会(編)『ことばの科学2』159-234, 東京：むぎ書房.
津波古敏子. 1992.「沖縄中南部方言」亀井孝・河野六郎・千野栄一(編著)『言語学大辞典 第3巻 世界言語編(下-1)』829-848, 東京：三省堂.
丁宗鐵. 2006.『「カレーを食べる」と病気はよくなる』東京：マキノ出版.
寺澤盾. 2008.『英語の歴史——過去から未来への物語』東京：中央公論新社.
寺村秀夫. 1984.『日本語のシンタクスと意味Ⅱ』東京：くろしお出版.
中村芳久. 2003.「言語相対論から認知相対論へ——脱主体化と２つの認知モード」『研究年報』17: 77-93, 日本エドワード・サピア協会.
中村芳久. 2004.「行為連鎖と構文Ⅲ——再帰中間構文」中村芳久(編)『認知文法論Ⅱ』シリーズ認知言語学入門5, 137-168, 東京：大修館書店.
中村芳久. 2011.『認知文法研究——主観性の言語学』博士学位論文, 神戸女子大学.
名塩征史. 2009.「会話の展開を左右する各参与者の能動的な「知覚」——生態学的アプローチで捉える会話の実態」『日本認知言語学会第10回大会 Conference Handbook』326-329.
西山佑司. 2003.『日本語名詞句の意味論と語用論——指示的名詞句と非指示的名詞句』東京：ひつじ書房.
野村剛史. 1989.「上代語のツとヌについて」『国語学』158: 1-14.
野村剛史. 1994.「上代語のリ・タリについて」『国語国文』63(1): 28-51.
野村剛史. 2003.「存在の様態——シテイルについて」『国語国文』72(8): 1-20.
野村雅昭. 1969.「近代語における既然態の表現について」佐伯梅友博士喜寿記念国語学論文集刊行会(編)『佐伯梅友博士古希記念国語学論文集』675-696, 京都：表現社.
ハイデッガー，マルティン(著). 川原栄峰(訳). 1994.『形而上学入門』東京：平凡社.
長谷川櫂. 2007.『「奥の細道」をよむ』東京：筑摩書房.
服部四郎. 1958.「日本語と琉球語・朝鮮語・アルタイ語との親族関係」『民俗学研究』13(2). (再録：『日本語の系統』東京：岩波書店, 1999: 35-95.)
バンヴェニスト，エミール(著). 河村正夫他(訳). 2007.『一般言語学の諸問題』東京：みすず書房.
樋口万里子. 2004.「相・時制・法」大堀寿夫(編)『認知コミュニケーション論』55-99, 東京：大修館書店.
日野資成. 2001.『形式語の研究——文法化の理論と応用』九州大学出版会.

姫野昌子. 1999.『複合動詞の構造と意味用法』東京：ひつじ書房.
廣瀬裕子. 2006.「動詞「おく」の文法化のメカニズム —— 本動詞「おく」と補助動詞「〜ておく」の意味的関連性」『日本認知言語学会論文集』6: 204-213.
深田智・仲本康一郎. 2008.『概念化と意味の世界』東京：研究社.
福嶋健伸. 2002.「中世末期日本語の〜タについて —— 終止法で状態を表している場合を中心に」『国語国文』71(8): 33-49.
福嶋健伸. 2006.「動詞の格体制と〜テイルについて —— 小説のデータを用いたニ格句の分析」矢澤真人・橋本修(編)『現代日本語文法 —— 現象と理論のインタラクション』99-123, 東京：ひつじ書房.
藤井聖子. 2008.「話しことばの談話データを用いた文法研究」長谷川寿一・C. ラマール・伊藤たかね(編)『こころと言葉 —— 進化と認知科学のアプローチ』129-151, 東京：東京大学出版会.
細江逸記. 1932.『動詞時制の研究』東京：泰文堂.
堀江薫. 2001.「膠着語における文法化の特徴に関する認知言語学的考察 —— 日本語と韓国語を対象に」山梨正明(編) 185-228.
堀江薫. 2003.「言語類型論」山梨正明・有馬道子(編)『現代言語学の潮流』93-105, 東京：勁草書房.
堀江薫. 2004.「談話と認知」中村芳久(編)『認知文法論II』シリーズ認知言語学入門 5: 247-278, 東京：大修館書店.
堀江薫・金廷珉. 2011.「日韓語の文末表現に見る語用論的意味変化 —— 機能主義的類型論の観点から」高田博行・椎名美智・小野寺典子(編著), 193-207.
堀江薫・パルデシ・プラシャント. 2009.『言語のタイポロジー —— 認知類型論のアプローチ』東京：研究社.
本多啓. 2001.「文構築の相互作用行為性と文法化」山梨正明(編)143-183.
益岡隆志. 1987.「テアル表現の意味領域」益岡隆志『命題の文法』219-235, 東京：くろしお出版.
益岡隆志. 1997.「日本語の補助動詞構文 —— 構文の意味の研究に向けて」益岡隆志『複文』181-195, 東京：くろしお出版. (初出, 文化言語学編集委員会(編)『文化言語学 —— その提言と建設』三省堂, 1992)
マスロフ, Ju.S.・管野裕臣(訳). 1992.「アスペクト論の基本概念について」『動詞アスペクトについてII』98-139. 学習院大学東洋文化研究所調査研究報告 No. 35.
松井智子. 2001.「関連性理論から見たポライトネス —— 意図伝達性の問題について」『言語』30(12): 52-59.
松田文子. 2004.『日本語複合動詞の習得研究』東京：ひつじ書房.
三上章. 1970.「コソアド抄」三上章(著)『文法小論集』145-154, 東京：くろしお出版.
村上郁也. 2010.『イラストレクチャー認知神経科学 —— 心理学と脳科学が解くこころの仕組み』東京：オーム社.
村山七郎. 1973.『日本語系統の研究』東京：大修館書店.
村山七郎. 1974.『日本語の誕生』東京：筑摩書房.
籾山洋介. 2001.「多義語の複数の意味を統括するモデルと比喩」山梨正明(編) 29-58.
籾山洋介. 2010.『認知言語学入門』東京：研究社.
籾山洋介・深田智. 2003.「意味の拡張」松本曜(編)『認知意味論』73-134, 東京：大修

館書店.
森枝卓士. 1989.『カレーライスと日本人』東京：講談社.
森重敏. 1971.『日本語文法の諸問題』東京：笠間書院.
森田良行. 1990.「複合動詞について」森田良行(編)『日本語学と日本語教育』278-295, 東京：凡人社.
森田良行. 2002.『日本語文法の発想』東京：ひつじ書房.
森山卓郎. 2001.「はやりの『若者言葉』も『文法的』!?」『京都教育大学広報』107: 13-14.
森山由紀子・鈴木亮子. 2011.「日本語における聞き手敬語の起源——素材敬語の転用」髙田博行・椎名美智・小野寺典子(編著), 175-191.
柳沢浩哉. 1992.「シテイル形式の報告性」『広島大学総合科学部紀要Ⅰ地域文化研究』18: 53-74.
柳田征司. 1990.「近代語の進行態・既然態表現」近代語学会(編)『近代語研究第八集』四-二七, 東京：武蔵野書院.
柳田征司. 1993.『室町時代語を通してみた日本語音韻史』東京：武蔵野書院.
柳田征司. 2001.「「ヲリ」(居)の語源」日本語語源研究会(編)『語源研究——発表原稿と討議資料』20周年記念特別号：143-150.
柳父章. 2004.『近代日本語の思想——翻訳文体成立事情』東京：法政大学出版局.
山口堯二. 2003.『助動詞史を探る』東京：和泉書院.
山田孝雄. 1908.『日本文法論』東京：宝文館.
山梨正明. 1995.『認知文法論』東京：ひつじ書房.
山梨正明. 2000.『認知言語学原理』東京：くろしお出版.
山梨正明(編). 2001.『認知言語学論考 No.1』東京：ひつじ書房.
山梨正明. 2009.『認知構文論——文法のゲシュタルト性』東京：大修館書店.
湯本久美子. 2004.『日英語認知モダリティ論——連続性の視座』東京：くろしお出版.
吉田金彦. 1976.『日本語語源学の方法』東京：大修館書店.
吉村公宏. 2001.「人工物主語——クオリア知識と中間表現」山梨正明(編) 257-318.
吉村公宏. 2011.『英語世界の表現スタイル——「捉え方」の視点から』東京：青灯社.
米倉よう子. 2008.『節間の結合度と文法化——(間)主観性の視点から』*Osaka Literary Review* 47: 1-18.
劉綺紋. 2008.『中国語のアスペクトとモダリティ』大阪大学出版会.
蘆濤. 2000.『中国語における「空間動詞」の文法化研究——日本語と英語との関連で』東京：白帝社.
渡辺博. 2006.「学んで100年——特殊相対性理論」『科学哲学』39(2): 33-42.
ヴィノクール, G. O.(著). 石田修一(訳・編著). 1996.『ロシア語の歴史』東京：吾妻書房.
Kim Ki-hyeok. 1998.「存在と時間の国語範疇化」『ハングル』240, 241: 205-237. ソウル (김기혁. 1998. "존재와 시간의 국어 범주화", 한글 240, 241: 205-237.)

辞書・辞典

Simpson, John A. and Edmund S. C. Weiner. (prepared)1989. *The Oxford English Dictionary*, 2nd ed. on CD-ROM, Oxford: Oxford University Press. [OED]
大野晋(編). 1974.『岩波国語辞典』東京：岩波書店.
加藤常賢. 1970.『漢字の起源』東京：角川書店.
北原保雄(監修). 2006.『みんなで国語辞典！』東京：大修館書店.
小学館国語辞典編集部(編). 2000-2002.『日本国語大辞典(精選版)』東京：小学館.
藤堂秋保. 1965.『漢字語源辞典』東京：学塔社.
前田富祺(編). 2005.『日本語源大辞典』東京：小学館.
山口秋穂・秋本守英(編). 2001.『日本語文法大辞典』東京：明治書院.

英語コーパス・テキスト

Benson, Larry Dean (ed.) 1988. *The Riverside Chaucer*, Oxford: Oxford University Press. [Chaucer] 第3章
Evans, G. Blakemore (ed.) 1997. *The Riverside Shakespeare*, Boston: Houghton Mifflin. [Shakes.] 第3章・第5章
Kelly, Richard J. (ed.) 2003. *The Blickling Homilies*, London/New York: Continuum. [*Blickling Hom.*] 第3章
Spurlock, Morgan. 2005. *Super Size Me*. 名古屋：スクリーンプレイ社. [*Supper Size Me*] 第5章
The University of Michigan, Corpus of Middle English Prose and Verse.(http://quod.lib.umich.edu/c/cme/)[MEPV] 第5章
The University of Virginia Electronic Text Center, The Modern English Collection. (http://etext.virginia.edu/modeng/modeng0.browse.html)[ModEC] 第5章

日本語コーパス・テキスト

青空文庫(http://www.aozora.gr.jp/). 第3章・第5章
浅見和彦(校注・訳). 1999.『十訓抄』(新編日本古典文学全集51) 東京：小学館. [十訓抄] 第7章
阿部秋生・秋山虔・今井源衛・鈴木日出男(校注・訳). 1994-1998.『源氏物語』全6巻 (新編日本古典文学全集20-25) 東京：小学館. [源氏物語] 第3章・第4章・第7章
奥田勲・表章・堀切実・復本一郎(校注・訳). 2001.『連歌論集・能楽論集・俳論集』(新編日本古典文学全集88) 東京：小学館. [風姿花伝][去来抄] 第3章・第4章
片桐洋一・福井貞助・高橋正治・清水好子(校注・訳). 1994.『竹取物語・伊勢物語・大和物語・平中物語』(新編日本古典文学全集12) 東京：小学館. [竹取物語][伊勢物語][大和物語] 第3章・第4章・第7章
神田秀夫・永積安明・奈良岡康作(校注・訳). 1995.『方丈記・徒然草・正法眼蔵随聞記・歎異抄』(新編日本古典文学全集44) 東京：小学館. [徒然草] 第7章
菊地靖彦・木村正中・伊牟田経久(校注・訳). 1995.『土佐日記・蜻蛉日記』(新編日本

古典文学全集13)　東京：小学館．［土佐日記］第 7 章
小島憲之・木下正俊・東野治之(校注・訳)．1994-1996.『萬葉集』全 4 巻(新編日本古典文学全集6-9)　東京：小学館．［万葉集］第 4 章・第 7 章
神保五彌(校注)．1989.『浮世風呂』(新日本古典文学大系86)　東京：岩波書店．［浮世風呂］第 3 章
橘成季(編集)．西尾光一・小林保治(校注)．1983.『古今著聞集』(新潮日本古典集成（上）)東京：新潮社．［古今著聞集］第 7 章
中野幸一(校注・訳)．1999.『うつほ物語(1)』(新編日本古典文学全集14)　東京：小学館．［うつほ物語(1)］第 7 章
古市貞次(校注・訳)．1994.『平家物語』全 2 巻(新編日本古典文学全集45-46)　東京：小学館．［平家物語］第 4 章
松尾聰・永井和子(校注・訳)．1997.『枕草子』(新編日本古典文学全集18)　東京：小学館．［枕草子］第 3 章・第 7 章
馬淵和夫・国東文麿・稲垣泰一(校注・訳)．1999-2002.『今昔物語集』全 4 巻(新編日本文学全集35-38)　東京：小学館．［今昔物語］第 3 章
峯村文人(校注・訳)．1995.『古今和歌集』(新編日本古典文学全集43)　東京：小学館．［古今和歌集］第 7 章
山口佳紀・神野志隆光(校注・訳)．1997.『古事記』(新編日本古典文学全集1)　東京：小学館．［古事記］第 3 章・第 4 章

索　引

A

Brown and Levinson　178,180
de dictoドメイン　155
de reドメイン　155
Grice　175
hypotaxis　113,114,117,125,135
Langacker　226
Like　153
parataxis　113,117,125,135
Schourup　153
subordination　113,117,125

あ

アイヌ語　62,64,65
アスペクト　vi,74,174

い

言いさし　126,127,132
一般化　87
意味的統合度　119,120
意味の希薄化　107,108
イメージ・スキーマ　viii,167,191,198,226
イメージ・スキーマ変換　166,225,226,229
「いる」　8
引用導入　137,144
引用導入機能　138
引用導入要素　137,138,144
「ゐたり」　8
「ゐる」　8

う

「ウ」　58
受け身　108

え

英語　81,83,84,86,87,105,149

お

大野晋　66
尾上圭介　39
「おる」　9
音韻　217,218

か

会話の格率　175
会話の含意　178
確定条件　114
過去　47
家族的類似性　202
活性領域　212,213,218
仮定条件　114
過程存在型　21,26
可能表現　80,81,95,105
川端善明　41,74
完結相　44,47
（間）主観化　78,89,91,95,104,108,129,156,161
（間）主観性　v,92,94,129,130,133,134,163
慣用性の程度　219
完了　18,47,48
完了体　44
完了プロセス　26,45

き

希薄化　107
基本的認識モデル　42
義務的モダリティ　92
木村英樹　74
境界性　226,228

協調の原理 175
強調読み 127
共同注視 176
許可用法 103,104

く
グラウンディング形式 40,42
グラウンド 43

け
形態統語的拡張 168
形態・統語変化 199
計量表現 223
経路 199
ゲシュタルト 168,190
ゲシュタルト心理学 214
結果維持型 21
結果相 48
結果存在型 21,28
原アスペクト性 19
言語運用 217
言語行為 175
言語習得 176,188
言語相対性仮説 78
言語相対論 78
言語類型論 199
現在 50

こ
行為存在型 21
恒常的条件 120
構成性の原理 190
構成要素 213
構文文法 152
心の理論 176
古代ギリシャ語 54
小松光三 75

語用論的圧力 177,178,181,193
語用論的解釈 204,205,223,233
語用論的強化 8,174,193
語用論的推論 98,134,174,193
語用論的配慮 102
根源的可能 83,106
痕跡存在型 21,30
痕跡的認知 34
コンテキスト 178,199,205

さ
再分析 169,211,219,220
参照点 24,208,209,210,212
参照点構造 24,210
参照点能力 210

し
時間線モデル 43
自己疎外化 158
指示詞 62
実存相 70,73
指定文 205,208,209
自発 95,108
弱進行相 15
借入語 214
集合 192
主観化 31,52,77,91,104,124,126,156
主観性 vi,94,124,165,175,180,181,188,194,217,225,226,233
主体化 52,77
首里方言 57,61
照応現象 210
状況可能 87,97,98,100,102,106
条件 117
証拠性 50,62,146,159
象徴的 197
焦点化 191
焦点連鎖 212

使用頻度　184,188,194,222,233
事例化　216
進行相　27,50,51
身体性　177,207
身体能力　83
心的移動　34
心的走査　34
心的態度　153,156
新ぼかし表現　139,140
心理的乖離　158
心理動詞　33

す

推論　188,203,232
スウェーデン語　138
スキーマ　215

せ

性状規定的な述語　174
節　113,118
節間の統合度　115,116
接辞　173
接辞化　165,180
接頭辞　230
接頭辞化　180,217
前景化　170

そ

層状化　5
創発性　177,218
措定文　205
存在概念　65
存在型アスペクト形式　12
存在構文　20,22
存在動詞　8,9,56,62
存在表現　3,8,56,62,66,70
存在様態　17

存在様態型構文　20,24

た

「た」　13
「ダ」　10
対相手意識　88,106
対称読み　121,123,126
対人的遠距離化　88,142,143
対人的機能　93
体制化　213,214
多義性　199,202,231,233
脱カテゴリー化　6,168,172,177,183,232
田村すず子　62
「タリ」　13,17
段階性　167,215
単純過去　49
単純状態　31
断定の助動詞　10
単方向仮説　79,106
単方向性　7,199
談話マーカー　151,157

ち

地域性　197
知識能力　81
中国語　70,74
中心的存在構文　20,23
中立叙述　208
朝鮮語　66
直接現実　42
直喩　137,138,143,144

つ

「〜つける」　168

て

「テアリ」　13

254　索　引

「デアル」 10
定着　207,213,218
出来事指向的モダリティ　93,94
出来事指向的用法　92
出来事存在型　21,30
「できる」 96
テンス　39,42,47,56,60,66,174

と

動作主外部条件　83,100
動作主内部条件　83,100,102
動作様態　18
動詞終止形　56,58
倒置指定文　205
特化　6
トピック　117,118,121,128,165
トピック打ち立て　117,118,122,123,127,128
トピック性　117

な

内包的意味拡張　221
中村芳久　79
「ナリ」 10
「なる」 98

に

西山佑司　200
認識的可能　84,103
認識的副詞　88,94
認識的モダリティ　92,103
人称接辞　62,63
認知・化学反応　190
認知言語学　165,187
認知主体　v,184,188,223
認知心理学　v,185
認知人類学　196
認知相対論　79,106

認知能力　v,vii,191,203,222,229
認知プロセス　203,212,220

ね

ネガティブ・フェイス　139,143
ネガティブ・ポライトネス　178

の

「の」 199,200,202
能力可能　98,100,103,106

は

「は」 207,209,210,211
「ば」 114,121,126
パーフェクト　30,47,48,54
背景化　170
橋渡し文脈　82,84
範列　4

ひ

非完了プロセス　26
ひとまとまり性　44

ふ

ファジー・カテゴリー　229
フィンランド語　138
フェイス　139,177,178,180
フェイス侵害行為（FTA）　179,180,183
フェイス・リスク　179,180
不可思議な数字「七」 233
不完結相　44,50
不完了体　44
複合動詞　vii,165,167
複合名詞　184,190,193,214,218
フレーム　205,224
フレーム理論　v,187,193,205
プロファイルとのずれ　212

分岐 6
分析可能性 189
文法化 v,vi,3,47,52,56,78,80,81,95,165,173,180,187,190,199,233

へ
ヘッジ 139,161

ほ
報告性 23,33
放射状カテゴリー 216,220
ぼかし 139
ポジティブ・フェイス 139,182
ポジティブ・ポライトネス 178,182
補助動詞化 180
細江逸記 41
保存 6
ポライトネス 143,175,176,181
堀江薫 201

ま
マスロフ 55

み
未完了プロセス 45
「みたいな」 156,160

め
名詞 228
メタファー 7,166,189,197,216
メトニミー 7,167,190,193,194,197,209,210,212,218,219,221

も
モダリティ 39,42

や
山田孝雄 41
山梨正明 191,192

ゆ
有界性 26,45
誘導慣習含意 174

よ
用法基盤 199
欲求修正 178

ら
「(ら)る」 100

り
琉球語 56,58,60
隣接性 167,197,219

れ
歴史言語学 v,165,187,188
歴史語用論 180
歴史的拡張 vii

わ
話者指向的モダリティ 93,94
話者指向的用法 92
話題化 207

を
「をり」 9

[編者]

山梨正明(やまなし まさあき／編者代表：関西外国語大学教授)

吉村公宏(よしむら きみひろ／龍谷大学教授)

堀江　薫(ほりえ かおる／名古屋大学教授)

籾山洋介(もみやま ようすけ／南山大学教授)

[著者紹介]

金杉高雄(かなすぎ たかお)

現在，太成学院大学人間学部教授．1997年京都大学大学院人間・環境学研究科 共生人間学専攻 言語科学講座博士後期課程 研究指導認定満期退学．主論文に，「前置詞定位の容認性に関わる関係詞の歴史的発達」『日本認知言語学会論文集』5(日本認知言語学会，2005年)，「歴史的機能漂白による関係詞の選択」『言語科学論集』11(京都大学大学院人間・環境学研究科，2005年)，「カテゴリー拡張に基づく英語指示代名詞の認知的分析―指示代名詞 that の歴史言語学的考察を中心に―」『認知言語学論考 No.8』(ひつじ書房，2009年)などがある。

岡　智之(おか ともゆき)

現在，東京学芸大学留学生センター教授。同教育学研究科国語教育専攻日本語教育コース，同教育学部日本語教育選修兼任。2004年大阪外国語大学大学院言語社会研究科言語社会専攻博士後期課程修了。博士(言語文化学)。韓国・湖南大学校日本語学科専任講師などを経て，現職。著書に，『場所の言語学』(ひつじ書房，2013年)，『場と言語・コミュニケーション』(共編，ひつじ書房，2022年)。論文に，「存在構文に基づく日本語諸構文のネットワーク」『認知言語学論考 No.2』(ひつじ書房，2003年)などがある。

米倉よう子(よねくら ようこ)

現在，奈良教育大学教育学部准教授。2002年大阪大学大学院文学研究科英文学専攻(英語学分野)博士後期課程単位取得退学。日本学術振興会特別研究員(PD)などを経て，現職。著書に，『意味論・語用論と言語学諸分野とのインターフェイス』(編，開拓社，2021年)，『ことばから心へ―認知の深淵―』(共編，開拓社，2020年)。論文に「認知文法から見たアスペクト的副詞の文法化」(秋元実治(編)『文法化：研究と課題』 英潮社，2001年)などがある。

認知日本語学講座第7巻

認知歴史言語学

2013年3月30日　第1刷発行
2022年8月30日　第2刷発行

著者　　金杉高雄・岡　智之・米倉よう子
編者　　山梨正明・吉村公宏・堀江　薫・籾山洋介

発行所　　株式会社　くろしお出版
　　　　〒102-0084　東京都千代田区二番町4-3
　　　　電話：03-6261-2867　FAX：03-6261-2879　WEB：www.9640.jp

装　丁　　折原カズヒロ
印刷所　　シナノ書籍印刷

©Takao Kanasugi, Tomoyuki Oka, Yoko Yonekura, 2013, Printed in Japan
ISBN978-4-87424-587-3 C3080

本書の全部または一部を無断で複製することは、著作権法上での例外を除き禁じられています。